高等院校经济管理类专业项目化（案例化）系列教材

跨境电商实务

主　编　黄仕靖　曹红梅
副主编　孙华美　郭　雪
参　编　张　鹏　李　林

北京理工大学出版社
BEIJING INSTITUTE OF TECHNOLOGY PRESS

内 容 简 介

本书主要介绍跨境电商实务的相关知识。全书采用项目－任务制教学模式编写，共包括 11 个项目、44 个任务；以跨境电商平台运营为核心，以阿里巴巴国际站为平台对象，围绕跨境电子商务业务开展所涉及的产品选品、定价、全球旺铺装修及产品详情页制作、产品发布、订单转化、跨境支付与结算、跨境物流等环节，对跨境电商运作的全流程以及运营中的关键部分进行了全方位的解读。每个项目均设置了知识目标和技能目标，强调理论结合实际。

本书贴近教学与教改的需要，可作为高等院校电子商务、国际经济与贸易、市场营销等专业的教材，也可作为从事跨境电商、国际贸易等工作的业务人员和管理人员的参考用书。

图书在版编目（CIP）数据

跨境电商实务/黄仕靖，曹红梅主编．—北京：北京理工大学出版社，2019.1（2019.2 重印）

ISBN 978－7－5682－6657－4

Ⅰ.①跨…　Ⅱ.①黄…　②曹…　Ⅲ.①电子商务－商业经营　Ⅳ.①F713.365.2

中国版本图书馆 CIP 数据核字（2019）第 012037 号

出版发行／北京理工大学出版社有限责任公司
社　　址／北京市海淀区中关村南大街 5 号
邮　　编／100081
电　　话／（010）68914775（总编室）
　　　　　（010）82562903（教材售后服务热线）
　　　　　（010）68948351（其他图书服务热线）
网　　址／http：//www.bitpress.com.cn
经　　销／全国各地新华书店
印　　刷／河北鸿祥信彩印刷有限公司
开　　本／787 毫米×1092 毫米　1/16
印　　张／13
字　　数／348 千字
版　　次／2019 年 1 月第 1 版　2019 年 2 月第 2 次印刷
定　　价／38.00 元

责任编辑／高　芳
文案编辑／赵　轩
责任校对／周瑞红
责任印制／李志强

序

我是一名从事跨境电商的企业主，还是一名活跃在跨境商会及校企合作领域的志愿者。“跨境电商”无论从广义还是狭义的角度来看，都是一门与时俱进、发展迅速的实践科学。

目前，市场上大部分“跨境电商”的书籍都是针对现有的跨境电商从业人员编写的，而没有关注在校学生的系统学习。一方面，“跨境电商”本来就是一个新专业，很多学校只是在原有的国贸专业、英语专业、电商专业上新增了“跨境方向”，没有现成的教材；另一方面，教科书在理论和实务操作方面，都存在与现实脱节的问题。因此，实务性教材不应该大杂烩般以简单区分“初级、中级、高级”，而应该根据不同的平台、培养对象、岗位等来编写设计，并且定期更新。

本书既聚焦平台与内容，也聚焦了培养对象和操作岗位。本书把内容聚焦在 B2B 出口为主的阿里巴巴国际站的平台运营，培养对象聚焦于在校学生或初入职场的从业人员。

本书区别于阿里巴巴平台在线发布的各种知识点的培训内容，从企业实操的角度出发，把虚拟场景与实战演练结合在一起，真正为中小企业培养具备实战能力的人才，是校企合作过程中必备的参考书典范。本书能使学生学以致用、缩短就业实习期，也能让学校找到合理输送人才的接口，更能帮助企业获得低成本持续培养人才的渠道。

孟越
上海会程自动化设备有限公司总经理
上海合橙网络科技有限公司董事长
上海网商会会长
中国电子商会跨境电商工作委员会理事

前 言

随着电子信息技术和经济全球化的深入发展，跨境电子商务作为一种新兴的对外贸易模式取得了突飞猛进的发展，在国际贸易中的地位和作用也日益凸显。在跨境电子商务迅速发展的背景下，整个跨境电商行业的人才缺口呈不断扩大趋势。目前，跨境电子商务的用户和市场规模仍在不断增长，因此，更好地认识跨境电子商务，掌握跨境电子商务平台运营的基本技能是十分有必要的。

本书共 11 个项目。项目一主要介绍了跨境电子商务的概念、特征和发展历程，重点介绍了跨境电子商务进口、出口平台。项目二主要介绍了跨境电商从业准备，主要包括跨境电子商务行业现状，跨境电子商务从业人员的岗位职责和职业要求。项目三主要介绍了跨境电商平台运营思路，包括阿里巴巴国际站店铺排名的影响因素、平台运营流程、平台数据分析以及订单转化方面的知识。项目四介绍了跨境电商选品与产品成本核算，主要涵盖了跨境电商选品策略、产品选择的内外部数据分析、产品成本核算和利润分析等内容。项目五主要介绍了全球旺铺装修和产品详情页制作的相关内容。项目六主要介绍了产品发布的相关知识，包括产品发布规则、产品发布流程等内容。项目七主要介绍了 P4P（外贸直通车）的相关规则、操作流程以及优化方法。项目八进一步介绍了订单转化中访客营销、询盘技巧等内容。项目九主要介绍了视觉美工，具体包括主图美工、详情页美工以及全球旺铺美工的相关技能。项目十主要介绍了跨境支付与结算，包括第三方支付、国际支付宝、PayPal、Visa 等内容。项目十一主要介绍了跨境物流，包括海外仓储、运费模板设置、国际站物流板块操作全流程等内容。

本书具有如下特点。

（1）适用面广。本书围绕跨境电子商务的核心知识，结合跨境电商企业常用平台，详细地介绍和分析了跨境电子商务的整个运作流程，极大地方便了学生和读者学习和掌握跨境电子商务的相关理论知识。

（2）实用性强。本书按照跨境电子商务业务开展所涉及的产品选品、定价、全球旺铺装修及产品详情页制作、产品发布、订单转化、跨境支付与结算、跨境物流等环节，合理设计教材结构和内容，突出教学与实践相结合的特点，既重视跨境电子商务的基本理论，又密切联系实际，更加贴近教学改革的需要，更有利于培养复合型的跨境电子商务专业人才。

（3）可操作性强。本书选取企业运营项目的相关数据、资料，力求让读者对跨境电子商务平台运营相关知识和技能有更真实的理解和感受，平台操作方面的内容图文并茂，操作说明清晰明了，易于操作和学习。

本书由黄仕靖、曹红梅担任主编，并负责全书的大纲拟订、统稿工作，由孙华美、郭雪、张鹏、李林担任副主编。具体编写分工如下：项目一、项目三、项目四、项目六、项目八由黄仕靖负责编写，项目二、项目十由曹红梅负责编写，项目五、项目七由郭雪负责编写，项目九由张鹏、李林负责编写，项目十一由孙华美负责编写。

由于编者专业水平有限，书中难免有不足和偏颇之处，敬请各位专家、读者提出宝贵意见，以便逐步完善。

在此，特别鸣谢上海合橙网络科技有限公司在本书编写过程中提供的大力支持！

编　者

目 录

项目一 认识跨境电子商务 …… (1)
任务一 了解跨境电商的概念、特征和发展历程 …… (1)
任务二 熟悉跨境电商主流平台 …… (4)
任务三 了解中国跨境电商的政策支持 …… (10)
任务四 了解全球跨境电商的发展现状 …… (14)
项目二 跨境电商从业准备 …… (19)
任务一 了解行业现状 …… (19)
任务二 了解跨境电商从业人员的岗位职责 …… (19)
任务三 了解跨境电商从业人员的职业要求 …… (20)
项目三 跨境电商平台运营思路 …… (23)
任务一 掌握国际站店铺排名的影响因素 …… (23)
任务二 掌握跨境电商平台运营流程 …… (25)
任务三 掌握跨境电商数据分析 …… (36)
任务四 掌握跨境电商订单转化 …… (37)
项目四 跨境电商选品与产品成本核算 …… (39)
任务一 掌握跨境电商选品策略 …… (40)
任务二 掌握产品选择的内外部数据分析 …… (43)
任务三 掌握产品成本核算和利润分析 …… (46)
项目五 全球旺铺装修和产品详情页制作 …… (51)
任务一 掌握全球旺铺装修 …… (51)
任务二 掌握产品详情页的制作 …… (64)
项目六 产品发布 …… (67)
任务一 掌握产品发布的规则 …… (67)

任务二　掌握产品发布的流程 …………………………………………………………… (68)
任务三　熟悉橱窗、在线批发、多语言等产品发布 ……………………………………… (84)

项目七　P4P（外贸直通车） ……………………………………………………………… (88)

任务一　了解 P4P 相关名词概念 …………………………………………………………… (88)
任务二　熟悉 P4P 展示规则 ………………………………………………………………… (90)
任务三　掌握 P4P 扣费规则 ………………………………………………………………… (95)
任务四　掌握 P4P 操作流程 ………………………………………………………………… (95)
任务五　掌握 P4P 数据分析………………………………………………………………… (100)
任务六　掌握 P4P 优化方法………………………………………………………………… (102)

项目八　订单转化 ………………………………………………………………………… (103)

任务一　了解 RFQ（采购直达） …………………………………………………………… (103)
任务二　熟悉访客营销 ……………………………………………………………………… (105)
任务三　掌握询盘相关技巧 ………………………………………………………………… (107)
任务四　了解信保概况 ……………………………………………………………………… (108)

项目九　视觉美工 ………………………………………………………………………… (113)

任务一　掌握国际站的主图美工技能……………………………………………………… (113)
任务二　掌握国际站的产品详情页美工技能 ……………………………………………… (117)
任务三　掌握国际站的全球旺铺美工技能 ………………………………………………… (126)

项目十　跨境支付与结算 ………………………………………………………………… (132)

任务一　了解跨境电子商务支付的相关概念 ……………………………………………… (132)
任务二　掌握第三方支付的相关知识……………………………………………………… (133)
任务三　掌握国际支付宝的相关知识……………………………………………………… (134)
任务四　掌握 PayPal 支付方式……………………………………………………………… (148)
任务五　了解 DHpay 支付方式 …………………………………………………………… (153)
任务六　了解银行卡跨境网上支付………………………………………………………… (154)
任务七　了解 Visa …………………………………………………………………………… (155)
任务八　了解其他支付方式 ………………………………………………………………… (158)

项目十一　跨境物流……………………………………………………………………… (161)

任务一　了解国际物流的基础知识………………………………………………………… (161)
任务二　掌握海外仓储的相关知识………………………………………………………… (164)
任务三　掌握运费模板的设置……………………………………………………………… (165)
任务四　掌握国际站物流板块操作全流程 ………………………………………………… (169)

参考文献…………………………………………………………………………………… (200)

项目一

认识跨境电子商务

★ 知识目标

★ 全面了解跨境电商的基本概念、特征和发展历程
★ 熟悉常用的跨境电商平台
★ 了解全球跨境电商的发展现状

★ 技能目标

★ 熟悉不同的跨境电商平台及其应用领域

随着互联网和电子商务在国际贸易中的迅速发展，传统的国际贸易方式受到了极大的挑战，而新的国际贸易形式——跨境电子商务（简称跨境电商），在国家的“一带一路”“互联网＋”倡议的带动下一直保持着高速度和高利润的迅猛发展态势。当前，跨境电商已经成为国内企业开拓海外市场、提升品牌国际形象和增强国际竞争力的重要武器。跨境电商不仅改变了传统外贸的经营模式，也在改变着中国对外贸易的产业链布局，形成了新的业态模式。当前，无论是从市场规模、市场前景，还是从国际影响力来看，中国的跨境电商行业已经处于全球的领先位置。因此，对于国际贸易、市场营销从业人员来说，了解跨境电商的概念、类型、发展现状等是十分必要的。

任务一　了解跨境电商的概念、特征和发展历程

一、跨境电商的概念

当前，跨境电子商务（Cross-Border Electronic Commerce）的概念主要来自四个方面：政策领域、国际组织、咨询公司、学术研究。在政策领域方面，在欧盟的电子商务统计中出现了跨境电子商务的名称和有关内容，主要是指国家之间的电子商务，但并没有给出明确的含义。在国际组织方面，联合国于2000年就关注到了国际贸易和电子商务的关系；2010年国际邮政组织（IPC）

在《跨境电子商务报告》中，分析了2009年的跨境电子商务状况，但对跨境电子商务的概念没有明确界定，而是提出了"Internet shopping""Online shopping""Online cross-border shopping"等多种说法。同样，Ebay、尼尔森等著名公司及诸多学者的表述中也运用了不同的名词，如跨境在线贸易、外贸电子、跨境网购、国际电子商务等。总体来看，这些概念虽然表述不同，但还是反映了一些共同的特点：一是渠道上的现代性，即以现代信息技术和网络渠道为交易途径；二是空间上的国际性，即由一个经济体成员境内向另一个经济体成员境内提供的贸易服务；三是方式上的数字化，即以无纸化为主要交易方式。

因此，综合起来，可以将跨境电子商务的概念做如下表述：跨境电子商务是指一种交易各方利用现代信息技术所进行的各类跨境域的以数字化交易为主要方式的新型贸易活动和模式，涵盖了营销、交易、支付、服务等商务活动。其实质就是把传统国际贸易加以网络化、电子化。跨境电子商务把原来传统的销售、购物渠道转移到了互联网上，打破了国家与地区间的壁垒。制造厂家也实现了工厂全球化、网络化、无形化、一体化服务。这种新型的贸易模式融合了国际贸易和电子商务两方面的特征，更加复杂，主要表现在：一是信息流、资金流、物流等多种要素流动须紧密结合，任何一方面的不足或衔接不够，就会阻碍整个商务活动的完成；二是国际贸易通常具有非常复杂的流程，牵涉海关、检疫检验、外汇、税收、货运等多个环节，而电子商务作为新兴交易方式，在通关、支付、税收等领域的法规目前还不太完善；三是风险触发因素较多，容易受到国际经济、政治宏观环境和各国政策的影响。

跨境电子商务包含了较多的要素，主要有交易对象、交易渠道、货物流通、监管方式、资金交付、信息和单据往来等，这些要素的不同，也决定了跨境电子商务类型的不同。

从狭义上看，跨境电商实际上基本等同于跨境零售。《国务院办公厅转发商务部等部门关于实施支持跨境电子商务零售出口有关政策意见的通知》（国办发〔2013〕89号文件）指出：跨境电子商务零售出口是指我国出口企业通过互联网向境外零售商品，主要以邮寄、快递等形式送达的经营行为，即跨境电子商务的企业对消费者出口。我国出口企业与外国批发商和零售商通过互联网线上进行产品展示和交易，线下按一般贸易等方式完成的货物出口，即跨境电子商务的企业对企业出口，本质上仍属传统贸易，仍按照现行有关贸易政策执行。海关总署公告2014年第12号文件中指出，跨境电子商务的海关监管方式代码为"9610"，适用于境内个人或电子商务企业通过电子商务交易平台实现交易，并采用"清单核放、汇总申报"模式办理通关手续的电子商务零售进出口商品（通过海关特殊监管区域或保税监管场所一线的电子商务零售进出口商品除外）。

从广义上看，跨境电商基本等同于外贸电商，是指分属不同关境的交易主体，通过电子商务平台达成交易、进行支付结算，并通过跨境物流送达商品、完成交易的一种国际商业活动。传统的跨境外贸包含了一系列过程：询盘、报价、下单、生产、运输、租船订舱、报关商检、收汇结汇核销等。整个过程由不同的贸易公司分工合作完成，不仅涉及面广、程序烦琐，而且增加了企业的财务成本。而跨境电子商务平台可以将整个流程网络化处理，通过互联网一站式服务的方式为企业提供通关、物流、外汇、融资等环节的服务，帮助企业省去了中间环节的财务费用，让企业获得最大化利润，同时让消费者得到了实惠，在真正意义上实现了集中管理和操作，节约了社会的资源。

跨境电子商务进口指的是我国境内个人或电子商务企业采用直购进口或保税进口的方式采购海外商品，并在电子商务平台销售给国内的消费者。海关总署公告2014年第57号文件中指出，"保税跨境贸易电子商务"的海关监管方式代码为"1210"，适用于境内个人或电子商务企业在经海关认可的电子商务平台实现跨境交易，并通过海关特殊监管区域或保税监管场所进出的电子商务零售进出境商品［海关特殊监管区域、保税监管场所与境内区外（场所外）之间通过电子商务平台交易的零售进出口商品不适用该监管方式］。

二、跨境电商的特征

1. 多边化

多边化是指与跨境电商贸易过程相关的信息流、商流、物流、资金流已由传统的双边逐步向多边的方向演进，呈网状结构。跨境电商可以通过 A 国的交易平台、B 国的支付结算平台、C 国的物流平台，实现多个国家间的直接贸易。

2. 直接化

直接化是指跨境电商可以通过电子商务交易与服务平台，实现多国企业之间、企业与最终消费者之间的直接交易。与传统国际贸易相比，其进出口环节少、时间短、成本低、效率高。

3. 小批量

小批量是指跨境电商相对于传统贸易而言，单笔订单大多是小批量的，甚至是单件的。这是由于跨境电商实现了单个企业之间或单个企业与单个消费者之间的交易。

4. 高频度

高频度是指跨境电商实现了单个企业或消费者能够即时按需采购、销售或消费，因此相对于传统贸易而言，交易双方的交易频率大幅提高。

5. 数字化

数字化是指随着信息网络技术的深化应用，数字化产品（软件、影视作品、游戏等）的品类和贸易量快速增长，且通过跨境电商进行销售或消费的趋势更加明显。与之相比，传统的国际贸易主要存在于实物产品或服务中。

6. 快速演进

互联网是一个新生事物，它尚处在幼年时期，网络设施和相应的软件协议的发展具有很大的不确定性。但就像其他的新生儿一样，其必将以前所未有的速度和无法预知的方式不断演进。

三、跨境电商的发展历程

1999 年阿里巴巴实现用互联网连接中国供应商与海外买家后，中国对外出口贸易就实现了互联网化。在此之后，跨境电商共经历了三个阶段，实现了从信息服务到在线交易，再到全产业链服务的产业转型。

1. 跨境电商 1.0 阶段（1999—2003 年）

跨境电商 1.0 阶段主要运用网上展示、线下交易的外贸信息服务模式。跨境电商 1.0 阶段第三方平台主要的功能是为企业以及产品提供网络展示平台，并不在网络上涉及任何的交易环节。此时的盈利渠道主要是向进行信息展示的企业收取会员费（如年服务费）。在此阶段，也逐渐衍生出了竞价推广、咨询服务等，为供应商提供了一条龙的信息流增值服务。

2. 跨境电商 2.0 阶段（2004—2012 年）

2004 年，敦煌网的上线标志着跨境电商进入了 2.0 阶段。在这个阶段，跨境电商平台开始摆脱纯信息黄页的展示行为，将线下交易、支付、物流等流程实现电子化，逐步构建了在线交易平台。相比 1.0 阶段，跨境电商 2.0 阶段更能体现电子商务的本质，可以借助电子商务平台，通过服务、资源整合，有效地打通上下游供应链，包括 B2B（平台对企业小额交易）平台模式、B2C（平台对用户）平台模式。

3. 跨境电商 3.0 阶段（2013 年至今）

2013 年是跨境电商重要的转型年，跨境电商全产业链都出现了商业模式的变化。随着跨境电商的转型，跨境电商 3.0 的“大时代”随之到来。

首先，跨境电商 3.0 阶段具有大型工厂上线、B 类买家成规模、中大额订单比例提升、大型服务商加入和移动用户量爆发五方面的特征。与此同时，跨境电商 3.0 阶段的服务全面升级，平台承载能力更强。全产业链服务在线化也是 3.0 阶段的重要特征。其次，在跨境电商 3.0 阶段，用户群体由草根创业向工厂、外贸公司转变，且具有极强的生产设计管理能力。平台销售产品由网商、二手货源向一手货源、好产品转变。再次，3.0 阶段的主要卖家群体正处于从传统外贸业务向跨境电商业务的艰难转型期，生产模式由大生产线向柔性制造转变，对代运营和产业链配套服务的需求较高。最后，3.0 阶段的主要平台模式也由 C2C、B2C 向 B2B、M2B 转变，批发商买家的中大额交易成为平台的主要订单。

任务二　熟悉跨境电商主流平台

目前，跨境电商第三方平台主要有阿里巴巴国际站、全球速卖通（AliExpress）、Wish、敦煌网（DHgate）、eBay 和亚马逊（Amazon）等。

子任务一　跨境电商出口平台

一、跨境大宗贸易 B2B 平台

跨境大宗贸易 B2B 平台为境内外会员商户提供网络营销平台，传递供应商或采购商等合作伙伴的商品或服务信息，并最终帮助双方完成交易，收取会员费和营销推广费。目前，大宗 B2B 交易属于最传统的交易平台，占据强势主体地位，在整个跨境电子商务中的份额占 95% 以上。这类模式的代表性平台有阿里巴巴国际站、环球资源网、中国制造网等。

1. 阿里巴巴国际站（https://www.alibaba.com）

阿里巴巴国际站是提供帮助中小企业拓展国际贸易的出口营销推广服务的平台，它基于全领先的企业间电子商务网站，通过向海外买家展示、推广供应商的企业和产品，进而帮助供应得贸易商机和订单，是出口企业拓展国际贸易的首选网络平台。阿里巴巴国际站提供一站店铺装修、产品展示、营销推广、生意洽谈及店铺管理等全系列线上服务和工具，帮助企业本，高效率地开拓外贸大市场。

里巴巴国际站的特点：

：社区频道。

第三方认证。

人性化的网站设计，丰富的产品类型，出色的搜索和网页浏览功能，简便的沟通工理工具。

客户遍布全球。

国际站首页如图 1.1 所示。

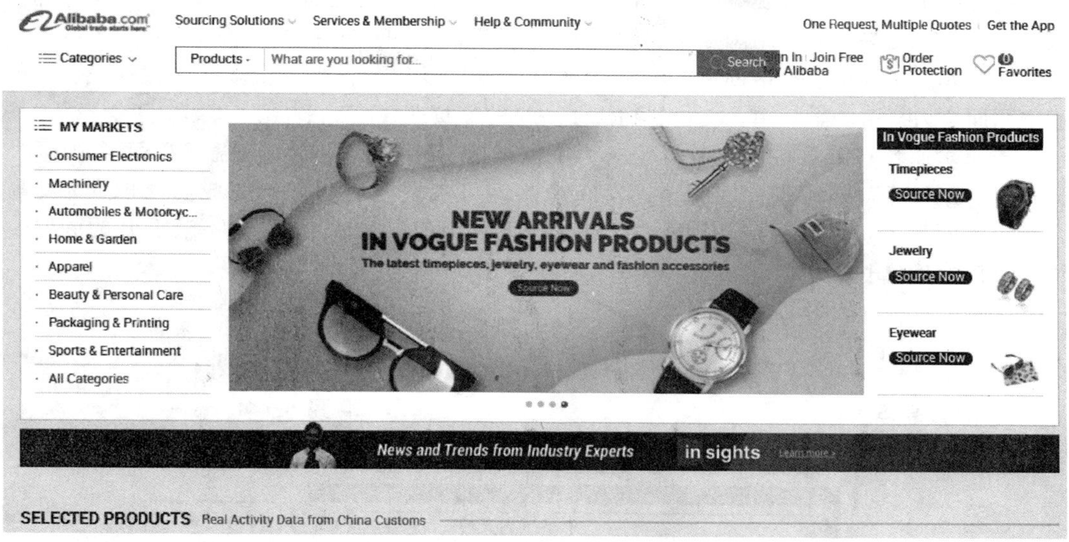

图 1.1　阿里巴巴国际站首页

2. 环球资源外贸网（http：//globalsources. com）

环球资源外贸网是一家多渠道 B2B 媒体公司，致力于促进大中华地区的对外贸易。公司的核心业务是通过一系列英文媒介，包括环球资源外贸网、印刷及电子杂志、采购资讯报告、“买家专场采购会”、贸易展览会等，促进亚洲各国的出口贸易。

超过 100 万名国际买家，其中包括 95 家全球百强零售商，使用环球资源外贸网提供的服务了解供应商及其产品的信息，从而在复杂的供应市场进行高效采购。另外，供应商还可借助环球资源外贸网提供的整合出口推广服务提升公司形象，查询销售情况，赢得来自逾 240 个国家及地区的买家订单。

3. 中国制造网（http：//www. made-in-china. com）

中国制造网是一个中国产品信息荟萃的网上世界，其面向全球提供中国产品的电子商务服务，旨在利用互联网将中国制造的产品介绍给全球采购商。中国制造网创建于 1998 年，是由焦点科技开发和运营的，是国内最著名的 B2B 电子商务网站之一，在 2003—2006 年连续四年被《互联网周刊》评为中国最具商业价值百强网站，2013 年获得“中国 B2B 行业网站影响力大奖”。中国制造网汇集中国企业产品，面向全球采购商，是高效可靠的信息交流与贸易服务平台，为中国企业与全球采购商创造了无限商机，是国内中小企业通过互联网开展国际贸易的首选 B2B 网站之一，也是国际上有影响力的电子商务平台。

二、独立第三方跨境小额批发零售平台（B2 小 B、B2C、C2C）

独立第三方跨境小额批发零售平台的特点：门槛低、周期短、支付方式灵活、利润较高。盈利模式：以收取佣金为主，以收取会员费、广告费等为辅。运营模式：包括 B2 小 B、B2C、C2C 三种，其中 B2 小 B 模式指从“海外进口商”至“海外批发商”（“海外批发商”也即“小 B”），通过小额外贸批发业务促进产业链中整体利润的提升。这类平台是现阶段跨境电子商务的热门方向，其典型代表有全球速卖通、敦煌网、Amazon、eBay、Wish（移动跨境电子商务平台）等。

1. 全球速卖通（http：//www. aliexpress. com）

全球速卖通（AliExpress）正式上线于 2010 年 4 月，其为阿里巴巴旗下唯一面向全球市场打造的在线交易平台，被广大卖家称为“国际版淘宝”。全球速卖通面向海外买家，通过支付宝国际账户进行担保交易，并使用国际快递发货，是全球第三大英文在线购物网站。

全球速卖通是阿里巴巴帮助中小企业接触终端批发零售商，小批量多批次快速销售，拓展利润空间而全力打造的融订单、支付、物流于一体的外贸在线交易平台。

全球速卖通具有以下特点：市场大，为中国最大 B2C 交易平台，覆盖 220 多个国家和地区，日近 5 000 万海外流量；低佣金，发布产品即可免费开店，订单完成后收取 5% 交易佣金，远低于同类外贸电商网站；发展快，速卖通发展迅速，在 Alexa 排名不断上升的同时，订单数以成倍速度增长。

全球速卖通首页如图 1. 2 所示。

图 1. 2　全球速卖通首页

2. 敦煌网（http：//www. dhgate. com）

敦煌网 B2B 在线交易平台于 2005 年正式上线，是国内首个为中小企业提供 B2B 网上交易的网站，是全球领先的在线外贸交易平台，其致力于帮助中国中小企业通过跨境电子商务平台走向全球市场，开辟一条全新的国际贸易通道，让在线交易变得更加简单、安全、高效。

敦煌网采取佣金制，免注册费，只在买卖双方交易成功后收取费用。据 PayPal 交易平台数据显示，敦煌网是在线外贸交易额中亚太排名第一、全球排名第六的电子商务网站，其在 2011 年的交易规模达到 100 亿元。作为中小额 B2B 海外电子商务的创新者，敦煌网采用 EDM（电子邮件营销）的营销模式，低成本、高效率地拓展海外市场，自建的 DHgate 平台，为海外用户提供了高质量的商品信息，用户可以自由订阅英文 EDM 商品信息，第一时间了解市场最新供应情况。

敦煌网“为成功付费”的经营模式打破了传统电子商务“会员收费”的经营模式，既减小了企业风险，又节省了企业不必要的开支，同时避开了与 B2B 阿里巴巴、中国制造网、环球资源、环球市场等的竞争。

在敦煌网上，买家可以根据卖家提供的信息来生成订单，可以选择直接批量采购，也可以选择先小量购买样品，再大量采购。这种线上小额批发一般使用快递，快递公司会在一定金额范围内代理报关。举例来说，敦煌网与 DHL、联邦快递等国际物流巨头保持密切合作，以网络庞大的业务量为基础，其同等物流成本至少可下降 50%。一般情况下，这类订单的数量不会太大，有些可以省去报关手续。以普通的数码产品为例，买家一次的订单量在十几个到几十个不等。这种小额交易比较频繁，不像传统的外贸订单那样可能是半年下一次订单，一个订单几乎就是卖家一年的“口粮”。“用淘宝的方式卖阿里巴巴 B2B 上的货物”，是对敦煌网交易模式的一个有趣概括。

敦煌网首页如图 1.3 所示。

图 1.3 敦煌网首页

3. Wish（http：//www. merchant. wish. com）

Wish 于 2011 年在美国旧金山成立，是一款基于移动 App 的商业平台。起初，Wish 只是向用户推送信息，并不涉及商品交易；2013 年开始升级成为购物平台，移动 App 于同年 6 月推出，当年经营收益即超过 1 亿美元。

Wish 最大的特点就是专注于移动端购物。在 Wish 平台上，98% 的流量和 95% 的订单都来自移动端。这个数据足以让亚马逊、eBay、全球速卖通等跨境电商“颤抖”。Wish 系统通过对买家行为等数据的计算，判断买家感兴趣的产品信息，并且选择相应的产品推送给买家。与多数电商平台不同，在 Wish 上的买家不太会通过关键词搜索来浏览商品，更倾向于无目的浏览。这种浏览方式是欧美人群比较容易接受的，所以 Wish 平台 90% 的用户来自欧洲和美国。

Wish 手机应用页面如图 1.4 所示。

4. 亚马逊（http：//www. amazon. com）

亚马逊是美国最大的一家网络电子商务公司，总部位于华盛顿州的西雅图，是网络上最早开始经营电子商务的公司之一。亚马逊成立于 1995 年，一开始只经营书籍销售业务，目前则扩及范围相当广的其他产品，已成为全球商品品种最多的网上零售商和全球第二大互联网企业，在公司名下，包括 Alexa Internet、Lab126 和互联网电影数据库（Internet Movie Database，IMDB）等子公司。

亚马逊及其他销售商为客户提供数百万种独特的全新、翻新及二手商品，如图书、影视、音乐和游戏、数码下载、电子产品、家居园艺用品、玩具、婴幼儿用品、食品、服饰、鞋类、珠宝、健康和个人护理用品、体育及户外用品、玩具、汽车及工业产品等。

2004 年 8 月，亚马逊全资收购卓越网，使亚马逊全球领先的网上零售专长与卓越网深厚的中国市场经验相结合，进一步提升了客户体验，并促进了中国电子商务的成长。

亚马逊目前主要有三块主营业务：Media、FBA（出租网店 + 卖流量 + 分仓租赁 + 代包装/代发货 + 代收款）、amazon web services。

亚马逊的一大特色服务是 FBA（Fulfillment by Amazon），即亚马逊仓储物流，其为商户提供物流和仓储配套服务，并收取一定的费用。

亚马逊首页如图 1.5 所示。

图 1.4 Wish 手机应用页面

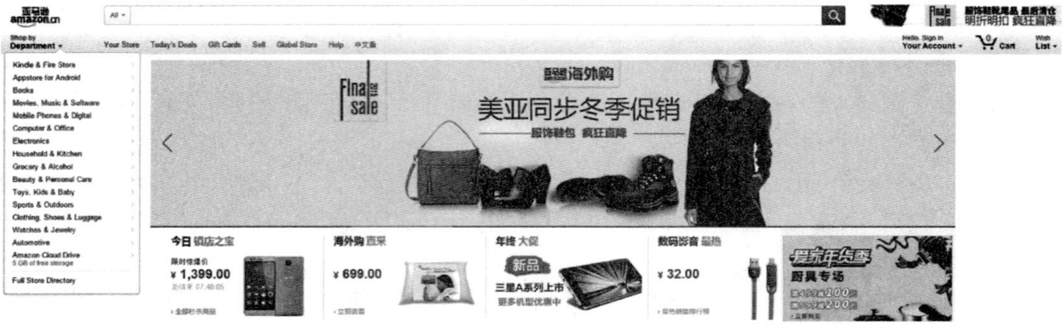

图 1.5 亚马逊首页

5. eBay（http：//www. ebay. com）

eBay（电子湾、亿贝、易贝）是一个可让全球民众上网买卖物品的线上拍卖及购物网站。eBay 于 1995 年 9 月 4 日由 Pierre Omidyar 以 Auctionweb 的名称在加利福尼亚州圣荷西创立。

与全球速卖通相比，eBay 对卖家的要求更加严格，对产品质量要求较高，但同样要求价格具有优势，即产品质量要过得去，价格也要有优势。除了有和其他平台类似的常规产品出售，二手货的交易也是 eBay 业务的重要组成部分。在 eBay，交易方式分为拍卖和一口价两种。eBay 对每笔拍卖向卖家收取 0. 25 ~ 800 美元不等的刊登费，在交易成功后再收取一笔 7% ~ 13% 不等的成交费。在合并了 PayPal 后，eBay 的支付方式默认为 PayPal，商户在注册开店时必须绑定有效的 PayPal 账户。

eBay 首页如图 1. 6 所示。

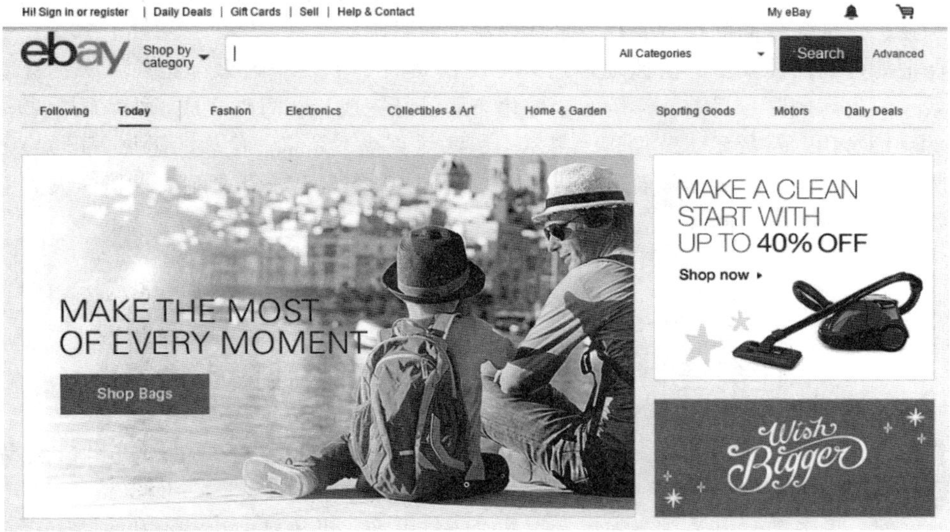

图 1. 6　eBay 首页

三、综合自营式跨境小额批发零售平台（B2C 独立商城）

综合自营式跨境小额批发零售平台通常自主创建 B2C 商城，自建物流、支付及客服体系，主要利润来源是销售收入，通过不断巩固细分领域的发展优势，以差异化的竞争手段获取海外生存空间，类似于国内的京东商城、当当网等自营式电子商务企业。这类模式的代表性平台有兰亭集势、易宝、环球易购等。

子任务二　跨境电商进口平台

一、海淘网

“海淘网”（http：//www. haitao. com）是国内首个免费的海淘代购服务平台，致力于帮助网购人群更方便、更快捷、更便宜地去国外网购，其创立于 2013 年。海淘网与国外 B2C 电商网站合作，用户享受零代购费，海外直接发货，全部正品直邮，国内外一个价格。同时，“海淘网”

是海淘官方域名，打破了中国消费群体使用电子商务的局限，向消费者推荐来自全球各地的著名网络商店和国际品牌，并翻译展示商品信息给用户，让消费者从此可以在全球范围内自由浏览、选购商品，所有商品由海外直邮，并且全部支持人民币付款。

海淘网在创立之初就秉承了免费的概念，通过链接国内外商家与中国用户，用平台的概念整合海淘购物流程，并形成标准。

未来海淘网将着重解决用户在物流、时间、价格等方面关心的问题。

二、洋码头

洋码头（http：//www. ymatou. com）成立于2009年，是中国海外购物平台，满足了中国消费者不出国门就能购买到全球商品的需求。“洋码头”移动端App内拥有首创的“扫货直播”频道；其另一特色频道“聚洋货”，则汇集了全球各地知名品牌供应商，提供团购项目，认证商家一站式购物，保证海外商品现货库存，全球物流护航直邮。

为保证海外商品能安全、快速地运送到中国消费者手上，洋码头自建立以来就打造了跨境物流体系——贝海国际。目前，洋码头全球化布局已经完成，在海外建成了十大国际物流仓储中心（纽约、旧金山、洛杉矶、芝加哥、墨尔本、法兰克福、东京、伦敦、悉尼、巴黎），并且与多家国际航空公司合作实施国际航班包机运输，每周40多架全球班次航线入境，大大缩短了国内用户收到国际包裹的时间。

任务三　了解中国跨境电商的政策支持

近年来，跨境电商模式异军突起，市场规模迅速增长。2016年，全国进出口贸易规模为24.33万亿元，其中跨境电子商务规模约6.7万亿元，同比增长24%。

与此同时，国务院和海关总署密集发文鼓励跨境电商，助推其成为行业热点。

2015年1月29日，国家外汇管理局出台关于开展支付机构跨境外汇支付业务试点的通知，网络购物单笔交易限额由1万美元提高至5万美元。

2015年3月12日，中国（杭州）跨境电商综合试验区获批成立，杭州成为国内首个试点城市。

2015年5月12日，国务院发布《关于加快培育外贸竞争新优势的若干意见》，提出大力推动跨境电子商务发展，积极开展跨境电子商务综合改革试点工作，抓紧研究制定促进跨境电子商务发展的指导意见。

2015年5月13日，海关总署发布《关于调整跨境贸易电子商务监管海关作业时间和通关时限要求有关事宜的通知》。自2015年5月15日起，要求各地海关保持365天×24小时的作业时间。

2016年5月，国务院印发《关于促进外贸回稳向好的若干意见》，从5个方面提出了14条政策措施，促进外贸创新发展，努力实现外贸回稳向好。

2017年9月，李克强总理主持召开国务院常务会议，决定将跨境电商零售进口监管过渡期政策再延长一年至2018年底。

我国跨境电商相关政策（部分）如表1.1所示。

表 1.1　我国跨境电商相关政策（部分）

发布时间	文件名称	发布单位	主要内容
2016 年 5 月	《关于促进外贸回稳向好的若干意见》	国务院	从 5 个方面提出了 14 条政策措施，其中包括开展并扩大跨境电子商务、市场采购贸易方式和外贸综合服务企业试点，促进外贸创新发展
2015 年 6 月 16 日	《关于促进跨境电子商务健康快速发展的指导意见》	国务院	聚焦困扰跨境电商发展的深层次障碍，有针对性地提出了关、检、税、汇、金融 5 个方面的支持措施。营造更加宽松、便利的发展环境，有效促进跨境电子商务这一新兴业态健康快速发展
2015 年 5 月 15 日	《“互联网 + 流通”行动计划》	商务部	针对跨境电商发展，提出将推动建设 100 个电子商务海外仓、加快电商海外营销渠道建设等举措
2015 年 5 月 14 日	《关于进一步发挥检验检疫职能作用促进跨境电子商务发展的意见》	原国家质检总局	提出建立跨境电子商务风险监控和质量追溯体系，实施跨境电子商务备案管理等
2015 年 5 月 4 日	《关于大力发展电子商务加快培育经济新动力的意见》	国务院	抓紧研究制定促进跨境电子商务发展的指导意见，积极推进跨境电子商务通关、检验检疫、结汇、进口缴税等关键环节“单一窗口”综合服务体系建设，简化与完善跨境电子商务货物返修与退运通关流程，提高通关效率
2015 年 4 月	《关于改进口岸工作支持外贸发展的若干意见》	国务院	支持跨境电子商务综合试验区建设，加快出台促进跨境电子商务健康快速发展的指导意见，支持企业运用跨境电子商务开拓国际市场
2015 年 3 月 12 日	《关于同意设立中国（杭州）跨境电子商务综合试验区的批复》	国务院	着力在跨境电子商务各环节的技术标准、业务流程、监管模式和信息化建设等方面先行先试，通过制度创新、管理创新、服务创新促进协同发展；试验区主要包括 3 个产业园区：中国（杭州）跨境电子商务产业园、杭州跨境贸易电子商务产业园（下沙）、杭州空港跨境贸易电子商务产业园（萧山）
2015 年 1 月 8 日	《关于加快电子商务发展的若干意见》	国务院办公厅	建议出台对电子商务贸易链条以及有利于市场参与者发展的法规
2014 年 9 月	2014 年第 66 号（区域通关一体化）	海关总署	在广东地区（广州、深圳、拱北、汕头、黄埔、江门、湛江）海关启动通关一体化改革
2014 年 9 月	2014 年第 65 号（区域通关一体化）	海关总署	在长江经济带（上海、南京、杭州、宁波、合肥、南昌、武汉、长沙、重庆、成都、贵阳、昆明）海关启动通关一体化改革
2014 年 8 月	《关于增列海关监管方式代码的公告》	海关总署	增列“跨境电商”海关监管方式代码“1210”

续表

发布时间	文件名称	发布单位	主要内容
2014 年 7 月	《关于跨境贸易电子商务进出境货物、物品有关监管事宜的公告》	海关总署	即 56 号文件。对个人物品和货物之间进行了明确区分，规定了针对二者不同的报关手续，有利于跨境电商行业合法化、正规化发展
2014 年 5 月 4 日	《关于支持外贸稳定增长的若干意见》	国务院办公厅	提出激发市场活力、提振外贸企业信心、促进进出口平稳增长的 16 条举措，并明确提出进一步加强进口，出台跨境电子商务贸易便利化措施
2014 年 3 月	《关于跨境电商服务试点保税进口模式有关问题的通知》	海关总署	上海、宁波、杭州、郑州、重庆、广州 6 座城市的海关，重新定义分类个人物品和货物，按照不同手续和税率办理通关
2014 年 1 月 26 日	《网络交易管理办法》	原国家工商行政管理总局	明确了网络商品交易的形式和范围，对消费者退货行为，第三方交易平台的信息审查和登记，网络商品交易中的“信用评价”“推广”等行为做了明确规定
2014 年 1 月 24 日	《关于增列海关监管方式代码的公告》	海关总署	增列海关监管方式代码“9610”，全称“跨境贸易电子商务”，适用于境内个人或电子商务企业通过电子商务平台实现交易，并采用“清单核放、汇总申报”模式办理通关手续的电子商务零售进出口商品
2013 年 12 月 30 日	《关于跨境电子商务零售出口税收政策的通知》	财政部、国家税务总局	对跨境电子商务零售出口有关税收优惠政策予以明确
2013 年 10 月 30 日	《关于促进电子商务应用的实施意见》	商务部	提出未来两年我国电子商务总体目标和发展方向
2013 年 8 月 29 日	《关于实施支持跨境电子商务零售出口有关政策意见的通知》	国务院	在现行管理体制、政策、法规及现有环境条件已无法满足跨境电商市场需求的背景下，提出了六项具体措施，主要集中在海关、检验检疫、税务和收付汇等方面
2013 年 8 月 21 日	《关于实施支持跨境电子商务零售出口有关政策的意见》（“外贸国六条”）	商务部会同财政部、发改委、中国人民银行、海关总署等部门	在上海、重庆、杭州、宁波、郑州 5 个城市试点跨境贸易电子商务服务，并从 2013 年 10 月 1 日起在全国有条件的地区实施
2013 年 7 月 26 日	《关于促进进出口稳增长、调结构的若干意见》	国务院办公厅	要求积极研究以跨境电子商务方式出口货物所遇到的海关监管、退税、检验、外汇收支、统计等问题，完善相关政策，抓紧在有条件的地方先行试点，推动跨境电子商务的发展

续表

发布时间	文件名称	发布单位	主要内容
2013 年 2 月 1 日	《支付机构跨境电子商务外汇支付业务试点指导意见》	国家外汇管理局	便利机构、个人通过互联网进行电子商务交易，规范支付机构跨境互联网支付业务发展，防范互联网渠道跨境资金流动风险
2012 年 3 月 12 日	《关于利用电子商务平台开展对外贸易的若干意见》	商务部	明确要为电子商务平台开展对外贸易提供政策支持，鼓励电子商务平台通过自建或合作方式，努力提供优质高效的支付、物流、保险等配套服务，实现“一站式”报关、金融、贸易
2011 年 4 月 12 日	《第三方电子商务交易平台服务规范》	商务部	规范第三方电子商务交易平台的经营活动，保护企业和消费者合法权益，营造公平、诚信的交易环境，保障交易安全，促进电子商务快速发展
2010 年 9 月 15 日	《跨境贸易人民币结算试点管理办法实施细则》	中国人民银行	为推动跨境贸易电子商务发展，海关总署启动郑州、上海、重庆、杭州、宁波 5 个跨境贸易电子商务服务试点城市部署会

跨境电子商务的兴起，引起了我国政府对该新型业态成长的高度关注。全国共批准设立了 15 个保税区（上海浦东新区的外高桥保税区、天津港保税区、深圳沙头保税区、深圳福田保税区、大连保税区、广州保税区、张家港保税区、海口保税区、厦门象屿保税区、福州保税区、宁波保税区、青岛保税区、汕头保税区、深圳盐田港保税区、珠海保税区）。

跨境电子商务试点城市进程如表 1.2 所示。

表 1.2　跨境电子商务试点城市进程

时间	阶段	试点城市	进口资格	出口资格
2012. 5	中国启动了跨境电商服务试点			
2012. 12	跨境电商试点工作全面启动	郑州、上海、重庆、杭州、宁波	均有	均有
2013. 9	广州成为跨境电商服务试点城市	广州	有	有
2013. 10	试点在全国有条件的地方全面展开	广州、郑州、苏州、青岛、长沙、平潭、银川、牡丹江、哈尔滨、烟台、西安、长春等	仅广州有	均有
2013. 12	深圳成为跨境电商服务试点城市	深圳		有
2014. 3	哈尔滨成为试点城市与俄罗斯对接	哈尔滨		
2015. 3	设立杭州跨境电商综合试验区	杭州		

任务四 了解全球跨境电商的发展现状

一、美国跨境电商的发展现状

美国电子商务起步早，并且得益于传统零售市场的强大及供应链和渠道方面的优势，美国电商可以站在“巨人的肩膀”上迅速发展。除了整体经济因素的影响外，对消费者更有吸引力的价格、更多的物流方式选择、更便捷的配送渠道、更适应市场的营销手段以及跨境电商的加速增长等因素都推动着美国电子商务市场的飞速发展。但是据调查，2016 年中国已经超过美国成为全球最大的零售市场，零售业销售总额达到 4. 886 万亿美元，而美国零售业销售总额是 4. 823 万亿美元。同时，中国还是 2016 年全球最大的零售电子商务市场，销售总额超过 8 990. 9 亿美元，接近全球零售电子商务规模的一半（占 47. 0%）。随着国际电商市场环境的“风云变化”，美国电子商务的发展也呈现出了新的趋势和特点。

第一，美国电子商务发展速度有所放缓，市场规模稳步扩大。由于美国经济环境影响导致其电子商务市场规模的增长速度有所放缓，但每年的电商零售市场的交易额依然平稳提高，且在美国社会零售总额中的占比持续增长，这表明美国电子商务市场并未接近饱和，还有很大的提升空间。

第二，跨境电商为线上零售商带来了发展全新市场的可能性。利用跨境电商平台，消费者可以安全快捷地购买世界知名品牌产品，零售商也可以将其产品销售到世界各地。例如，美国的跨境电商平台 Borderfree 为其平台的零售商提供跨境物流、货币兑换、客户管理、退换货等服务。同时，跨境支付方式多样化、支付安全性越来越高、跨境物流速度加快等都促使越来越多的线上零售商将市场从本国拓展到全球。

第三，美国移动电子商务市场规模增长迅速。eMarketer 的统计数据显示，2016 年美国移动端电子商务交易额超过 1 200 亿美元，增幅达 39. 1%，预计到 2020 年，美国智能手机将为零售电子商务贡献 1 294. 4 亿美元，增幅达 18. 3%。智能手机和平板电脑等移动设备的普及为移动电商市场提供了巨大的市场潜力，加之移动端购物操作便捷、产品售价低廉等特点，吸引着越来越多的消费者，逐渐改变了消费者的购物习惯。

第四，全渠道成为美国零售商的重要战略。虽然美国在 2015 年零售电子商务交易额达到 2 380 亿美元，但是只占到美国社会零售总额的 10% 左右，可见，线下实体店仍然创造着巨大价值，是消费者最青睐的购物渠道，而消费者选择线下购物的最主要原因就是可以亲自感受并体验商品。美国零售行业从最初的单渠道时代，经历了多渠道和跨渠道阶段，逐渐发展到现在的全渠道时代。在全渠道时代，消费者的购买行为也不再是简单的线上购物下单、线下收货体验，计算机、iPad、移动终端（手机）、线下门店、社交网站等各渠道之间的界限越来越模糊，消费者可以在零售商创建的多种场景中使用移动终端将线上线下相结合完成购物活动。

第五，电子商务变得更具社交性。现阶段，不管是线上零售商还是实体零售商都看重与消费者之间的互动和情感连接，利用社交媒体和社交购物网站与消费者互动并完成产品销售。在 2013 年和 2014 年，美国电商网站的社交推荐量的增长巨大，许多零售商开始利用社交电商网站开展营销活动。

美国作为如今世界上的头号经济强国，其跨境电子商务发展得非常健康。北美地区电子商务市场在全球最受欢迎，其中美国的功劳不容忽视。在经历了 2008 年的全球经济危机之后，如今的美国跨境电子商务现状如何呢？

美国人口虽然不是很多，但是在线购买者的比重超过了 1/3，所以说美国在线零售领域是世界上最大的市场。调研显示，超过半数的美国电子商户都从国外接受订单。虽然跨境电子商务存在各种挑战，但是依然挡不住巨大的商机。尼尔森调查表明，美国是最受欢迎的跨境市场，紧接着是英国、中国内地、中国香港、加拿大、澳大利亚和德国。在跨境运送服务方式中，45% 的美国商户会选择标准邮政渠道。总的来看，虽然美国跨境电子商务现状良好，但是也存在着许多不足，想要在全球环境下取得先机，美国还有很长的路要走。

目前，88% 的美国网民都在网购，这一数字还在上升。语言是跨境电子商务的有趣动力，因为在线销售一般开始于搜索，顾客会用自己的母语进行搜索，而搜索习惯是由语言驱动的；关键词是找到信息的催化剂，从而引导网购者到达指定的网络商店。虽然美国的网上商家一直关注电子商务，但是一些零售商仍旧错过了跨境电子商务提供的绝佳机会。当中国以 90% 、日本以 71% 、加拿大以 55% 的速度增长时，美国却落后了。所以，美国虽然仍占据着跨境电商市场的有利地位，但是不得不面对各国的压力。

二、欧洲跨境电商的发展现状

欧洲的 8. 17 亿居民中 65% 是互联网用户，其中网络购物用户占到居民总数的近 1/3。欧洲电商正迅猛发展，尤其是在欧洲南部国家。2016 年，欧洲电商零售市场规模为 5 300 亿欧元，比 2015 年增长了 15%，其中西欧和北欧是欧洲电子商务发展最好的地区，其次是中欧地区。相对于本土电商来讲，欧洲的跨境电商发展更成熟，市场规模已占到全球跨境电商市场规模的 35%，成为全球最大的跨境电子商务市场区域。欧洲前 300 强在线零售商中多半都已涉足跨境电商行业，跨境电商买家的数量也在不断增加。由于欧洲各国语言互通，在线零售商会在欧洲其他国家的电商平台销售产品，而买家也会很方便地从邻国购买商品。

由于欧洲国家众多，不同的国家有其不同的法律体系，如在电子支付方面，同时存在数十种支付方案，因此法律和监管体系的多样性增加了在线零售商的运营成本，降低了消费者对跨境电商的信任度，阻碍着欧洲跨境电子商务的进一步发展。目前，欧洲跨境电商亟待解决的问题有三个：第一，统一电子商务方面的立法，建立高度透明的统一支付标准；第二，针对不同国家物流价格不透明的问题，提供统一的解决方案；第三，建立统一标准的增值税制度。

三、俄罗斯跨境电商的发展现状

俄罗斯电子商务协会与俄罗斯邮局进行的俄罗斯电商市场调查中称，中国的网络商店在线贸易额在 2016 年占据俄罗斯跨境在线贸易总额的 52% 。俄罗斯 2016 年跨境贸易总额为 51 亿美元，俄罗斯公民在中国网络商店大约花费 26 亿美元。据计算，俄罗斯有 90% 的外国邮包来自中国。中国的网店销售占据俄罗斯跨境网络贸易总额的半壁江山，俄罗斯市场也成为中国卖家的“蓝海市场”。俄罗斯市场存在的机遇有以下几个。

（1）年轻人多，购买力强。亿邦动力网了解到，俄罗斯有 1. 46 亿的人口，60. 8% 是青年人，女性多于男性。俄罗斯人基本上没有买房和供养孩子等后顾之忧，他们有相当富余的资金用于购物消费。

此外，俄罗斯的线上购物习惯已经养成，各联邦区的线上消费人群占人口比重都在 64% 以上。另外，俄罗斯的人口增长趋势明显，庞大的年轻消费群体必然带来巨大的购买力。

（2）跨境市场增长空间大。在俄罗斯的电商市场中，有 72% 是本土电商，跨境电商仅占 28%，其中中国卖家占了半壁江山。相对于俄罗斯本土的卖家以及其他国家的卖家，中国卖家的产品和运营能力都有很大优势，且速卖通平台会持续加大对俄市场的投入，这些因素都让这片热土的增长潜力不可估量。

（3）俄罗斯人民对中国产品需求旺盛。2016 年俄罗斯的网购商品中，排在第一位的是鞋服，占 32%；电子产品、计算机、手机占 23%；美容品占 21%；家用电器占 17% 等。这些都是中国制造的强项，如图 1.7 所示。

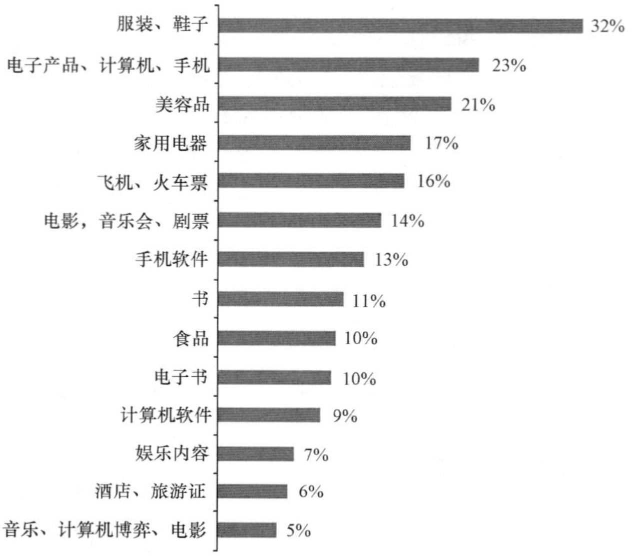

图 1.7　俄罗斯网购商品比例（2016 年）

俄罗斯市场面临的挑战有以下两点。

（1）物流艰难。俄罗斯的物流主要依靠两大铁路干线和航空运输网络。时区多（跨 11 个时区）、国土面积跨度大、天气寒冷等都对物流的稳定性和时效性带来了极大的考验。

另外，当前俄罗斯有 8 家主流海外仓服务商，共有 12 个仓库，总面积为 89 000 平方米。其分布相当集中，以莫斯科为主，覆盖范围也有限。

（2）货到付款为主流，在线支付难。俄罗斯的付款方式中，排在第一位的是付现款，排在第二位的是刷卡，在线付款排在最后一位，仅占 10%。如何支持货到付款对于中国卖家来说是一个大挑战。

四、印度跨境电商的发展现状

跨境电子商务的出现，推动了国际贸易的升级，增进了国家间的交易活动。在“一带一路”倡议背景下，分析与研究印度跨境电子商务市场，既可以成为“一带一路”倡议的一部分，也能够推动中印间经贸合作与优势互补。中国企业继续“走出去”，印度是南亚市场乃至亚非欧市场的关键环节，因而研究印度跨境电子商务意义重大。在全球跨境电子商务发展大趋势下，印度在经济实力、发展潜力、发展速度等层面都将成为跨境电子商务的新兴力量。

（1）巨大的发展潜力。印度拥有全球第二多的人口，据联合国经济与社会事务部报告预测，印度将于 2022 年前后人口数超过中国，跃居全球首位。印度保持着年轻的人口结构，劳动力持续增加，为“人口红利”打下了坚实的基础，印度人口红利成为其经济持续增长的源泉之一。庞大的人口基数，尤其是印度拥有2亿～3亿家庭条件较好的中产阶级，为印度跨境电子商务的发展提供了巨大的消费市场。偏年轻的人口结构，跨境电子商务交易主体的年轻层次偏同，也成为印度跨境电子商务发展的助推器。作为金砖国家之一，印度经济增速较快，已成为全球第二大发展中国家，以及全球第九大经济体。从人口与经济层面看，印度跨境电子商务市场具有庞大的发展潜力。

（2）较快的增长速度。与我国相比，印度电子商务起步晚、基础薄、水平低。在2014年，我国在线零售规模达4 560亿美元，而印度仅有40亿美元；印度在线购物比例不足1%，与我国2008年的情况类似。在国内外诸多因素推动下，印度互联网普及率逐日剧增。随着3G、4G、Wi-Fi技术的推广，印度政府拟计划在每个村庄普及高速宽带，这将大力推动跨境电子商务发展。印度互联网年复增长率是33%，移动互联网年复增长率是55%，印度电子商务保持高速增长，互联网、智能手机普及率飞增。印度互联网用户达到3亿，已超过美国跃居全球第二位。据印度工商联合会披露，印度2014年电子商务行业价值为170亿美元，预计将于2019年突破千亿美元规模。虽然印度市场发展较晚，但是增长速度与发展前景不容忽视，也正吸引着全球的关注。

（3）移动化成为显著特征。互联网在印度的发展轨迹显著不同于美国、欧洲及我国等成熟市场，欧美与我国在经历较长的PC互联网阶段后进入了移动互联网时代，印度则经历短暂的PC互联网后直接跨向了移动互联网时代。这一发展轨迹直接导致印度电子商务的移动特征格外显著。印度权威媒体“Thehindu”于2014年10月24日报道，印度在线零售商通过智能手机将市场向二三级城市覆盖，并逐步扩散到农村，并期望在未来几年，移动智能终端实现的交易额能够达到90%。印度手机用户规模超过9.3亿，成为全球第二大手机市场，据IDC披露，2014年第二季度印度智能手机市场规模增幅达84%。印度智能手机普及率远超欧美等国家，据《国际智能手机移动报告》显示，印度的智能手机普及率为42%，在25个调研的发达国家及发展中国家中居第2位。许多印度本土电商企业，如Snapdeal、Flipkart、Myntra等，已经推出了移动App或移动网页。Flipkart于2015年4月起，宣布停止PC端运营，关闭网页版购物平台，重点开拓及运营移动购物市场。

（4）购物时间偏好。印度网民喜欢在工作时间段浏览各类网站，同时进行网络购物。据印度门户网站Print-Venue. com数据披露，印度大部分网购都产生于上班时间，集中在12点至16点。这一结论也获得了网络零售商的认同，网络零售商披露，约有52%的订单发生在工作时间段，即10点至18点，约有35%的订单收货地址留的是办公室地址。虽然很多企业不愿意接受这一现象，有的通过防火墙限制或政策限制，借以约束员工的行为，但是随着智能手机的普及，尤其是移动网络与移动电子商务的刺激，企业的这些约束政策效果甚微。许多企业逐渐扭转态度，出台相应的措施引导与顺应这一趋势，如印度勒克瑙市的一家电信企业就出台了规定，允许员工在每天的工作期间自由上网1小时。

（5）支付偏好。印度电子商务的发展推动了支付方式的发展。在跨境电子商务交易中，支付是极其重要的环节。在印度市场，多种支付方式被应用在跨境电子商务交易活动中，如网上银行、在线支付、第三方支付、移动支付、电子钱包、预付卡等。以Visa、万事达、美国运通为首的信用卡组织加快了对印度市场的扩张，其信用卡普及率不断攀升。印度银行除了开通网上银行业务外，也在尝试手机银行业务。PayPal、PayZipp、Stripe等第三方支付机构在印度市场也有不俗表现。但是，印度网民仍偏好货到付款，尤其是货到现金付款。据Payvion数据显示，在跨境支付环节中，货到付款以37.5%的使用率位居首位。以印度邮政为首的物流组织也增设现金处理服务项目，如会计信息系统、转账和健全的账户系统等，为电商企业的现金收取工作做好服务支撑。以 Flipkart、Snapdeal、Amazon、Shopclues 为首的电商企业也纷纷开通货到付款服务项目。

五、我国电子商务的发展现状

电子商务行业的蓬勃发展与“互联网 +”战略的提出相呼应，带动了一批电商相关产业和传统行业的发展。我国现阶段电子商务的发展现状主要在以下几个方面呈现。

（1）电商竞争逐步进入用户综合体验时代。在电子商务 1.0 时代，各大电商企业都在追求市场占有率，以低价格作为企业之间竞争的砝码。随着电商的发展逐渐进入常态化，电商企业之间的竞争也从单纯的规模和价格的竞争，逐步转变为以用户体验为核心的综合竞争。电商消费者更加积极主动地参与到电商交易和生产过程中，催生新的形态和业态，传统供应链转变为需求链，B2C 模式转变为 C2B 模式。

（2）跨境电商发展进入品牌化时代。当前，我国跨境电商的发展已经到了一个非常关键的转折点，越来越多的跨境电商企业意识到了品牌对于企业发展的重要性。阿里巴巴速卖通从“年费”“企业资质”“品牌资质”三个方面对卖家资质提出了新的要求，计划从跨境 C2C 转型升级为跨境 B2C，以扶持中国品牌商家走向国际化，其他跨境电商平台也纷纷出台政策鼓励跨境创牌。

（3）线上线下全渠道零售雏形显现。在大多数传统线下零售商认识到发展电子商务的必要性的同时，纯线上零售商业开始向线下渗透，线上线下相融合的全渠道零售成为零售商的生存方式。而在未来的全渠道零售时代，移动智能终端设备和移动互联网是将所有渠道整合起来的关键，能帮助消费者实现线上线下信息的实时沟通和购买行为的自由转换。

项目二

跨境电商从业准备

★ 知识目标

★ 了解跨境电子商务的行业现状

★ 了解跨境电商从业人员的岗位职责和职业要求

★ 技能目标

★ 充分认识并掌握跨境电商从业人员应具备的技能，为从事跨境电商工作打下基础

任务一　了解行业现状

跨境电子商务是国际贸易、国际市场营销、国际商务中的一个新领域，是为适应信息时代和网络时代对电子商务职业人才的强烈需求而发展起来的职业。跨境在线零售经过多年的发展，从量变终于接近质变，整体生态环境正在悄悄经历以下变化：

（1）我国“世界工厂”的优势逐渐消失了，卖家成本上升；

（2）大卖家增多，传统制造和贸易企业开始进入，它们不仅货品多，还可以通过海外建仓来降低配送和服务成本，整体效率比小卖家要高，所以小卖家没有竞争优势，使跨境电商竞争只会更激烈，卖家所能赚取的差价越来越少；

（3）跨境电商政策多变，部分平台门槛不断提高。

跨境电子商务职业是指具有敬业精神、创新精神和较强实践能力，具有较高职业道德水平，知识、能力、素质协调发展，面向对外贸易的电子商务相关的一线岗位，以及具有使用电子商务专业知识从事国内外网络贸易能力的较高素质的商务技能型、应用型岗位。

任务二　了解跨境电商从业人员的岗位职责

根据跨境电商的操作流程，跨境电商人才主要分为外贸业务员、跟单员和推广/运营人员以及其他人员四类岗位。

一、外贸业务员岗位职责

（1）执行公司的贸易业务，实施贸易规程，开拓市场。
（2）按照公司业务的操作流程及管理制度执行和跟踪业务。
（3）完成公司业务的工作目标及工作计划。
（4）负责与客户的联系、沟通、接待、报价、处理询盘等。
（5）通过各网络平台开拓国外市场，挖掘潜在客户。
（6）协助公司参与国内外展会。
（7）相关业务工作的汇报。

二、跟单员岗位职责

（1）负责联系客户、编制报价、参与商务谈判、签订合同。
（2）负责生产跟踪、发货、现场检装。
（3）负责单证审核、报关、结算、售后服务等工作。
（4）客户的拓展与维护。
（5）业务相关资料的整理和归档。
（6）相关业务工作的汇报。

三、推广/运营人员岗位职责

（1）熟悉平台，了解平台优势。
（2）熟悉排名交易规则和优化，发布更新产品。
（3）全面负责公司平台的运营管理。
（4）利用站内外各种网络平台，推广公司产品。
（5）对推广效果进行跟踪、评估，及时改善营销方案。
（6）运营数据的统计分析与汇报。

任务三　了解跨境电商从业人员的职业要求

一、跨境电子商务从业人员的能力要求

从事跨境电子商务工作需要具备以下核心职业能力。
（1）市场分析能力：搜集分析市场状况及竞争对手状况，制订销售计划。
（2）市场策划能力：策划促销活动、市场推广方案。
（3）外语沟通能力：运用外语与国外客户沟通、处理订单问题。
（4）计算机运用能力：使用软件上传产品信息、处理图片。

二、跨境电子商务从业人员的知识要求

（1）市场营销知识：市场分析、市场策略、市场营销组合等相关知识。
（2）电子商务知识：熟悉电商平台规则、网络营销等相关知识。

（3）物流管理知识：发货流程、仓库管理、采购管理等相关知识。
（4）国际贸易知识：外贸流程、商检、海关等相关知识。
（5）商品知识：主要商品的规格、性能、用途等，商品编码。

三、跨境电子商务从业人员的职业素养

（1）良好的职业道德：遵纪守法、恪守信用，不售假货或伪劣商品，不侵犯知识产权。
（2）吃苦耐劳的精神：脚踏实地、埋头苦干、任劳任怨。
（3）服务客户的精神：客户至上，积极主动为客户提供优质服务。

四、跨境电子商务从业人员的心理准备

跨境电商从业人员应该具备较好的心态和性格特征，要善于和客户沟通，处理各种纠纷。要时刻保持高涨的工作热情和激情，做事持之以恒，不因一时的失败而灰心丧气。

五、跨境电子商务从业人员的硬件准备

（1）很多跨境电商业务员习惯用 Skype 进行沟通。Skype 是一款即时通信软件，其具备实时通信所需要的功能，如视频聊天、多人语音会议、多人聊天、传送文件、文字聊天等。通过它可以进行免费、高清晰语音对话，也可以拨打国内国际电话，固定电话、手机等均可以直接拨打，并且可以实现呼叫转移、短信发送等功能。

（2）WhatsApp 是一款方便用户发送信息又不需要支付短信费用的跨平台应用程序，目前可以在 iPhone、Android、Symbian、Windows Phone、BlackBerry 和 Nokia 等平台上运行。在智能手机迅速发展的今天，WhatsApp 非常受欢迎，借助它，可以及时接收亲友和同事发送的消息，并且包括图片、音频和视频文件等。WhatsApp 的使用与接发邮件或者浏览网页一样，无须为联络和发送信息付费。并且，WhatsApp 第一年使用费全免，以后每年仅收取 0.99 美元。未来，该公司将通过帮助企业与用户沟通来获取收入。

（3）随着电子商务的迅速发展，网商企业规模的不断扩大，跨境从业人员更要掌握 Office 工具使用、PPT 制作、简单的图片处理等硬性技术。在装修店铺、上传产品图片时，清晰、优美的图片会更多地吸引顾客的目光，而最专业的图片处理软件就是 Photoshop，对于电商企业或者个人来说，系统地学习所有的 Photoshop 处理技术是没有必要的，只需要熟练掌握一些常用的修图技术即可。

六、跨境电子商务从业人员的资质准备

（一）跨境电商中常用的商务英语

在跨境电商活动中，从业人员会经常和外国人打交道，并且需要经常浏览英文网站，与国外的交流和联系较为密切。一般来说，交易双方的沟通以英语为主，因而从业人员必须具有相当丰富的商业英语词汇量，并且要熟练掌握常用的商务英语口语表达及书面表达，只有这样，才能将其自如地运用到工作中。

1. 常用的商务英语词汇

不同领域的商务英语常用词汇也不尽相同，如服装类、玩具类、家居装饰类、器械类等，而且常见词汇量数不胜数，不可能全部列举出来，平时在学习跨境电商和工作中要注意学习和积累。

2. 商务英语的口语表达

在跨境电商中，需要经常和国外合作伙伴进行电话交流或见面洽谈相关事宜，因而从业人员必须具备一定的口语表达能力，只有这样，才能顺利开展电商业务。

3. 商务英语的书面表达

在进行商务英语对话时，除了电话或当面会谈，还需要和对方时刻保持邮件联系。这就要求从业人员不但需要锻炼口语表达能力，更需要了解如何进行规范的书面表达。在和交易方发邮件沟通时，要使用规范标准的英语表达方式，尽量避免使用口语化的英语表达方式。

（二）跨境电商中要注意的商务礼仪

在跨境电商中，遵循基本的商务礼仪之余，还要了解世界上其他国家的消费习惯和风土人情，这有利于在商务活动中了解对方国家的习惯和禁忌，有利于双方建立愉快互利的长期合作关系。

在商务活动中要坚持商务礼仪的基本原则：仪表仪态规范、互相尊重和理解、待人真诚友好。注重个人和企业的形象、遵循国内法律、遵循国际准则和规范也十分重要。

总而言之，在跨境电商中要注重商务礼仪，了解国外的风土人情和消费习惯。

项目三

跨境电商平台运营思路

★ 知识目标

★ 掌握国际站店铺排名的影响因素
★ 完整掌握跨境电商平台运营流程

★ 技能目标

★ 在国际站建立之前能够进行前期分析，学会平台的基础建站，学会运营推广，掌握平台数据分析技能，在通过平台推广运营获取流量和客户之后，能够进行业务洽谈，转化外贸订单

任务一　掌握国际站店铺排名的影响因素

阿里巴巴国际站平台的排序分类主要有类目浏览排序、产品搜索排序、供应商搜索排序，通常产品搜索页面能获取平台大部分流量。以产品搜索为例，主要分成过滤、匹配、排序三个板块。

平台在进行买家搜索词匹配时，第一轮进行过滤，过滤搜索作弊产品（产品发布板块有详情说明），主要为重复铺货、类目错放。第二轮进行匹配，匹配产品类目相关性及文本相关性，如何正确选择类目（产品发布板块有详情说明）、文本相关性，主要在于所发布的产品标题、产品属性、产品关键词是否符合买家搜索习惯。最后进行一轮排序，影响因素主要有买家偏好、产品信息、供应商信息。买家偏好主要体现在产品点击率、反馈率以及信保成交量等，产品信息包含发布产品信息的完整度、专业度，供应商信息包括网站重复铺货占比、线上信保、一达通等交易数据。具体分解如下：

一、文本相关性

文本相关性在店铺排名的影响因素中大概占20%。

阿里巴巴国际站平台中文本相关性是影响买家搜索匹配的重要因素，文本相关性与买

家的搜索词匹配程度越高，出现在搜索结果页面的概率越大（具体指标可参考产品管理—搜索诊断首页六大工具）。六大工具包括：①商品基础信息质量；②优势产品；③问题产品；④供应商质量（优秀：曝光优先；正常：曝光正常；待优化：曝光靠后）；⑤信用保障交易量；⑥关键词健康度（高曝光低点击、低曝光高点击、高曝光高点击、低曝光低点击，以上均为关键词健康度低，这主要是因为关键词跟产品匹配度低，产品文本信息质量差等，需要及时优化）。

二、商业因素

商业因素在店铺排名的影响因素中大概占30%。

商业因素主要指付费广告资源，包括顶级展位、P4P（Pay for Performance，外贸直通车）、橱窗、全球旺铺、RFQ（Request for Quotes，采购直达）、多语言市场和金品诚企。

（1）顶级展位。顶级展位是阿里巴巴国际站提供的付费推广资源位。可购买占某个搜索词的结果展示区的第一位，以帮助提升产品曝光和店铺流量。展示位置为搜索结果第一页第一名，并带有专属皇冠标志和“Top Sponsored listing”的字样。

（2）P4P。P4P是阿里巴巴国际站提供的推广资源位，免费展示产品信息，并通过大量曝光产品来吸引潜在买家，并按照点击付费的全新网络推广方式进行推广。展示位置为第一页前五位（除去其余资源位，如顶级展位等）、每页右侧10个和下方4个智能推荐位。

（3）橱窗。橱窗（即橱窗展示位）是一种营销推广工具，添加到橱窗的产品，在同等条件下享有搜索优先排名权益（无额外标志），同时可在全球旺铺中做专题展示。卖家可根据公司推广需求，自行选择需推广的产品，如推广效果好的产品、新品或主打产品等。国际站出口通服务包含10个橱窗（金品诚企供应商包含40个橱窗）。

（4）全球旺铺。全球旺铺是阿里巴巴平台提供给供应商展示公司产品信息和凸显企业特色的营销网站，有灵活的页面结构和自定义的装修内容。

（5）RFQ。买家在阿里巴巴平台上主动发布采购需求，供应商可以自主挑选合适的买家进行报价。采购直达服务能够在大幅度提升买家采购效率的同时，帮助供应商更好地完成订单转化，并赢取更多高质量买家。

（6）多语言市场。多语言市场帮助供应商开拓非英语市场，其独立于阿里巴巴国际站（英文站）的语种网站体系，现包括西班牙语、葡萄牙语、法语、俄语等16个语种。

（7）金品诚企。金品诚企（Assessed Supplier）是阿里巴巴根据买家采购习惯推出的综合性推广服务，旨在帮助企业快速赢得买家信任，促成交易。金品诚企的企业除了享有基础会员服务，企业关键信息还将由第三方国际权威认证机构进行认证，再通过阿里巴巴平台多渠道的曝光，真实、全面地展现企业实力，提升被买家选择的概率。

三、买家喜好度

买家喜好度在店铺排名的影响因素中大概占50%。

买家喜好度主要体现在店铺点击率、反馈率等数据积累以及线上交易数据：信保金额（平台根据供应商历史线上交易数据及供应商的基本情况评定的保障金额）；一达通交易笔数（通过阿里巴巴平台线上成交的订单数）。点击率、反馈率越高，数据积累就越多。线上交易数据多的店铺或者单款产品在排序中均会有优势。

任务二　掌握跨境电商平台运营流程

跨境电商平台阿里巴巴国际站运营流程可分为五大板块。国际站建立之前要先进行前期分析，确定行业及产品后要进行平台的基础建站，平台框架搭建好之后要进行运营推广，运营后期再进行平台数据分析，通过平台推广运营获取流量和客户之后，进行业务洽谈，转化外贸订单。

子任务一　前期分析

阿里巴巴国际站属于跨境 B2B 电子商务平台，前期分析显得尤为重要，整个前期分析的内容中会涉及市场分析、客户分析、产品分析及企业分析。

一、市场分析

区域及国家分析：通过产品行业确定主要市场分布在美洲、亚洲、欧洲、大洋洲中具体的区域以及需求量前十的国家，以此数据为依据确定主要市场，便于平台后期广告的针对性投放，如图 3.1 所示。

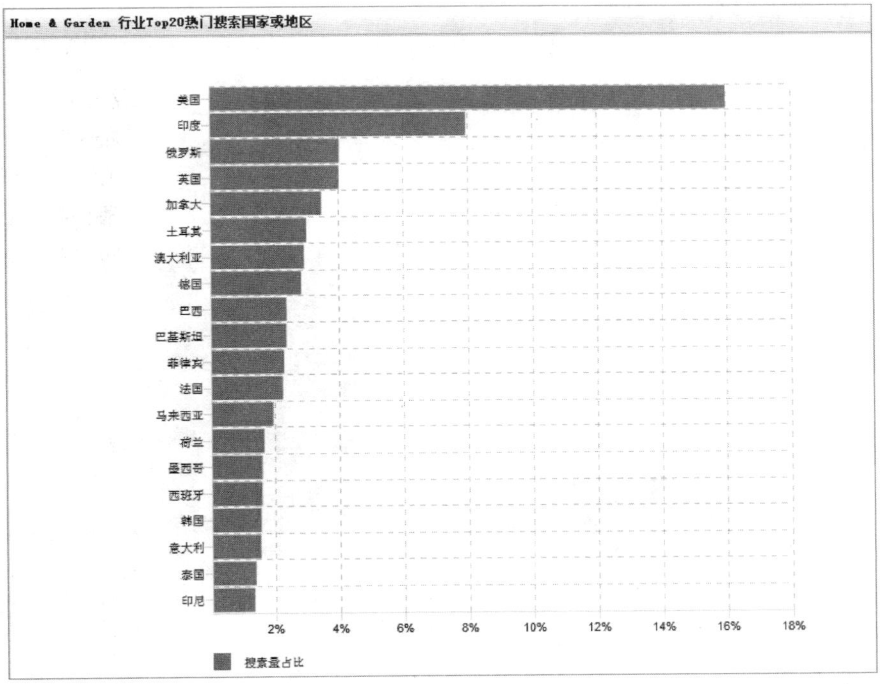

图 3.1　行业 Top20 热门搜索国家或地区

行业趋势分析：根据过去 12 个月行业买家指数和搜索指数来确定行业淡旺季，如图 3.2 所示。

竞争度分析：根据买家和卖家比例确定行业竞争度，买家是供应商数量的 10 倍左右，竞争度激烈；20 ~ 30 倍，竞争度适中；30 倍以上，竞争度较弱，如图 3.3 所示。

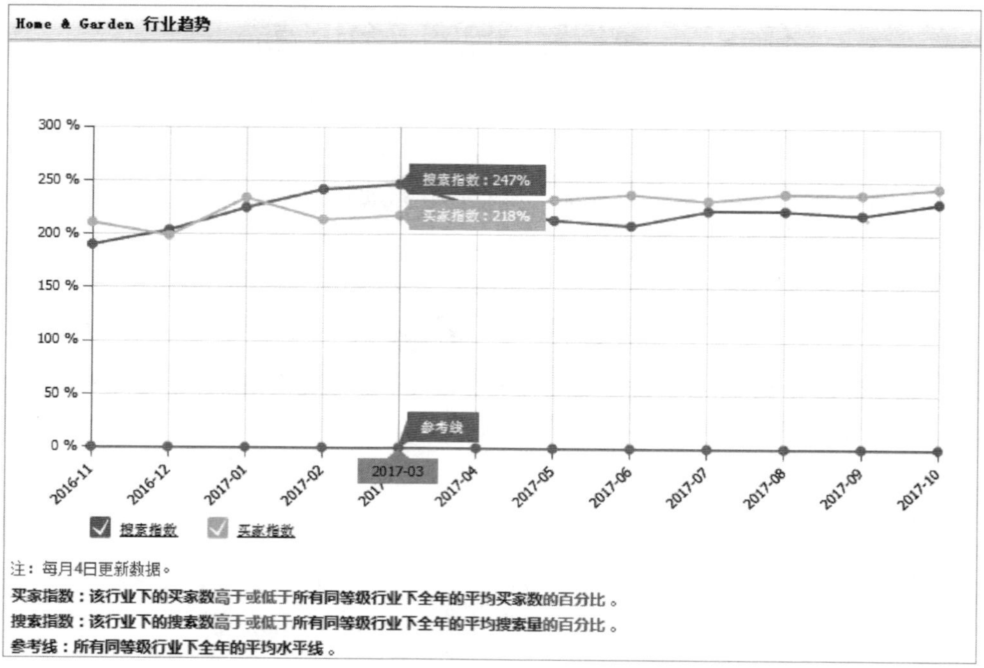

图 3.2　行业趋势分析

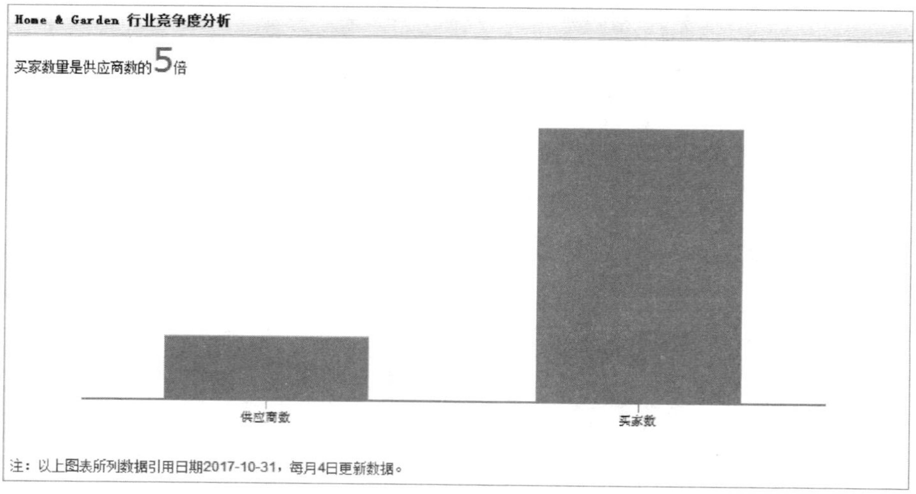

图 3.3　行业竞争度分析

卖家全国分布分析：了解竞争对手所在区域分布情况、阿里巴巴国际站平台上行业前十的竞争对手。

二、客户分析

客户类型分析：主要客户群体为批发商、零售商、代理商或终端用户，针对不同类型的客户对网站进行合理定位。

客户需求分析：阿里巴巴国际站是以买家喜好度为主要排序因素的平台，要了解目标客户喜好度，根据买家偏好进行平台搭建，获取更高的平台转化率。

三、产品分析

确定产品系列：主要确定产品所属经营范围以及所在阿里巴巴国际站的具体类目分布，根据分析结果确定平台所属行业，产品供应方式确定为工厂自主生产或外包生产以及外购，结合产品供应方式、企业成本以及目标市场零售网站价格确定合理的售卖价格。

设置产品最小起订量：不同系列产品起订量不同，通常货值较大的产品起订量较小，货值较小的产品起订量较大，合理设置即可。

产品质量及信息：确定平台上核心主打产品，以及产品相对于同行的突出特点和差异化卖点，明确平台产品分类及相关属性信息，以及价格等相关信息。

四、企业分析

账户类型：阿里巴巴国际站目前常见的账户类型分为金牌供应商和金品诚企，金牌供应商在 www. alibaba. com 平台进行产品和公司推广，拓展更多的海外买家和达成线上订单。服务内容包括建立企业网站、发布产品信息、向海外买家报价、10 个橱窗产品、数据管家和企业邮箱等。金品诚企除了以上金牌供应商的服务内容外，另有 40 个橱窗产品、企业能力评估报告（由全球知名认证公司提供）、10 款主营产品认证、验厂视频，能多方面凸显企业实力。金品诚企的平台费用相对更高。企业要根据自身实力选择平台类型。

资源分析：阿里巴巴国际站推广广告资源选择，如橱窗（旺铺首页拥有推广展示专区，相同情况下排名优先）、外贸直通车（通过关键词进行竞价排名，搜索结果页有专属展示区）、顶级展位（搜索结果页第一位）等，根据企业及行业情况合理设定投放。

竞争优势：企业优势搜集，如技术、成本、渠道、服务等，以及产品相关专利证书。

下面以包装纸盒行业为例做一个分析。

包装纸盒行业分析报告

（一）行业趋势

包装纸盒行业的趋势如图 3. 4 所示。

行业报表数据如图 3. 5 所示。

买家指数：该行业下的买家数高于或低于所有同等级行业下全年的平均买家数的百分比。

搜索指数：该行业下的搜索数高于或低于所有同等级行业下全年的平均搜索量的百分比。

参考线：所有同等级行业下全年的平均水平线。

分析：主营产品类目是 Packaging & Printing≫Packaging Boxes，从图 3. 4 和图 3. 5 可看出，该行业的买家指数和搜索指数都高于所有同等级行业下全年的平均买家指数和平均搜索指数。通过整体的行业趋势可知，该类目从 2015 年 2 月开始搜索指数下降为原来的 1/2，并降到一整年的最低，然后从 4 月开始搜索指数呈直线上升的趋势，并在 10 月达到最高峰，由此可知 10 月至下年 1 月是该行业的旺季，2 月至 9 月属于该行业的淡季。其趋势变化不是非常明显，但是也有淡旺季之分。

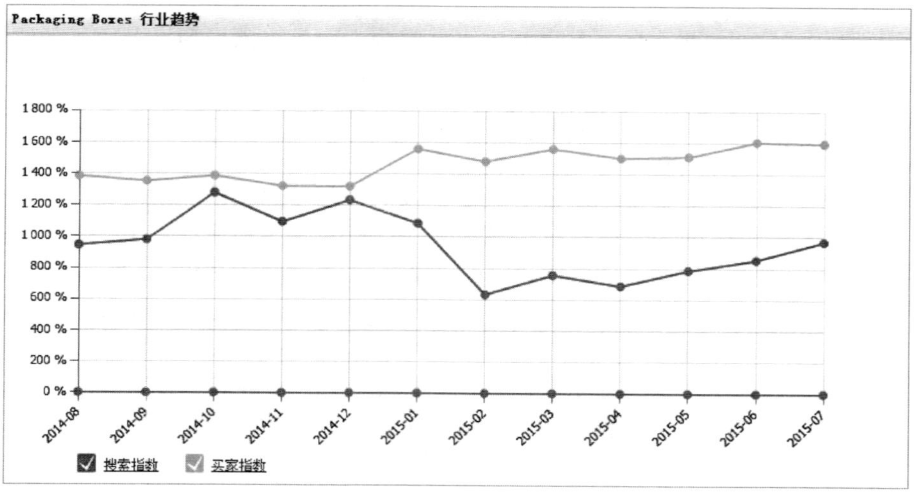

图 3.4　行业趋势

报表数据

数据月份	买家指数	搜索指数
2015-07	1595%	970%
2015-06	1604%	852%
2015-05	1509%	785%
2015-04	1500%	686%
2015-03	1560%	755%
2015-02	1480%	631%
2015-01	1558%	1087%
2014-12	1318%	1233%
2014-11	1322%	1095%
2014-10	1385%	1279%
2014-09	1351%	981%
2014-08	1384%	945%

图 3.5　报表数据

（二）买家大洲分布

买家大洲分布如图 3.6 所示。

买家大洲分布的报表数据如图 3.7 所示。

分析：由图 3.6 和图 3.7 可知，包装纸盒行业的买家主要分布在北美洲、亚洲、欧洲、大洋洲、南美洲、非洲地区，由此可以看出未来的主营市场在北美洲、亚洲、欧洲地区。

（三）热门搜索国家或地区分析

热门搜索国家或地区如图 3.8 所示。

分析：图 3.8 是包装纸盒行业前 20 热门搜索国家或地区的搜索量在全球搜索量占比的详细情况，图中显示美国的搜索量占比是最大的，其次是印度、英国、巴西、澳大利亚等国家。买家喜好度可以参照主营市场进行分析。

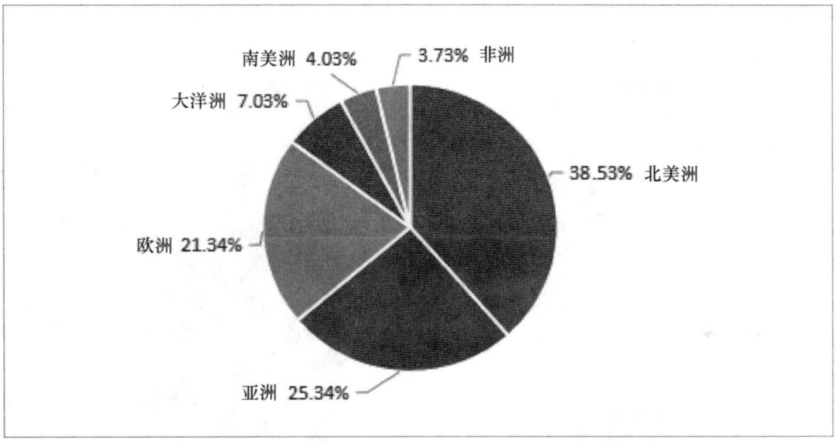

图 3.6　买家大洲分布

报表数据

排名	大洲	买家数占比
1	North America	38.53%
2	Asia	25.34%
3	Europe	21.34%
4	Oceania	7.03%
5	South America	4.03%
6	Africa	3.73%

图 3.7　报表数据

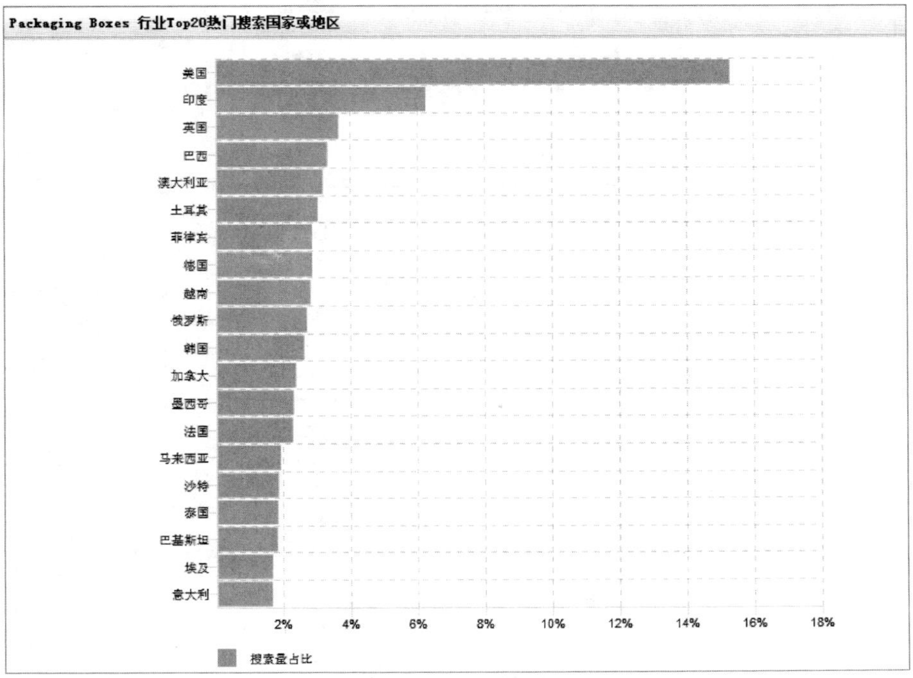

图 3.8　热门搜索国家或地区

（四）竞争度分析

行业竞争度如图3.9所示。

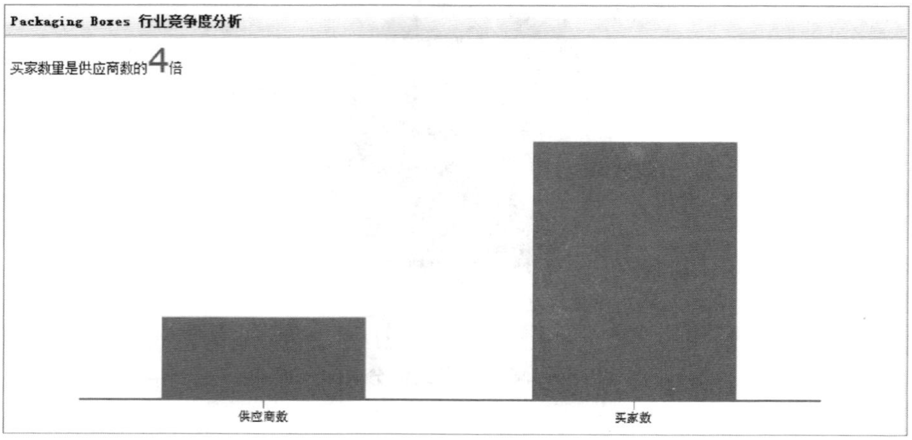

图3.9 行业竞争度分析

分析：由图3.9可以看出买家数是供应商数的4倍，也就是说正常情况下1个供应商有4个买家。由此可以看出包装纸盒行业的竞争相对激烈。

（五）卖家全国分布

卖家全国分布的报表数据（部分）如图3.10所示。

报表数据

排名	省份	供应商占比
1	广东	13.39%
2	浙江	9.35%
3	福建	2.24%
4	山东	2.04%
5	上海	1.78%
6	江苏	1.72%
7	河北	0.60%
8	河南	0.39%
9	北京	0.30%
10	安徽	0.29%
11	辽宁	0.20%
12	天津	0.17%
13	湖北	0.15%
14	江西	0.13%
15	湖南	0.12%
16	广西	0.11%
16	陕西	0.11%
17	四川	0.09%
18	山西	0.05%

图3.10 报表数据（部分）

分析：由图3.10可以看出全国买家的主要分布情况，由此可以确定竞争对手主要分布在广东省、浙江省。

（六）同行情况分析

同行情况分析如图 3. 11 和图 3. 14 所示。

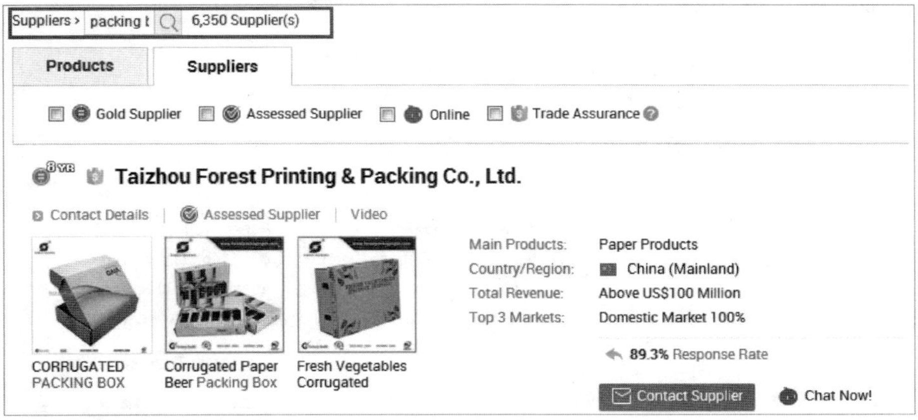

图 3. 11　同行情况分析（一）

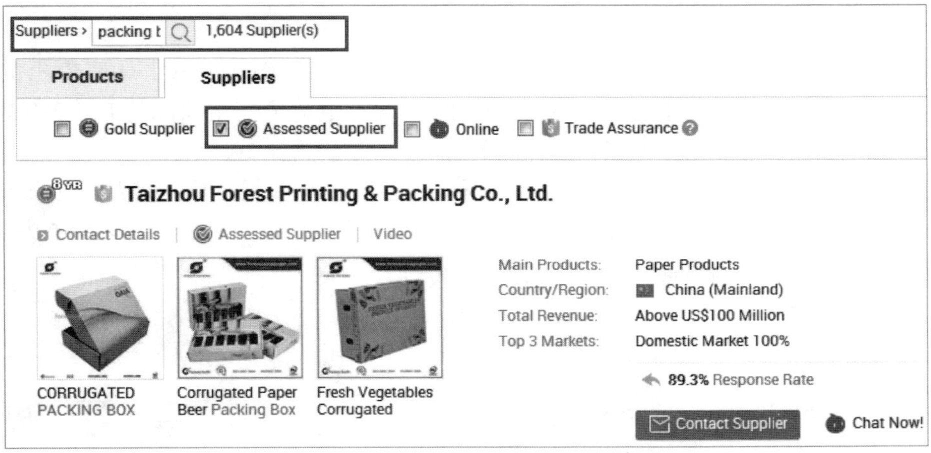

图 3. 12　同行情况分析（二）

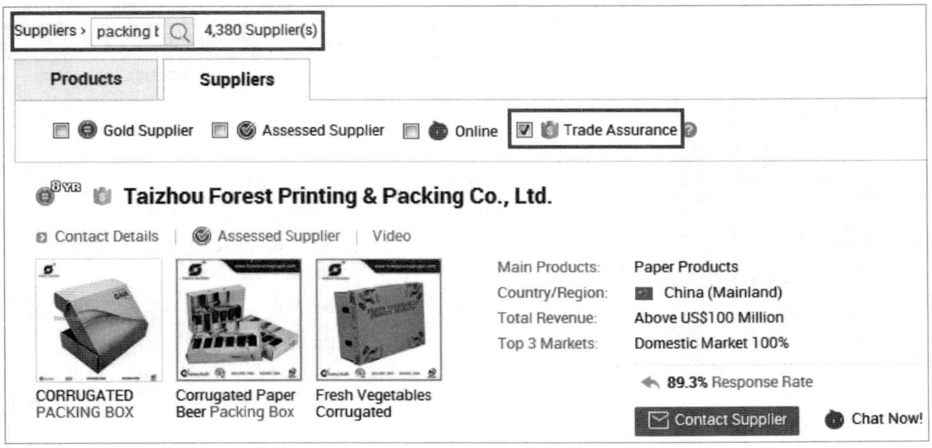

图 3. 13　同行情况分析（三）

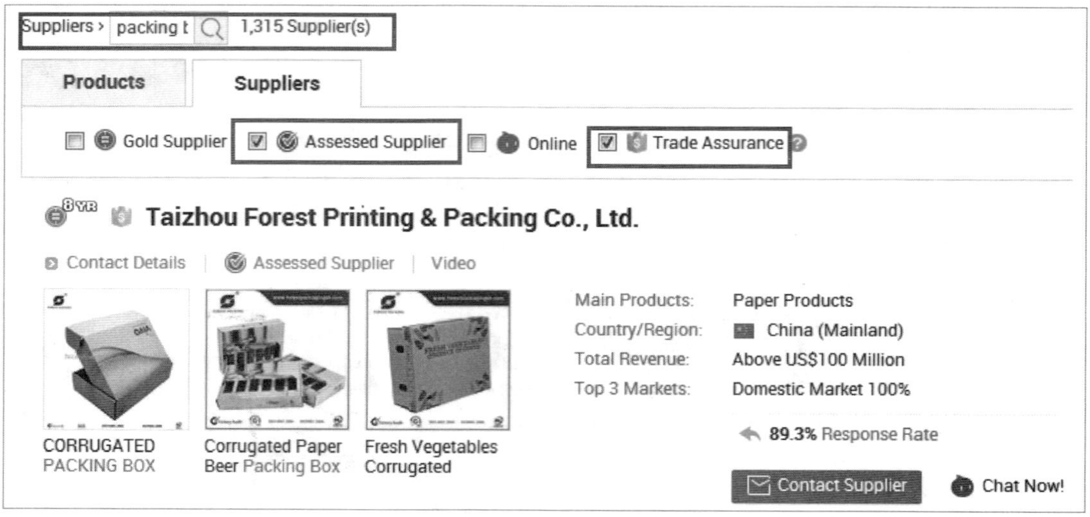

图 3.14　同行情况分析（四）

分析：由图 3.11 至图 3.14 可知，包装纸盒行业关键词为 packing box 搜索出的供应商有 6 350 家，开通了金品诚企的有 1 604 家，占比 25%；申请了信用保障的有 4 380 家，占比 69%；既开通了金品诚企，又申请了信用保障的有 1 315 家，占比 20.7%。

对比同行信息表（详细情况查看包装纸盒行业信息表格）和同行店铺信息可以知道，每家店铺都有自己的主打产品、热卖产品、新产品。包装纸盒行业的产品种类比较多，首先要确定包装纸盒的种类，并确定主营产品。

（七）同行店铺分析

同行店铺分析如图 3.15 和图 3.16 所示。

图 3.15　同行店铺分析（一）

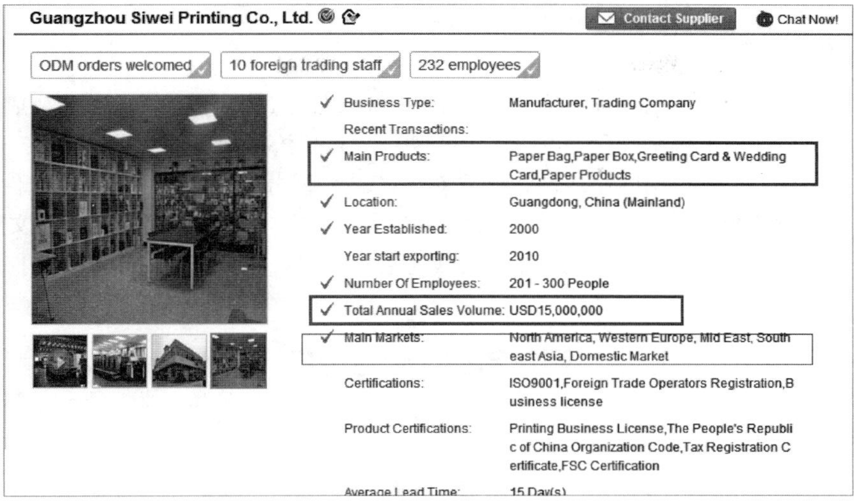

图 3.16　同行店铺分析（二）

分析：由图 3.15 和图 3.16 可以看出，包装纸盒行业收入还算可观，主营产品为包装纸盒，同时涉及印刷纸质产品，主营市场分布在北美、西欧、中东、东南亚以及国内市场。

子任务二　基础建站

一、信息搜集

企业信息搜集：工厂信息（工厂地址、工厂面积、员工总数、生产线数量、年产值、最大月生产量、最大年生产量）；贸易信息（上一年销售额、出口比例、主要市场及占比、主要客户、出口港口、支付方式/交易币种、常规包装规格）；展示的信息（公司 LOGO、公司车间及团队图片、公司证书、商标及专利）。

产品信息搜集：产品基本信息（关键词、图片）、产品属性（产品材质颜色、性能）、产品交易信息（最小起订量、价格、付款方式、供货能力）。

二、文案策划

旺铺首页策划：确定旺铺首页主色调、排版框架以及文字信息，如招牌栏、导航栏、海报、滚播 banner、公司信息、主营产品、多语言链接、企业客服。

产品页策划：了解产品优势，针对产品确定产品页排版以及文字信息，如产品名称、属性、信息、优势、特色（说明）、品牌或企业介绍、合作伙伴证书、公司证书、交易信息、企业实力、售后等板块。

三、平面设计

旺铺首页设计：结合旺铺首页文案策划通过 Photoshop 设计，导出 JPEG 文件，大小 1.5 M 以内，尺寸 2 000 像素 ×5 000 像素（参考）。

产品页设计：结合产品页文案策划通过 Photoshop 设计，导出 JPEG 文件，排版简洁，图片与文字尽量分开，大小 1 M 以内，尺寸 800 像素 ×7 000 像素（参考）。

产品主图：尺寸640像素×640像素以上，正方形，无边框，左上角可加公司LOGO以突出产品。

四、模板上传

旺铺首页上传至阿里巴巴国际站店铺，旺铺JPEG文件通过Photoshop软件切片成对应板块大小，按照设计原稿顺序上传至国际站旺铺装修板块，各板块添加相应的跳转链接。

产品页上传至阿里巴巴国际站店铺，建立对应产品系列分组，产品页JPEG文件通过Photoshop软件切片成对应板块大小，保留图片板块，展示文字后台直接输入，保证图文结合，按照设计原稿上传至国际站后台，相关板块添加跳转链接。

子任务三　运营推广

一、产品发布

产品发布是店铺运营的基础，产品发布需要了解完整流程，准备前期资料。

（1）产品发布的流程。产品发布的流程如图3.17所示。

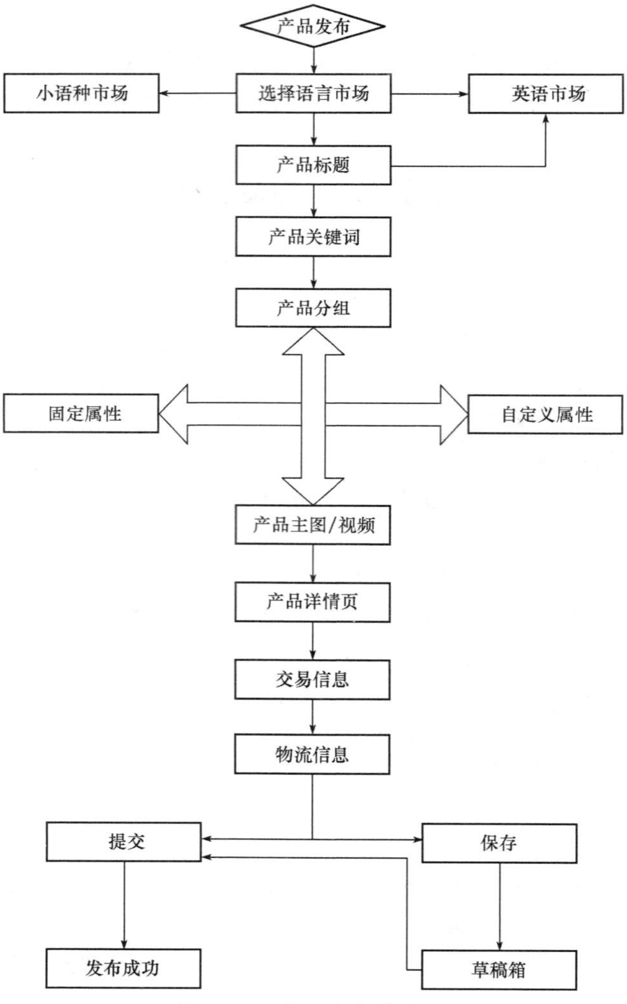

图3.17　产品发布的流程

国际站发布产品通常选择在英语市场，如何正确选择产品类目、产品类目放置对于店铺有着重要的影响（具体内容可参见项目六）。在产品正式发布前，需要对产品的关键词进行正确理解，掌握搜集产品关键词的途径，进而筛选匹配产品的关键词。在建立了产品关键词库后，需要拟定产品标题，要结合优质标题的特征及要求为产品拟定最优质的标题。完成了以上步骤，需要进一步考虑店铺产品通过哪些维度分组，注意产品的固定属性以及自定义属性填写标准、注意事项，按照产品主图、视频上传要求进行资料上传，最后进行产品详情页上传，根据公司实际情况填写产品交易信息、物流信息。

（2）产品发布的前期准备。

①熟悉产品：学习了解自己的产品，便于挖掘产品优势、卖点突出展示；搜集筛选匹配产品的关键词。

②信息搜集：文字信息和图片信息，如产品属性信息、公司信息、产品及公司展示图片。

③产品关键词搜集和筛选，表格搜集。

④产品标题组合。

⑤产品图片拍摄及处理。

⑥产品详情页设计。

⑦产品发布前期资料准备充足，发布流程各板块按要求填写，完整发布公司各系列产品，覆盖平台流量。

二、橱窗

橱窗展示位是一种营销推广工具，添加到橱窗的产品，在同等条件下享有搜索优先排名权益（无额外标志），同时可在全球旺铺中做专题展示。可根据公司推广需求，自行选择需推广的产品，如推广效果好的产品、新品或主打产品等。

国际站出口通服务包含 10 个橱窗（金品诚企服务包含 40 个橱窗）。

（1）橱窗产品发布。选择推广主打优势产品，核心关键词必须为行业专业称呼，橱窗板块展示风格统一、版面整洁、排放有序。

（2）橱窗产品排名优化。根据后台数据更新时间（每周二）统计橱窗数据表格，选择效果最差或者排名最差的橱窗产品进行优化。

（3）橱窗效果追踪。每周固定一天（或间隔两天）查看橱窗排名情况，下周统计数据效果。

三、P4P（外贸直通车）

P4P 是阿里巴巴国际站提供的推广资源位。阿里巴巴会员企业通过自助设置多维度关键词，免费展示产品信息，并通过大量曝光产品来吸引潜在买家，并按照点击付费的全新网络推广方式进行推广。

（1）P4P 展示位。通过对关键词出价获得第一页前五位（除其余资源位，如顶级展位等）、每页右侧 10 个和下方 4 个智能推荐位，首页共 19 个 P4P 展示位。

（2）P4P 操作流程。P4P 每日预算上线设置，根据行业、企业类型进行设置。

①选择产品加入推广，添加关键词，进行关键词分组，设置优先推广，竞价排名。

②选择产品加入推广判断因素。

③添加关键词加入推广，搜集推广关键词搜索途径。

④推广关键词分组。

⑤设置优先推广。

⑥关键词竞价出价，关键词调价。

任务三　掌握跨境电商数据分析

阿里巴巴国际站数据分析维度，可分解成四个板块——信息展示、商机获取、商机处理、线上交易，每个维度对应具体分值，根据店铺得分来具体分析问题。

一、信息展示

通过以下三个维度统计店铺信息展示情况，三个维度分别对应“我的效果”“同行平均”“同行 Top10 平均对比”。

（1）总曝光词数：最近 30 天内带来 1 个及以上曝光的关键词总量。

（2）产品信息质量分：在报告生成日，所有商品的信息质量平均得分，从上传图片质量、信息完整性、描述相关性三个维度来考察，满分为 5 分。

（3）旺铺转化率：最近 30 天的旺铺转化率。

旺铺转化率 =（旺铺反馈数 + 旺铺 TM 咨询访客数）/旺铺访客数

二、商机获取

通过点击、反馈、客户三个大维度统计店铺商机获取情况，具体体现在店铺点击率、总访客数、总反馈数、近 6 个月反馈增长率等数据，分别对应“我的效果”“同行平均”“同行 Top10 平均对比”。

（1）点击率：最近 30 天内的点击量/曝光量。

（2）总访客数：最近 30 天内，访问产品页面、公司页面的访客，或者通过其他页面发送询盘或 ATM 联系的买家数。

（3）总反馈数：最近 30 天针对产品信息和公司信息发送的有效询盘数。

（4）近 6 个月反馈增长率：最近 6 个自然月反馈数的月环比平均值。

月环比平均值 =（本月反馈数 - 上月反馈数）/上月反馈数

三、商机处理

通过买家沟通、订单转化、RFQ（采购直达）三个大维度统计店铺商机处理情况，具体体现在店铺及时回复率、平均回复时间、RFQ（采购直达）市场表现分、订单转化率等数据，分别对应“我的效果”“同行平均”“同行 Top10 平均对比”。

（1）及时回复率：截至报告生成日，最近 30 天内询盘 24 小时内回复 + TradeManager 在 1 小时内回复的整体比例，体现卖家的服务态度与意愿。

（2）平均回复时间：截至报告生成日，14 天前到 7 天前之间的这 7 天内买家发来的第 1 封有效询盘（不包含 TradeManager）平均回复时间，以小时为单位计算并进行四舍五入。

（3）RFQ（采购直达）市场表现分：店铺在采购直达市场的表现分，衡量的因子包含 RFQ 报价量、RFQ 登录天数、买家好评率、平均报价响应时长、24 小时报价响应率、RFQ 入口提交的通关完成的信用保障订单量以及订单金额。

（4）订单转化率：

订单转化率 = 最近 180 天支付成功信保和在线批发订单的买家数/最近 180 天有过活跃行为的买家数

四、线上交易

线上交易板块，主要是阿里巴巴国际站会员通过信用保障服务线上成交订单，通过交易等级、交易保障两部分考核数据，如卖家交易等级、信用保障订单按时发货率，分别对应“我的效果”“同行平均”“同行 Top10 平均对比”。

（1）卖家交易等级：指在阿里巴巴网站达成订单能力的评级，供应商在阿里巴巴国际站中每完成一笔订单，就可以获得相应的交易分，供应商的交易总分越高、等级越高，将会得到更多的买家青睐，同时也将得到更多的网站权益。共分为 10 个等级，等级用钻石的标志表示（1 ~5 钻）。

（2）信用保障订单按时发货率：

信用保障订单按时发货率 = 180 天内按时发货且未取消的订单/（180 天内全部付款且未取消的订单 − 180 天内未到发货时间且未发货的订单）

任务四　掌握跨境电商订单转化

通过平台推广运营、RFQ、访客营销以及社交软件等渠道获取流量和客户，进行业务洽谈，转化外贸订单。

一、客户来源

（1）询盘：国内外买家通过阿里巴巴国际站，对发布的产品或公司信息发送的询价或反馈。

（2）采购直达（RFQ）：买家主动填写采购信息委托阿里巴巴平台寻找合适卖家，供应商可查看采购需求，根据买家要求及时报价。

（3）访客营销：访客营销是供应商进行 EDM 邮件营销的入口，可以通过阿里巴巴平台给感兴趣的访客发送营销邮件。

（4）TradeManager 实时营销：主动对买家进行营销推广的方式，系统会将买家的意向推荐给不同的卖家，由卖家通过 TradeManager 消息的方式来对买家进行营销。

（5）Google 客户开发。

（6）社交软件：Facebook、LinkedIn、WhatsApp 、Skype 。

二、询盘回复

（1）询盘回复“3C1T”原则：Clearness（清楚）、Conciseness（简洁）、Courtesy（礼貌）、Timely（及时）。

（2）询盘分类：结合询盘内容、客户信息等确定询盘类型，不同类型询盘要区别回复。

三、RFQ 报价

（1）RFQ 搜集方法：RFQ 市场搜索频道搜索，根据行业关键词自主定制，系统推荐。

（2）RFQ 报价技巧：查看详细采购需求内容，同时在线填写产品价格、公司优势、需要与买家进一步沟通的细节问题，提交在线报价。

四、访客营销

（1）访客规则：每天每个账号可以对20个访客申请营销。

（2）访客需求：蓝色表示可对该访客进行营销，结合买家最近搜索词、访问明细、停留时长判断访客需求，进行精准营销。

五、客户跟进

分析客户情况，有频率地跟进客户。

六、成交订单

（1）起草信保订单，完善合同信息。

（2）买家付款，卖家起草订单确认后，买家需在15个自然日内付款。

（3）卖家发货，使用一达通代理出口。

（4）完成交易并评价。

项目四

跨境电商选品与产品成本核算

★ 知识目标

★ 掌握跨境电商选品策略，包括产品价格与产品种类的选择、网站定位与目标区域市场的选择，以及根据消费需求选择热门产品

★ 掌握产品选择的内外部数据分析

★ 掌握产品成本核算和利润分析

★ 技能目标

★ 能够结合所学理论，在国际站建站之前利用选品策略进行目标产品的选择，并且能利用相关的网络工具和平台对产品的内外部数据进行分析，在此基础之上，能够分析出产品的成本和利润情况

卖家选择什么样的商品在跨境电商平台销售至关重要。商品选得好，买家纷至沓来，供不应求；商品选得不好，最终只能下架处理。那么，如何选择商品呢？无论是站内选品还是站外选品，都应先了解有关产品的生命周期，选择有发展前途的适销商品。

狭义的产品生命周期是指商品的市场寿命，也就是一种商品从进入市场到最终退出市场的整个过程。

传统市场营销学理论认为，产品生命周期一般可以分为导入、成长、成熟、衰退四个时期。其相应的特点是：商品导入期销售进展缓慢，初期利润通常偏低或亏损；到了成长期销售才会得到快速增长，盈利也会显著增加；到了成熟期，利润达到顶点并逐渐走下坡路；到了衰退期，销售量显著衰退，盈利也会大幅度下降，具体如图 4.1 所示。

与此相适应，卖家选品的策略是：最好从商品成长期介入，而且越早越好。如果是导入期介入，推广难度大，盈利前景渺茫甚至还要亏损，不合算。如果是成熟期介入，这时市场规模虽然最大，但是竞争也激烈，利润率会一步步下降。如果是衰退期介入，这时市场在走下坡路，竞争对手已经开始纷纷退出，所以不入为好。具体到跨境电商来说，于成长期早早介入最容易打造热销商品。

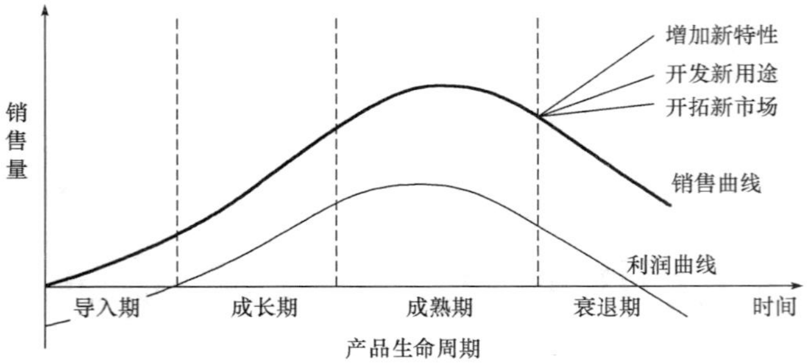

图 4.1　产品生命周期示意图

图注：此图不用于产品使用寿命期。

任务一　掌握跨境电商选品策略

子任务一　产品价格与产品种类选择

随着互联网的发展，外贸增幅开始缩水，与之相反的是跨境电商作为一种国际性的商业活动开始迅猛发展，成为各大进出口公司实现经济增长的主要方式。与此同时，国家也出台了相应的政策法规鼓励跨境电商的发展。

在国际市场上，我国有着天然的优势：劳动力众多、制造产品的成本低、资源丰富等，这些优势使我国获得了“世界工厂”的称号。跨境电商的发展势必对传统企业造成冲击，如果传统企业能够抓住发展的机遇成功转型，那么也会在跨境电商领域占据一席之地。

传统企业布局跨境电商领域时，首先，需要选择好的产品。制造商可以利用自己的人际资源，选择已有的产品链；个人和小团队则需要充分考虑如何选择产品。其次，企业要根据所选择产品的特性，寻找合适的销售市场。

下面主要针对那些没有产品的中间商分析在布局跨境电商时如何选择好的产品。

一、产品价格的选择

企业在选择产品时要预先对产品的价格区间有一个大体的限制，通常来说，最好限制为 50 ~ 500 美元。在选择产品的价格时，企业可以运用一些小窍门。

（1）单品价格不宜过低。因为跨境电子商务的运费很高，所以即使产品的价格很低也无法引起消费者的购买欲望。此外，产品的价格很低就意味着企业获取的利润很少甚至亏本，因而缺乏营销的热情。再加上产品的门槛低，将会招致众多的竞争对手，不利于企业的发展。

（2）单品价格不宜过高。目前，我国跨境电商的相关体制与机制还不完善，产品的价格过高，必将抑制消费者的购物冲动。例如，人们很少在网上购买贵重物品、奢侈品等。价格为 50 ~ 500 美元的产品既能保证企业的利润，同时又不影响消费者的购买热情，是企业进军跨境电商领域的不二选择。

二、产品种类选择

对于跨境电商产品种类的选择也存在一些技巧，企业可参考以下几条。

（1）优先选择“小、便、轻”的产品。由于国际运费昂贵，因此企业在选择产品时，最好选择“小、便、轻”的产品，以降低运输成本和经营风险。此外，即使产品由国外运到国内，但在到达消费者手中之前，还必须借助国内的物流。因此，产品还需具备方便运输、不易破损的特点，以避免退换货的麻烦。由于运输造成的产品破损问题，企业不仅要承担退换货的运费，还要分配专门的人去解决纠纷，安抚消费者的情绪，这将耗费大量的人力、物力和财力。

（2）选择易过海关的产品。企业做跨境电商时，需要清楚哪些产品可以海外代购，哪些产品是不允许海外代购的。大多数企业都知道药品、粉末状物品、液体、易燃易爆品等都是不能用快递运输的。除此之外，企业还需要了解国内的市场行情及通关政策，可以咨询相关的业界人士及物流公司，例如，在澳大利亚，珠宝、化妆品等产品是不允许通关的。

（3）选择易耗型产品。企业可以选择面膜、食品等易耗型产品，消费者在使用完这类产品以后会重复购买，易形成用户黏性，培养消费者的网购习惯。

子任务二　网站定位与区域市场选择

在具体的执行过程中，有专业的选品人员，他们会根据定位的用户群消费者的特点来筛选具有针对性的产品，从这里可以看出，消费者的需求是一个非常重要的衡量因素。除此之外，产品的性价比、外貌特征等因素也不能忽视。

如果选出来的产品能够满足消费者的需求，则选品人员与产品供应方都能从中获益，这也是选品的目的与价值的体现。

对立足于产品的消费者而言，他们愿意购买的产品，必定是对他们有价值的或者能满足他们的生活需求，或者能够让他们在朋友面前炫耀，又或者能够让他们心情愉悦的产品。而立足于产品本身，无论是其品质、价格定位还是外貌特征，都应当接近消费者的预期。

因为消费者的需求和产品供应并不是一成不变的，所以选品也就需要随之进行调整。从最初的网站定位到接下来的行业分析，再到之后的区域需求分析及品相参考，最终环节便是开发产品。

如果明确了网站定位，接下来要做的就是了解当前产品的供需状况，对产品的生产量和消费量做到心中有数，摸索消费者对产品的进一步期望，借助恰当的网络平台，参照产品的供应状况，为开发产品做好铺垫。

一、网站定位

网站定位，就是确定网站针对的用户群。了解并掌握网站的定位之后，便于专业的选品人员据此深入评析产品品类。

我国制造产品的优势和不足：

优势：成本消耗不高，品种丰富，换代时间短，出口量大。

不足：没有建立自身品牌，质量有待提高，用户依赖度不高。

从这些方面可以看出，对我国采用 B2C 模式的跨境电商而言，发展销售品牌比产品品牌的建立更具影响力。

（一）着眼于产品的品类结构

可以将产品分为以下类别：汽车配件、计算机配件、游戏配件、手机配件、服装用品、儿童用品、家居用品、体育器材、摄影设备、美容保健产品、电子产品、收藏用品、首饰及手表。

（二）要根据网站的针对性来考虑产品线的宽度及深度

1. 产品线的宽度

在进行品类分析的基础上，要从多个角度进行产品开发，掌握消费者对产品的期望。在这个过程中，不仅能够使产品线宽度突破局限，也能够满足消费者的多样化需求。开发时不仅要着眼于产品本身，还要重视与该产品相关的品类，在增加经营者利润的同时，方便消费者使用。

2. 产品线的深度

无论经营哪种产品，都要在数量上有所保证，还要为用户提供多样化的外观选择。按照产品价格、包装等不同，可将其分为不同档次，供不同水平、不同需要的消费者进行选择，与建立起自身品牌的产品合作，充分发挥其品牌效应，寻找目标市场的需求特点，并据此对产品加以改进和完善，使其更加符合市场特征。

二、研究不同地区的消费需求

在明确网站定位的基础上，采用先进的数据分析技术及相关的行业信息，找出哪一类的市场最适合进行自身产品的运营，研究不同地区的消费者需求。

将品类分析的范围扩大至产品所处的领域，明确我国的产品制造地位，掌握产品的主要输出国家及海外市场的交易量，这样就能掌握该领域的发展状况及动态趋势，也能更好地把握产品的经营过程。

可以从以下三个方面来掌握产品在海外市场的交易动态。

首先，由专业分析部门或贸易网站在系统分析后对外公布的行业研究报告或统计信息。专业分析部门或贸易网站内部拥有资深的分析人员，他们不仅在资源上占优势，其信息覆盖范围也是一般机构难以匹敌的。所以，根据他们的统计结果及分析报告，能够做出更加科学的判断和决策。例如，能够提供行业分析报告的中国制造网，能够提供行业视频教程的敦煌网和能够提供中国公司调查报告的环企网。

其次，行业展会。行业展会是产品供应方采取的营销策略，其目的是让用户及合作商了解推出的产品、增加销售量、提高品牌影响力等，参与其中，能够了解该领域的发展状况及走势。

最后，出口贸易企业或工厂。无论是哪种类型的产品，在开发阶段都不能忽视同供应商的交流。多数供应商在该行业从事了多年工作，比较熟悉产品的主要输出地及海外的需求情况。与经验丰富的供应商交流，能够对当前该产品的市场走向有更多的了解。不过，在这里要强调的一点是，在与供应商交流之前，也要做好准备功课，一味跟着供应商的思维走难免上当受骗。

子任务三　根据消费需求选择热门产品

一、进行市场调查

企业在选择产品时，需要进行市场调查，从而选择需求量大的产品。对于跨境电商来说，不同的国家会有不同的消费习惯和文化习俗，国内电商的营销方法未必适用于跨境电商领域。对于国内电商来说，文化背景相同，消费习惯也具有相似性，企业只要增加曝光率，就能够将流量变现。这并不意味着国内电商就不需要研究消费者的心理和调查市场需求情况，只是与跨境电商相比难度要小得多。对于跨境电商来说，在不了解国外人们的生活习性的前提下，无法准确地把握他们的消费行为和消费习惯，致使很多跨境电商销售的产品与国外消费者的实际需求不相匹配。

对于跨境电商来说，了解各个国家的消费者的需求，为其提供满意的服务，需要耗费大量的时间和精力。

除此之外，在不同的国家和地区销售产品需要采取不同的销售平台和营销手段。例如，在欧美发达国家和地区，可以采用 eBay 平台销售比较有特色的产品；在俄罗斯、巴西等国家，可以通过阿里巴巴旗下的速卖通平台销售价格比较低的产品。在不同的国家和地区销售产品时，要进行市场调查，以充分了解当地消费者的消费习惯和消费需求，对于不能实地考察的地区，企业可以采取数据分析的调查方式进行调查。

二、选择流行的热门产品

在跨境电商领域，随着人们生活水平的提高，3C 电子、家居、电子烟、汽车配件、饰品等产品开始崛起，并且这些产品在市场上的竞争也日趋激烈。企业要想进军这些领域，则需要对从产品价格到产品类型以及市场行情有着精确的分析，以经营具有个性化特点的产品，在众多的竞争对手中脱颖而出，例如，可以经营特色箱包、个性饰品等。

产品的选择在跨境电商中具有举足轻重的影响，合适的产品会为企业带来巨额利润，促进企业的发展；不合适的产品则会使企业陷入困境，最终令企业被市场淘汰。

在海量的产品中选择适合自己的产品，需要运用一定的技巧。首先，可以确定自己对哪种类型的产品感兴趣；其次，要进行进货等筹备工作；再次，实时追踪产品的销售情况，及时调整经营策略及更换产品类型；最后，要根据产品在市场中的销售情况，选出最受消费者欢迎的产品，再合理进货。

任务二　掌握产品选择的内外部数据分析

随着互联网的不断普及和信息科技水平的逐步提高，电子商务也日渐崛起，可以说，如今经营电子商务的人都要懂得借助网络优势进行信息统计和分析。

数据驱动，就是运用信息分析手段对统计来的信息进行分析和研究，使其成为产品经营过程中的参考，其显著特点是注重最终的运营结果。

内部数据与外部数据是数据的两个组成部分，来自公司之外的同行企业或者是大环境的运作信息为外部数据，来自公司自身运作中的信息为内部数据。在企业发展中，切忌闭门造车，应该充分了解并掌握外部数据信息，做到对竞争对手的发展情况了如指掌。

一、外部数据分析

研究方法：充分利用先进的数据分析技术，掌握多维度的信息数据，以此作为参考。

实施过程：KeywordSpy 技术能够帮助经营者找到恰当的营销策略，运用 Alexa 技术能够了解同行的运营情况，并通过分析他们的产品来掌握市场行情。

（一）KeywordSpy

网址链接：http：//www. KeywordSpy. com/，搜索方法：关键词、国家、站点。

具体操作：以美国的泳衣市场作为参考对象，在搜索栏中输入关键词，如图 4. 2 所示。

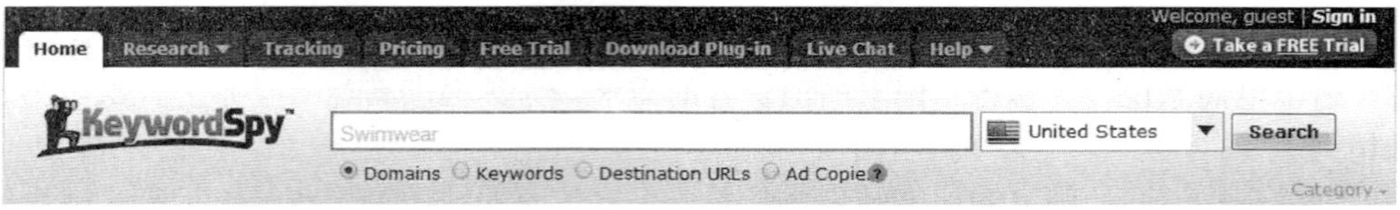

图 4. 2　KeywordSpy 搜索页面

搜索关键词“Swimwear”，能够得到如图 4. 3 所示信息。结果显示，美国网络用户对泳衣的月搜索量超过 500 万，这足以说明该产品受到的关注程度高。图 4. 3 中左下方矩形方框圈出的内容为 KeywordSpy 网页与“Swimwear”关联度比较高的关键词。其中，比较基本的目标关键词有 swim suis、swim wear 等，在这些词汇的基础上又延伸出了相关的词汇。如果经营者能够以搜索量大的词汇来形容或定位自身的产品特点（如图 4. 3 右下角矩形方框圈出的内容），就能提升搜索引擎优化（SEO）发挥的效应。

图 4. 3　关键词“swimwear”在 KeywordSpy 网页的搜索信息

（二）Alexa

网址链接：http：//tool. chinaz. com/。

具体操作：在搜索栏中输入要查询的网站地址，如图 4. 4 所示。

图 4.4　输入要查询的网址

搜索到相关信息后，需要将注意力放在该网站每天的访问量和它在不同国家的排名上，前者是从宏观角度显示该网站的影响力，如图 4.5 所示；后者则是针对具体地域而言的，如图 4.6 所示。

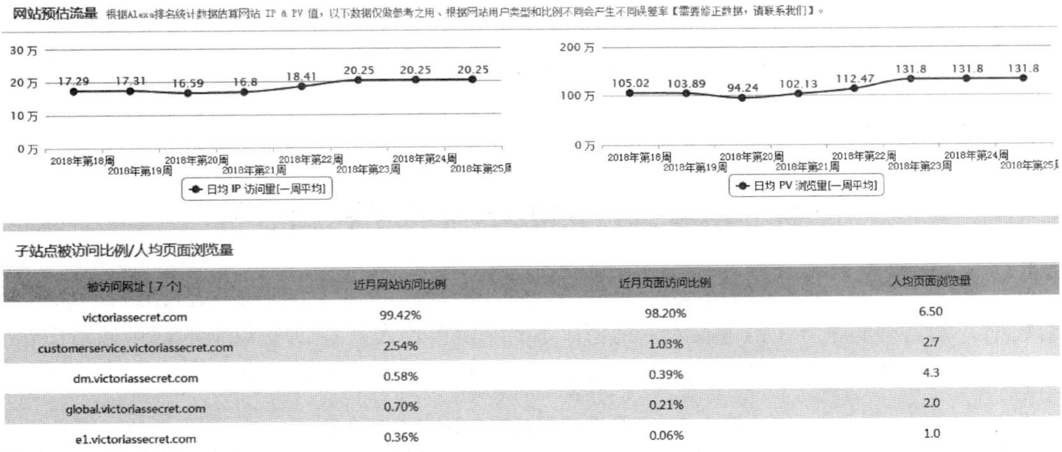

图 4.5　Victoria's secret 网站每天的访问量

经过对信息结果的简单分析可以看出，Victoria's secret 网站将美国作为其主要进军地。不仅如此，其在美国的影响力确实不小，利用数据分析技术，完全可以参照该网站的泳衣产品在美国地区进行同类产品的开发和推广，也可以据此来定位自身产品的特征并在价格上进行调整。

二、内部数据分析

研究方法：市场上发行的产品会在销售中带来大量数据内容，这些信息不仅能够用来证实

国家/地区排名、访问比例

国家/地区名称 [14 个]	国家/地区代码	国家/地区排名	页面浏览比例	网站访问比例
印度	IN	16,895	0.4%	0.7%
俄罗斯	RU	6,166	2.0%	1.4%
美国	US	633	70.3%	69.9%
澳大利亚	AU	4,861	0.5%	0.6%
英国	GB	2,803	2.8%	2.4%
法国	FR	5,707	1.1%	1.1%
韩国	KR	6,343	0.6%	0.6%
乌克兰	UA	2,292	0.8%	0.6%
巴西	BR	9,181	0.3%	0.7%
加拿大	CA	1,388	2.9%	3.3%
日本	JP	3,183	5.6%	4.8%
中国	CN	9,385	2.1%	2.8%
其他	O	--	9.4%	10.1%

图 4.6　Victoria's secret 网站在不同国家/地区的排名、访问比例

选品结果，也能为公司之后的产品开发提供借鉴。

GA 技术网址链接：http：//www. google. com/analytics/。

运用 GA 技术可以统计到发行于市场的产品的用户关注度、满意率及消费者的体验等，并且从中找出受市场欢迎的产品和市场整体的接受程度，这样，无论最初的选品决策是否拥有良好的结果，都能在每一次分析中取得进步，从而取得长远的发展。

明确产品的关键词和定位，加强与产品供应商的合作关系，致力于开发满足消费者需求的产品，可实现企业自身的利润增长，满足用户的期待。

任务三　掌握产品成本核算和利润分析

经过层层考虑选好产品之后，还要对产品进行成本核算，对产品利润率进行分析。该平台一般利润率［销售利润率 =（销售收入 - 销售成本）÷销售收入］在 20% 以上的都可以考虑销售。以亚马逊平台为例，某产品在亚马逊德国站的成本核算表格如表 4. 1 所示。

表 4. 1　亚马逊德国站某产品成本核算表

款号	成本	汇率	重量 /kg	物流费用/ ¥	亚马逊平台佣金/ ¥	总费用 / ¥	建议零售价/□	利润 / ¥	利润率 /%
10158	50	7. 47	0. 05	33	22. 3	105. 3	19. 9	43. 36	29. 17%
10159	53	7. 47	0. 05	35	22. 3	110. 3	19. 9	38. 36	25. 80%
15018	99	7. 47	0. 05	35	22. 4	156. 4	19. 9	-7. 07	-4. 74%
15019	105	7. 47	0. 05	35	27. 9	167. 9	24. 9	18. 1	9. 73%

表格分析：表 4. 1 的建议零售价应参考该产品在亚马逊德国站的市场均价确定，从这个产品

成本核算表可以看出，款号为 10158、10159 的产品可以放在亚马逊德国站销售，而款号为 15018、15019 的产品则不考虑放在亚马逊德国站销售，15019 虽然有利润，但是利润不多，这样放到平台销售风险比较大，而 15018 完全是亏损的，更加没有必要放到该平台销售。

附：跨境电商禁限售品（表 4.2）

表 4.2　跨境电商禁限售品一览表

禁发商品及信息	对应违规处理（阿里巴巴国际站）
（一）毒品、易制毒化学品及毒品工具	
1. 麻醉镇定类、精神药品、天然类毒品、合成类毒品、一类易制毒化学品	严重违规，最高扣除 48 分
2. 二类易制毒化学品、类固醇	一般违规，6 分/次
3. 三类易制毒化学品	一般违规，2 分/次
4. 毒品吸食、注射工具及配件	一般违规，2 分/次
5. 帮助走私、存储、贩卖、运输、制造毒品的工具	一般违规，1 分/次
6. 制作毒品的方法、书籍	一般违规，1 分/次
（二）危险化学品	
1. 爆炸物及爆炸装置	严重违规，最高扣除 48 分
	一般违规，6 分/次
2. 易燃易爆化学品	一般违规，6 分/次
3. 放射性物质	一般违规，6 分/次
4. 剧毒化学品	一般违规，6 分/次
5. 有毒化学品	一般违规，2 分/次
6. 消耗臭氧层物质	一般违规，1 分/次
7. 石棉及含有石棉的产品	一般违规，1 分/次
8. 剧毒农药	一般违规，1 分/次
9. 烟花爆竹、点火器及配件（限售）	一般违规，0.5 分/次
（三）枪支弹药	
1. 大规模杀伤性武器、真枪、弹药、军用设备及相关器材	严重违规，最高扣除 48 分
2. 仿真枪及枪支部件	一般违规，6 分/次
3. 潜在威胁工艺品类	一般违规，2 分/次
（四）管制器具	
1. 刑具及限制自由工具	一般违规，6 分/次

续表

禁发商品及信息	对应违规处理（阿里巴巴国际站）
2. 管制刀具	一般违规，6 分/次
3. 严重危害他人人身安全的管制器具	一般违规，6 分/次
4. 弩（限售）	一般违规，0.5 分/次
5. 一般危害他人人身安全的管制器具	一般违规，2 分/次
（五）军警用品	
1. 制服、标志、设备及制品	一般违规，2 分/次
2. 限制发布的警用品（限售）	一般违规，0.5 分/次
（六）药品	
1. 处方药，激素类、放射类药品	一般违规，6 分/次
2. 特殊药制品	一般违规，6 分/次
3. 有毒中药材	一般违规，2 分/次
4. 口服性药及含违禁成分的减肥药、保健品	一般违规，2 分/次
5. 非处方药（限售）	一般违规，0.5 分/次
（七）医疗器械	
1. 医疗咨询和医疗服务	一般违规，6 分/次
2. 三类医疗器械	一般违规，0.5 分/次
（八）色情、暴力、低俗及催情用品	
1. 涉及兽交、性虐、乱伦、强奸及儿童色情的信息	严重违规，最高扣除 48 分
2. 含有色情淫秽内容的音像制品及视频、色情陪聊服务、成人网站论坛的账号及邀请码	严重违规，最高扣除 48 分
3. 含真人、假人、仿真器官等露点及暴力图片	一般违规，2 分/次
4. 原味产品	一般违规，0.5 分/次
5. 宣传血腥、暴力及不文明用语	一般违规，0.5 分/次
（九）非法用途产品	
1. 用于监听、窃取隐私或机密的软件及设备	一般违规，6 分/次
2. 信号干扰器	一般违规，6 分/次
3. 非法软件及黑客类产品	一般违规，2 分/次
4. 用于非法摄像、录音、取证等的设备	一般违规，2 分/次
5. 非法用途工具（如盗窃工具、开锁工具、银行卡复制器）	一般违规，2 分/次或 1 分/次

续表

禁发商品及信息	对应违规处理（阿里巴巴国际站）
6. 用来获取需授权方可访问的内容的译码机或其他设备（如卫星信号收发装置及软件、电视棒）	一般违规，2 分/次
（十）非法服务	
1. 政府机构颁发的文件、证书、公章、勋章，身份证及其他身份证明文件，用于伪造、变造相关文件的工具、主要材料及方法	严重违规，最高扣除 48 分
2. 单证、票证、印章、政府及专门机构徽章	严重违规，最高扣除 48 分
	一般违规，扣 6 分/次
3. 金融证件、银行卡，用于伪造、变造相关的工具、主要材料及方法；洗黑钱、非法转账、非法集资	严重违规，最高扣除 48 分
	一般违规，2 分/次
4. 涉及伪造证件类及金融类证件的相关敏感信息	一般违规，6 分/次
5. 个人隐私信息及企业内部数据；提供个人手机定位、电话清单查询、银行账户查询等服务	一般违规，2 分/次
6. 法律咨询、彩票服务、医疗服务、教育类证书代办等相关服务	一般违规，2 分/次
7. 追讨服务、代加粉丝或听众服务、签证服务	一般违规，0.5 分/次
（十一）收藏类	
1. 货币、金融票证，明示或暗示用于伪造、变造货币、金融票证的主要材料、工具及方法	严重违规，最高扣除 48 分
	一般违规，6 分/次或 0.5 分/次
2. 虚拟货币（如比特币）	一般违规，6 分/次
3. 金、银和其他贵重金属	一般违规，2 分/次
4. 国家保护的文物、化石及其他收藏品	一般违规，2 分/次
（十二）人体器官、保护动植物及捕杀工具	
1. 人体器官、遗体	严重违规，最高扣除 48 分
2. 重点和濒危保护动物活体、身体部分、制品及工具	一般违规，2 分/次
3. 鲨鱼、熊、猫、狗等动物的活体、身体部分、制品及任何加工机器	一般违规，2 分/次
4. 重点和濒危保护植物、制品	一般违规，1 分/次
（十三）危害国家安全及侮辱性信息	
1. 宣扬恐怖组织和极端组织信息	严重违规，最高扣除 48 分
2. 宣传国家分裂及其他各国禁止传播发布的敏感信息	严重违规，最高扣除 48 分

续表

禁发商品及信息	对应违规处理（阿里巴巴国际站）
3. 涉及种族、性别、宗教、地域等歧视性或侮辱性信息	一般违规，2 分/次
4. 其他含有政治色彩的信息	一般违规，扣除 0.5 分
（十四）烟草	
1. 成品烟及烟草制品	一般违规，扣除 6 分
2. 电子烟液	一般违规，扣除 6 分
3. 制烟材料及烟草专用机械（限售）	一般违规，扣除 0.5 分
（十五）赌博	
1. 在线赌博信息	一般违规，扣除 2 分
2. 赌博工具	一般违规，扣除 2 分
（十六）制裁及其他管制商品	
1. 禁运物	一般违规，扣除 2 分
2. 其他管制商品	一般违规，扣除 2 分
（十七）违反目的国产品质量技术法规/法令/标准的、劣质的、存在风险的商品	
1. 经权威质检部门或生产商认定、公布或召回的商品；各国明令淘汰或停止销售的商品；过期、失效、变质的商品；无生产日期、无保质期、无生产厂家的商品	一般违规，2 分/次
2. 高风险及安全隐患类商品	一般违规，1 分/次

项目五

全球旺铺装修和产品详情页制作

★ 知识目标

★ 掌握全球旺铺的装修要点和操作步骤

★ 掌握产品详情页的制作要点和操作步骤

★ 技能目标

★ 学会用旺铺 1.0 版本和 2.0 版本进行旺铺装修，并知道其中的差别

★ 能够撰写一份旺铺文案策划书

★ 能够撰写一份产品详情页文案策划书

★ 学会用 Photoshop 依照产品详情页文案内容进行排版设计制作、切片上传

任务一　掌握全球旺铺装修

全球旺铺是阿里巴巴国际站提供给供应商的全球企业展示和营销网站，为了更好地展示公司产品信息和凸显企业特色，旺铺可提供灵活的页面结构和自定义的内容。

目前阿里巴巴国际站全球旺铺分为两个版本——旺铺 1.0、旺铺 2.0，相比之下，升级之后的旺铺 2.0 功能更强大，且支持无线端同步装修。

旺铺 1.0 和旺铺 2.0 对比如表 5.1 所示。

表 5.1　旺铺 1.0 和旺铺 2.0 对比

板块名称	旺铺 1.0	旺铺 2.0
导航栏	990 像素 ×33 像素	1 200 像素 ×44 像素

续表

板块名称	旺铺 1.0	旺铺 2.0
招牌	招牌图宽度为 990 像素，高度在 100 ~ 200 像素，JPG、PNG 图片格式 备注： 1. 招牌中公司名称、公司标志可以选择不展示 2. 公司名称的字体可以自定义 3. 最后一定要单击装修页面的“发布”按钮，否则设置不会生效	1. 公司简介可以显示/隐藏 有两种字体可选——open sans、roboto；可设置成加粗、斜体、粗斜体、正常；分为小号、中号、大号；共 5 种颜色可选，点击编辑公司标志进入管理公司信息页面 2. 招牌底图可以显示/隐藏 PC 尺寸建议 1 200 像素 ×280 像素 App 尺寸建议 750 像素 ×240 像素 可以新增两个导航及跳转页面
店铺分类—产品分组（新板块）	无	该板块不可编辑 只能在窄栏添加 展示所有一级（最多 20 个）+二级类目
店铺分类—主营类目	系统将产品分组中的前三个一级分组和其下面的四个二级分组作为主营类目进行展示，若需调整，须重新设置产品分组的顺序 主营类目：将供应商发布的产品分组及产品，以自动或手动的方式选出最核心的 3 个作为主营类目及产品。主营类目只有在通栏布局下才能设置 自动逻辑：默认选择前三个分组以及前三个分组下的前四个二级分组作为主营类目，并选取该分组下最新更新的产品作为推荐产品；如需调整产品分组，单击“MA 产品分组管理”按钮调整产品分组的展现顺序 手动逻辑： 1）选择手动推荐模式，即实现手动指定前台展现的分组及产品的功能（注：审核中产品或未发布成功产品无法添加展示） 2）先选择一级分组，再勾选产品；单击“确认”按钮即完成设置	展示逻辑：展示 4 个一级分组，分组顺序可以通过后台产品分组与排序修改 产品推荐可以自动、手动选择 自动选择：展示最新的产品 手动选择：可以选择 4 个主营类目，每个主营类目可以选择 6 个产品 模块标题：可以自行修改 50 个以内字符 注：主营类目只能在通栏下添加
产品推荐—单品（新板块）	无	可以自动、手动选择产品 自动选择：可按照最新和最热进行选择 手动选择：选择产品分组，可以勾选是否只展示在线批发产品；可选择 1 ~5 款产品 模块标题：不能修改 展示形式：滚播

续表

板块名称	旺铺 1.0	旺铺 2.0
产品推荐—平铺（新板块）	无	通栏、宽栏、窄栏下都可以添加该板块（最多可添加 10 个） 可以自动、手动选择 自动选择：最新、最热产品 手动选择：选择产品分组，可以勾选是否只展示在线批发商品；必须选满 8 个 模块标题：默认 TILE，可以编辑修改 链接类型可选择四种：商品详情页、店内其他页、店内搜索结果商品列表页、店内类目商品列表页 商品详情页，选择某一款产品，可以勾选只展示在线批发产品
产品推荐—橱窗产品	1. 卖家无法编辑，直接读取卖家在商品后台的设置 2. 提供链接，引导橱窗商品的设置	操作同旺铺 1.0，PC 端展示 10 个，无线端展示 6 个 1. 宽栏：分两行展示，每行展示 5 个小图 2. 通栏：分两行展示，4 大 6 小 3. 窄栏：只展示板块标题
产品推荐—带类目产品（新板块）	无	可自动、手动选择 自动选择：可按照产品分组来选择产品组，产品组下产品按照最新产品优先逻辑展示 手动选择：可以自行选择 4 个产品 展示形式：1 大 3 小
产品推荐—智能产品推荐（新板块）	无	只能在通栏下添加，添加上限 1 个 该板块无法编辑
产品推荐—重点推荐（新板块）	无	只能在通栏下添加，添加上限 1 个 可以自动、手动选择 自动选择：最新、最热产品 手动选择：选择产品分组，可以勾选是否只展示在线批发商品；可以选择 6 个产品 模块标题：默认 Highly recommended，可以编辑修改，50 个字符限制

续表

板块名称	旺铺 1.0	旺铺 2.0
营销—客服	“选择展示形式”确定展示的形态，选择“展示客服显示名及头像”就会在网站前台展示头像（共两种样式可选） “设置头像”用于设置前台向买家展示的人物形象，如人员头像（建议 80 像素 ×80 像素，需是 JPG 或 PNG 的格式） “客服显示名”用于向买家展示业务员的姓名或服务范畴，如 Tony、Service “TradeManager 账户”用于输入业务员的旺旺 ID，首字母请勿大写，请勿填写邮箱地址 同一个页面最多只能设置 6 个旺旺	可以在通栏、宽栏、窄栏下添加，添加上限 1 个 可以直接设置客服头像 建议头像尺寸 100 像素 ×100 像素，仅支持 JPG、PNG 格式 单击“保存”按钮后生效
营销—自定义内容	“自定义内容”板块适用于个性化的内容展示，提供 HTML 编辑、文字录入、上传图片等功能。目前比较热门的自定义运用有：展示公司宣传图、多个旺旺联系人、多语言旺铺页面等	可以在通栏、窄栏、宽栏下添加，添加上限 5 个，提供 HTML 编辑、文字录入、上传图片等功能
营销—轮播 Banner	图片要求： 1. 最多可上传 4 张图片，须上传 4 张尺寸一致的图片 2. Banner 图片的尺寸建议宽固定为 990 像素，高为 250 像素，高可选 200 像素、250 像素、300 像素、350 像素、400 像素五种 3. 上传后按左对齐、顶部对齐的方式展示，超出高度、宽度部分不予展示 4. 每张 Banner 支持超链接设置，但仅支持阿里巴巴集团内部相关链接	只能在通栏下添加，添加上限 2 个 1. 该模块中，可以最多上传 5 张图片进行滚播 2. 除了上传图片以外，可以设置模块高度（250 像素、350 像素及 450 像素）、滚播时间（手动切换、每 5 秒切换、每 10 秒切换） 3. 上传每组图片时，可以同时设置图片链接 4. 可以调整图片顺序 5. 可以设置无线端 Banner 建议尺寸 750 像素 ×300 像素，仅支持 JPG、PNG 格式 单击“确认”或“取消”按钮回到 PC 端上传页面
营销—多语言快链	只能添加板块，不能编辑	同旺铺 1.0
营销—询盘直通车	无	可以在通栏、宽栏下添加，添加上限 1 个 该板块无法编辑
公司介绍—名片（新板块）	无	只能添加在窄栏中，无法编辑

子任务一　掌握全球旺铺装修的步骤

对于 B2B 性质的阿里巴巴国际站而言，全球旺铺不仅是展示产品信息的板块，更是展示企业生产能力和出口能力的重要板块。国际站旺铺装修，首先需要去了解和搜集公司需要展示的企业优势和产品优势，对采集的资料梳理形成旺铺文案策划，把旺铺的基本框架以及所展示的文字信息整理成文档；其次通过 Photoshop 设计旺铺页面，把旺铺文案策划的内容结合公司展示、产品展示图片设计排版之后美观地呈现出来；最后需要将设计好的页面根据阿里巴巴国际站的上传板块、像素要求进行切片保存，进入国际站后台旺铺装修界面上传。具体流程如下：旺铺策划→排版设计→Photoshop 切片上传。

子任务二　掌握旺铺文案策划

旺铺首页策划主要包括旺铺首页主色调、排版框架以及文字信息，招牌栏、导航栏、海报、滚播 Banner、公司信息、主营产品、多语言链接、企业客服等相关内容，具体如下。

招牌栏：展示企业 LOGO、公司名等。

公司信息：以文字、图片的方式向买家直观地介绍企业，向买家展示公司实力。

主营产品：向买家展示主要经营的产品类型，便于买家匹配自己的需求。

多语言：可以供点击的多语言站点超链接，便于小语种区域的买家更好地进行网上浏览。

企业客服：提供可点击的在线旺旺联系方式，可添加多个 TradeManager 账户，细分客户类型，让买家找到合适的服务人员，便于快速沟通。

旺铺首页整体可设计四到五屏：

第一屏（店招、导航栏、广告版、滚播 Banner）

a. 突出公司生产什么；

b. 公司拥有哪些资质（备注可选：金品诚企、ISO 认证、企业专利、资质等）；

c. 意境必须跟主营产品保持一致（风格和格调）；

d. 广告语必须贴近产品或者公司企业体验（创新、合作、产品优势）；

e. 导航和内容关键词必须保证描述准确，字体采用标准字体。

第二屏（企业形象）

突出展示企业工厂、生产车间、生产设备、工作环境、仓库、生产团队、企业文化等。

第三屏

a. 一排热销产品；

b. 二排新款产品；

c. 推荐产品。

第四屏

a. 橱窗产品展示；

b. 联系方式（联系信息、联系人、地址、电话、传真、在线联系方式、企业二维码、企业地图）。

旺铺文案策划展示如图 5.1 所示。

××公司旺铺首页策划

LOGO
招牌栏

Shanghai Bokni Refrigeration Equipment Co. , Ltd.
www. bokni. com

导航栏

Home
Product Categories
Company Profile
Contacts

广告版

Best icecream business equipment and service supplier
Icecream machine

Language Option

Our Grass Range

主打产品展示
Soft icecream machine
Hard icecream machine
Slush machine
Pasteurizing machine
Icecream display freezer
Ice maker

Company Introduction

图 5.1 旺铺策划文案展示

Shanghai Bokni Refrigeration Equipment Co. , Ltd. is a wholly owned subsidiary of Shanghai Keshi Refrigeration Equipment Co. , Ltd. , which is a professional commercial refrigeration equipment manufacturer since 2004. Our founders have more than 20 years refrigeration equipment manufactural experience. With more than 10 years development, we have our own research and development team, our production equipment, use our own and Italian technology to produce high quality products to our customers.

Our products sold all over China and overseas. Our main products are icecream machines, icecream display cabinets, slushers, ice machines, juice machines, refrigerated cake cabinet, commercial freezers and other refrigeration equipment, we can do OEM and ODM as our customer requirements. As to the Bokni, we are focus on the high – end icecream machine and offer our clients a safe, secure and healthy lifestyle experience.

CHAT NOW

Chat Now
24h Online

Peter Cui
Jimmy Bai
Pan ZY

客户展示

产品分类
Product Categories:

1. Soft icecream machine
2. Hard icecream machine
3. Slush Machine
4. Icecream display freezer

图 5.1　旺铺策划文案展示（续）

子任务三　掌握全球旺铺设计

通过 Photoshop 依照旺铺文案内容进行排版设计制作、切片上传；旺铺 1.0 版本宽度为 990 像素，旺铺 2.0 版本宽度为 1 200 像素，长度自定义。

一、全球旺铺 1.0 装修流程

店铺招牌：将切片后的店招板块上传，也可直接使用阿里巴巴默认招牌。

旺铺 1.0 版设置店铺招牌如图 5.2 所示。

图 5.2　旺铺 1.0 版设置店铺招牌板块

旺铺其他板块：产品板块、公司板块、系统板块、营销板块，需要在旺铺装修页面进行增添，单击“添加板块”按钮，如部分板块为系统没有的，则选择自定义内容进行图片、文字等上传，如图 5.3 所示。

图 5.3　旺铺 1.0 版设置店铺其他板块

滚播 Banner：首先添加“滚播 Banner”板块，再单击“设置”按钮，选择板块高度，对应 banner 根据需求添加超链接，如图 5.4 所示。

图 5.4　旺铺 1.0 版设置店铺滚播 banner

产品板块：产品板块主要有三部分——产品推荐、橱窗产品、主营类目，可根据企业需求进行添加，添加后可选择产品展示方式，用平铺或者翻页的方式展示，并且可以选择系统自动推荐产品或手动挑选产品进行添加，如图 5.5 所示。

图 5.5　旺铺 1.0 版设置店铺产品板块

图 5.5　旺铺 1.0 版设置店铺产品板块（续）

企业客服：若选择系统自带客服展示方式，则选择添加“企业客服”板块，分别上传旺铺头像及账号、姓名，如图 5.6 所示；若选择自己设计旺旺客服板块，则选择添加“自定义内容”进行图片上传，并且单独添加客服旺旺跳转链接，如图 5.7 所示。

图 5.6　旺铺 1.0 版设置店铺企业客服板块

图 5.7　旺铺 1.0 版设置店铺自定义内容

旺铺 1.0 版共 10 个主要板块以及可以任意添加的自定义板块，要按照店铺实际情况选择性添加，如图 5.8 所示。

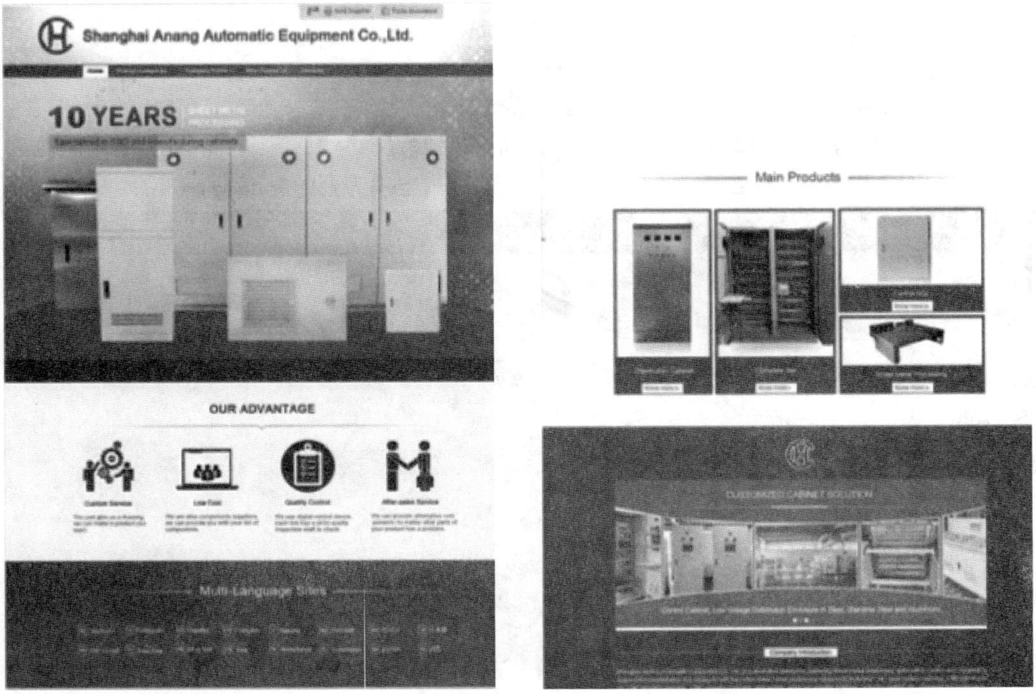

图 5.8　旺铺 1.0 版展示

二、全球旺铺 2.0 装修流程

主账号、制作员账户登录："My Alibaba" — "全球旺铺" — "装修"。

旺铺 2.0 版登录界面如图 5.9 所示。

图 5.9　旺铺 2.0 版登录界面

单击"立即升级"按钮进入旺铺 2.0 版初始界面。

旺铺 2.0 版初始界面如图 5.10 所示；单击不同页面下的"编辑"图标，即进入相应页面的编辑页，这里以首页为例，单击首页的"编辑"图标，即进入首页的编辑页，如图 5.11 所示。

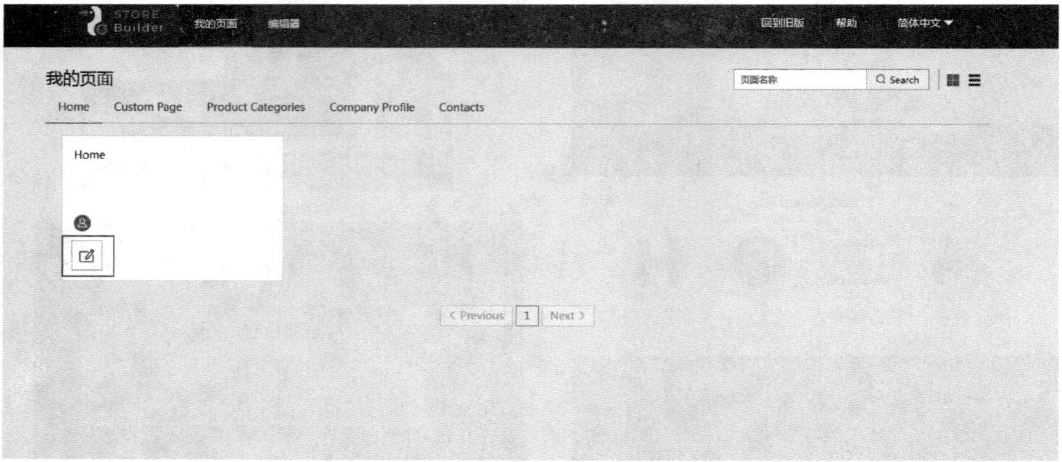

图 5.10　旺铺 2.0 版初始界面

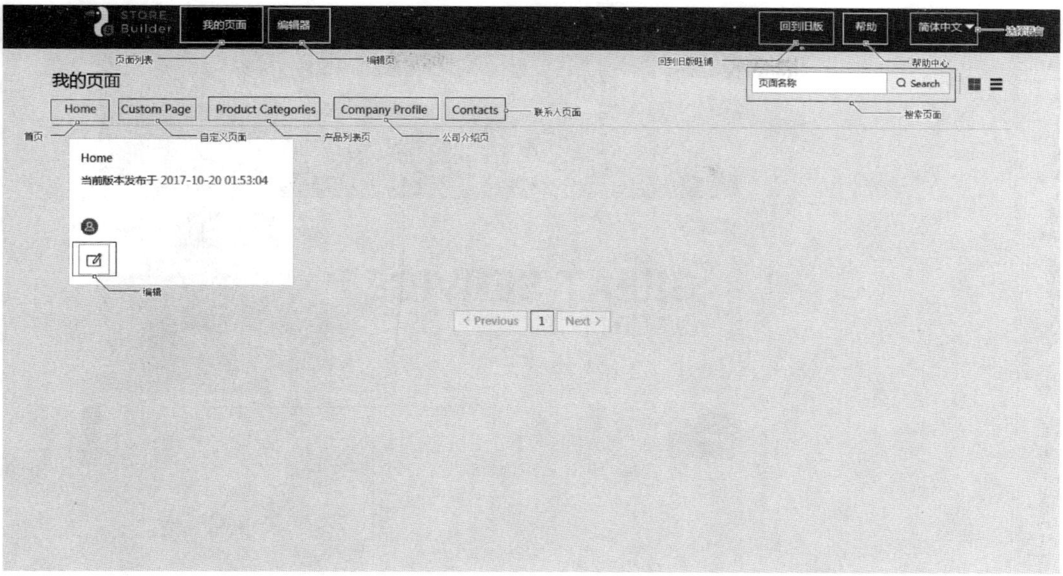

图 5.11　旺铺 2.0 版首页编辑页

进入首页的编辑页后，首先需要创建版本，版本创建好后，可进行编辑、设置、复制、删除、预览等操作；选定某个版本，单击“编辑”图标，即进入该版本的编辑器，如图 5.12 所示。

进入编辑器界面，如图 5.13 所示。

左侧为模块区，含 5 个模块：页面背景、店铺分类、公司介绍、产品推荐、营销。

中间为展示区，单击模块拖动，即可添加模块到展示区。在展示区单击需要编辑的模块，就可以看到右侧该模块的编辑区，在这里就可以进行模块编辑。旺铺 2.0 版展示如图 5.14 所示。

注意：仅部分模块不支持编辑，编辑完成后不要发布。

图 5.12　旺铺 2.0 版编辑器

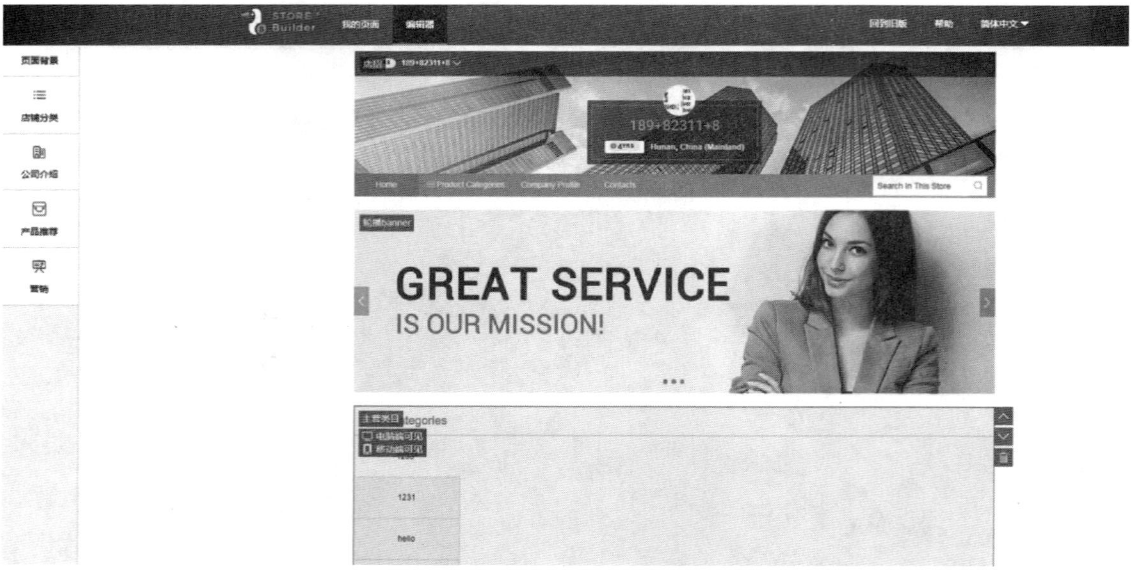

图 5.13　进入编辑器界面

图 5.14　旺铺 2.0 版展示

任务二　掌握产品详情页的制作

一、产品详情页制作步骤

产品详情页的制作主要包括三个步骤，即详情页文案策划、排版设计和 Photoshop 切片，具体制作方法和内容见下文。

二、详情页文案制作

（1）产品标题（Product Title）。关于产品的型号、品牌、特性、描述。例如，鳄鱼恤 CROCODILE 时尚提花面料手提女包 12121026 啡色（可放 A4 纸）。

（2）产品属性（Product Attribute/Property）。产品属性是指产品本身所固有的性质，是产品在不同领域差异性（不同于其他产品的性质）的集合。也就是说，产品属性是产品性质的集合，是产品差异性的集合。例如，服装核心参数：面料、工艺、尺寸、厚度、性别、款型等。卖家需要将这些项目内容一一填充，以方便买家获取供应商供应的产品型号和属性信息。

（3）产品展示（Product Pictures）。文案编号对应的产品图片。

（4）产品信息（Specification/Parameters）。编号产品对应的规格参数、产品性能、质量测试、用途、应用场景。

（5）产品特色（Advantage/Features）。产品最突出的卖点、特性和竞争优势。

（6）同类产品展示（Related Products）。同类目下具备共性的产品图片展示。

（7）品牌或企业介绍。

（8）合作伙伴和公司证书（Partner & Certifications）。公司证书、商标、专利、产品证书、检验检测结果。引用证书前要了解证书是否适用于该产品。

（9）交易信息（Trade Info）。交易信息包括交货方式（FOB，CIF，CFR，etc）；付款方式（T/T，Western Union，etc）；付款条件（百分比、产前定金、发货前货款、到货后货款）；最小起订量；FOB 价格（价格范围）；港口；制作样品时间；交货期限；运输方式（海、陆、空、快递）；供货能力（每周/月/年的产量）；是否提供样品（Yes/No）；包装信息（包装规格、材料等）。

（10）企业实力展示（Company Overview）。展示如公司外景、办公室、工厂、设备、生产线、样品间、员工集体照、展会照片、专卖店或供货超市的实景图、客商来访的合照等。

（11）售后（After-Sales Service）。是否提供售后服务，保质期、保修期、退换货政策、保修项目说明等。

三、详情页设计

通过 Photoshop 依照产品详情页文案内容进行排版设计制作，切片上传；尺寸宽度为 750 像素，长度自定义。Photoshop 在本处的实际操作过程详见“项目九　视觉美工”。

详情页案例展示如图 5.15 所示。

图 5.15　详情页案例展示

项目六

产品发布

★ 知识目标

★ 掌握产品发布的规则

★ 掌握产品发布的流程

★ 熟悉橱窗、在线批发、多语言等产品发布

★ 技能目标

★ 根据产品发布的规则和流程，针对某一款产品，能够进行产品信息搜集、确定产品类目、搜集和整理产品关键词、制作产品标题、完善产品信息以及完成产品的详情页线上发布

★ 能够发布橱窗产品、批发产品，能够发布多语言产品

任务一　掌握产品发布的规则

发布产品是网站建设的基础，在发布产品的时候要能够覆盖行业有效关键词，展示产品信息，这是获取流量和客户的关键。在发布产品之前，需要懂得发布产品的一些具体规则。

（1）需发布真实、准确、合法、有效的产品信息。

①真实、准确。用户发布的信息应与实际情况一致，禁止发布虚假或夸大的信息。

②合法。用户发布的信息不得违反国家法律法规及阿里巴巴国际站禁限售规则。

③有效。用户发布的信息应符合电子商务英文网站的定位。

（2）若发布含有他人享有知识产权的信息，应取得权利人的许可，或者属于法律法规允许发布的情形。

（3）禁止发布假货、仿货等侵犯他人知识产权的信息。

（4）未经权利人许可，不得发布含有奥林匹克运动会、世界博览会、亚洲运动会等标志的信息。

任务二　掌握产品发布的流程

一般来说，产品发布的流程包括以下几个阶段：熟悉产品—搜集信息—选择类目—确定产品关键词—优化标题—处理图片—填写产品属性—上传产品详情页。

子任务一　熟悉产品

熟悉产品是为了更准确地发布产品，对产品的准确认识便于产品关键词属性的搜集，避免网站产品信息与实际特性产品不符，同时也能精准提炼产品的优势、卖点，提升网站专业度。

子任务二　搜集信息

搜集信息是为了便于后期高效地发布产品，提前搜集好发布产品所需的资料，内容主要分为图片信息（如产品主图、产品细节图、生产流程图、应用场景图、公司团队展示、工厂、车间、合作伙伴、证书等）和文字信息（产品属性、产品优势特性描述、交易信息、公司实力介绍、业务员联系方式等），分类整理好对应图片及产品信息表。××公司产品信息如表 6.1 所示。××公司产品信息分类如图 6.1 所示。

表 6.1　××公司产品信息表

<table>
<tr><td colspan="7">××公司产品信息表</td></tr>
<tr><td colspan="7">填写店铺主要产品及类目</td></tr>
<tr><td colspan="2">类目</td><td></td><td></td><td></td><td></td><td></td></tr>
<tr><td colspan="2">编号</td><td></td><td></td><td></td><td></td><td></td></tr>
<tr><td colspan="2">图片</td><td></td><td></td><td></td><td></td><td></td></tr>
<tr><td rowspan="9">固定属性</td><td>型号</td><td></td><td></td><td></td><td></td><td></td></tr>
<tr><td>品牌</td><td></td><td></td><td></td><td></td><td></td></tr>
<tr><td>接受定制</td><td></td><td></td><td></td><td></td><td></td></tr>
<tr><td>特性</td><td></td><td></td><td></td><td></td><td></td></tr>
<tr><td>行业应用</td><td></td><td></td><td></td><td></td><td></td></tr>
<tr><td>具体用途</td><td></td><td></td><td></td><td></td><td></td></tr>
<tr><td>材质</td><td></td><td></td><td></td><td></td><td></td></tr>
<tr><td>纸板类型</td><td></td><td></td><td></td><td></td><td></td></tr>
<tr><td></td><td></td><td></td><td></td><td></td><td></td></tr>
<tr><td rowspan="5">自定义属性</td><td></td><td></td><td></td><td></td><td></td><td></td></tr>
<tr><td></td><td></td><td></td><td></td><td></td><td></td></tr>
<tr><td></td><td></td><td></td><td></td><td></td><td></td></tr>
<tr><td></td><td></td><td></td><td></td><td></td><td></td></tr>
<tr><td></td><td></td><td></td><td></td><td></td><td></td></tr>
</table>

续表

××公司产品信息表						
交易信息	最小起订量					
	FOB 价格区间					
	港口					
	付款方式					
	供货能力					
	发货期限					
	常规包装					
细节尺寸图						
优势卖点						

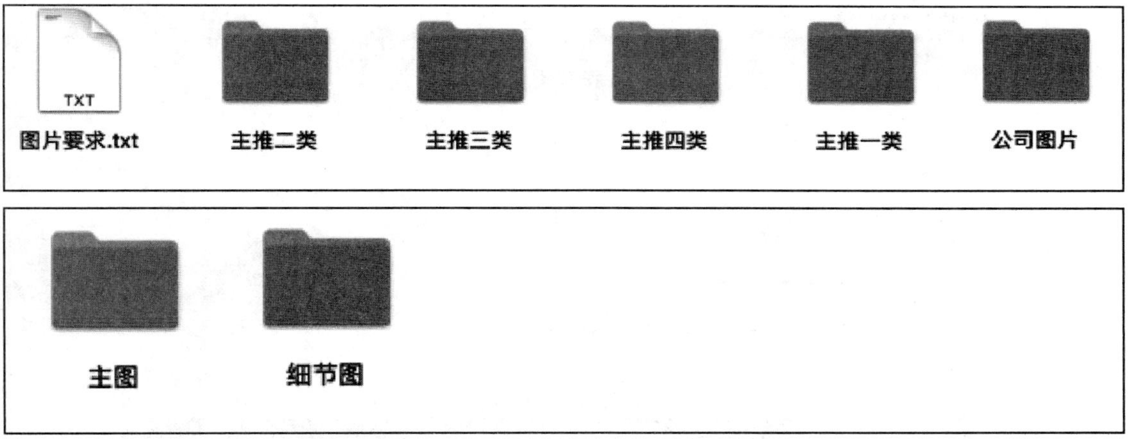

图 6.1 ××公司产品信息分类

子任务三 选择类目

产品类目用于产品的归类，错放类目将导致买家流失，准确选择产品类目是发布产品的重要步骤。要根据类目的填写要求进行选择，不要放错，避免放在 Others 类目下。类目放错会降低信息相关性，从而影响搜索结果，放在 Others 类目下，买家在类目浏览时可能无法找到。选择准确的类目很重要。类目是国际站搜索匹配的重要因素，也是向买家清晰展现专业度的重要标尺，选择正确产品类目的方法如下。

（1）通过浏览类目，选择合适的类目，如图 6. 2 所示。

（2）输入产品的核心关键词，搜索类目，选择其中合适的类目，如图 6. 3 所示。

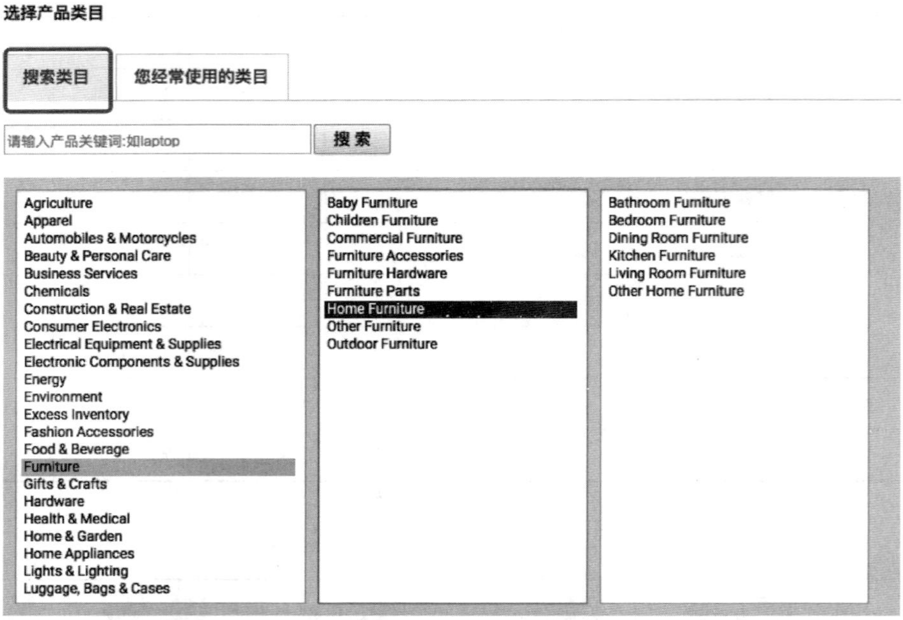

图 6.2　搜索类目（一）

图 6.3　搜索类目（二）

（3）通过“您经常使用的类目”，选择合适的类目，如图 6.4 所示。

图 6.4　您经常使用的类目

（4）在 www. alibaba. com 搜索关键词，单击产品名称，在产品详情页面左上角可以看到同行的产品类目，然后选择适合自己的类目，如图 6.5 所示。

图 6.5　同行产品类目界面

常见误解：放在系统推荐越靠前的类目下，信息相关性越高，搜索结果越靠前。

实际情况：是否选择系统推荐靠前的类目并不影响搜索结果，搜索出来的推荐类目是系统提供的参考类目，根据自己的产品情况正确选择即可。如果系统推荐类目不符合需求，可以手动自行选择。

子任务四　确定产品关键词

产品关键词即产品名称的中心词，是对产品名称的校正，便于系统快速识别匹配买家搜索词，能让买家尽快找到产品（凡是和客户搜索词匹配的产品）。

一、关键词的搜集方法

（1）“My Alibaba”—“数据管家”—“热门搜索词”，进入“热门搜索词”模块后，可以输入产品对应的关键词查看相关词的搜索热度情况。热门搜索词一页最多显示 10 个关键词，连续 6 个月累计买家搜索热度大于或等于 120 的词才会显示（进入“热门搜索词”模块，输入产品核心关键词，会出现与之相关的产品关键词），如图 6.6 和图 6.7 所示。

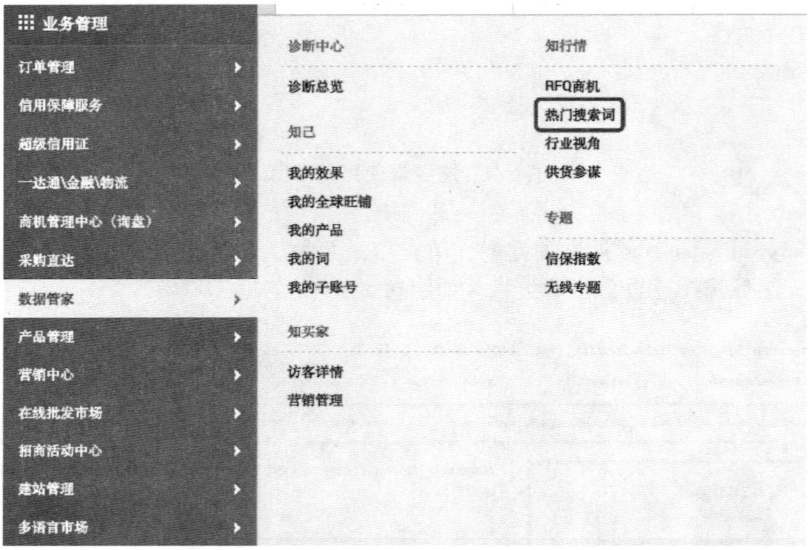

图 6.6　“热门搜索词”选项

mp3　查找　以下数据每月3日09:00前更新（太平洋时间

批量加入直通车词库

关键词	卖家竞争度	橱窗数	搜索热度（10月）	过去12个月内搜索热度	操作
mp3	373	25	16000		抢第一 | 加入直通车词库
sex video mp3 free download	41	6	15000		抢第一 | 加入直通车词库
blue film video download mp3	47	6	12000		抢第一 | 加入直通车词库
mp3 player	670	33	12000		抢第一 | 加入直通车词库
sexy video mp3 free download	25	1	11000		抢第一 | 加入直通车词库
sexy video download mp3	8	0	3100		抢第一 | 加入直通车词库
mp3 hot videos free download	31	0	1800		抢第一 | 加入直通车词库
car mp3 player	326	47	1100		抢第一 | 加入直通车词库
download free 2gb mp3 video	10	0	870		抢第一 | 加入直通车词库
sex video mp3 and mp4 free download	7	0	840		抢第一 | 加入直通车词库
dolby digital 5 1 mp3 hindi songs free download	0	0	810		抢第一 | 加入直通车词库

图 6.7　“热门搜索词”搜索结果展示

（2）“My Alibaba”—“数据管家”—“我的词”，这里会显示已经使用的关键词和买家通过搜索找到的词，以及该词的搜索热度和卖家竞争度。进入“我的词”模块，可选择按周或者按月统计进行产品关键词筛选，也可选择是否作为外贸直通车推广、是否已设置为关键词、是否有效果等选项来进行具体搜集，如图 6.8 和图 6.9 所示。

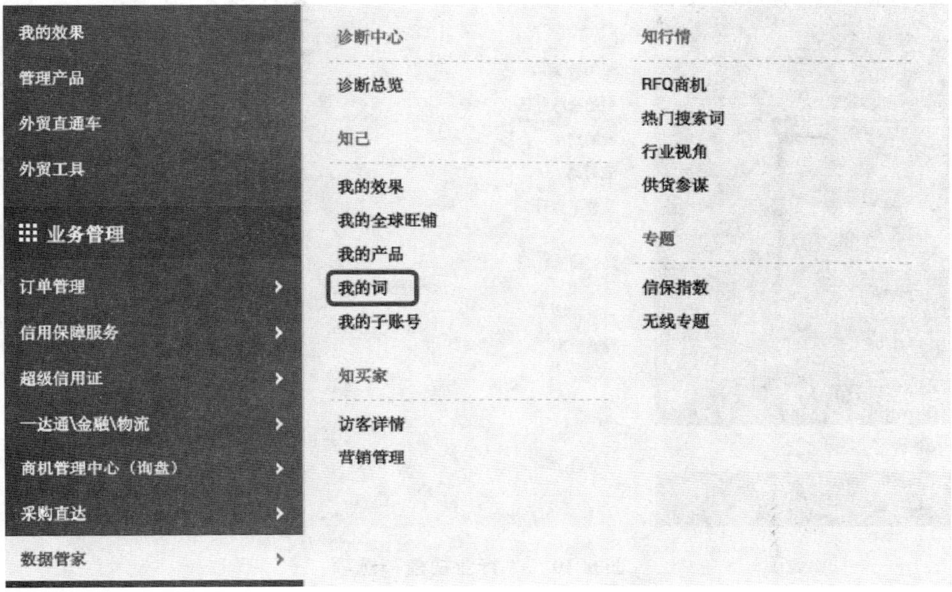

图 6.8　“我的词”选项

词	曝光量	点击量	点击率	产品实时排名	外贸直通车曝光	外贸直通车点击	外贸直通车推广时长	Top10平均曝光	Top10平均点击
stamping sheet metal fabricati...	1910	0	0.00%	查查看 | 抢第一	1910	0	117.3	656	2
metal junction box	1590	1	0.10%	查查看 | 抢第一	1580	1	117.3	177	1
custom metal	1132	0	0.00%	查查看 | 抢第一	1126	0	117.3	224	1
server cabinet	469	4	0.90%	查查看 | 抢第一	453	4	117.3	213	2
sheet metal	391	2	0.50%	查查看 | 抢第一	344	0	117.3	684	6
electrical distribution box	362	1	0.30%	查查看 | 抢第一	353	1	117.3	499	2
metal stamping	342	1	0.30%	查查看 | 抢第一	314	0	117.3	753	7
work sheet metal	326	1	0.30%	查查看 | 抢第一	326	1	117.3	326	1
electronic box enclosures	323	0	0.00%	查查看 | 抢第一	323	0	117.3	83	0
outdoor cabinet	303	2	0.70%	查查看 | 抢第一	287	2	117.3	382	3

图 6.9　“我的词”搜索结果界面

（3）“My Alibaba”—“数据管家”—“行业视角”，选择关注行业后查看不同国家买家热搜词、搜索上升最快词及零少词等（进入“行业视角”模块，根据核心关键词选择行业进行关键词搜集，显示一周最近热度趋势），如图 6. 10 和图 6. 11 所示。

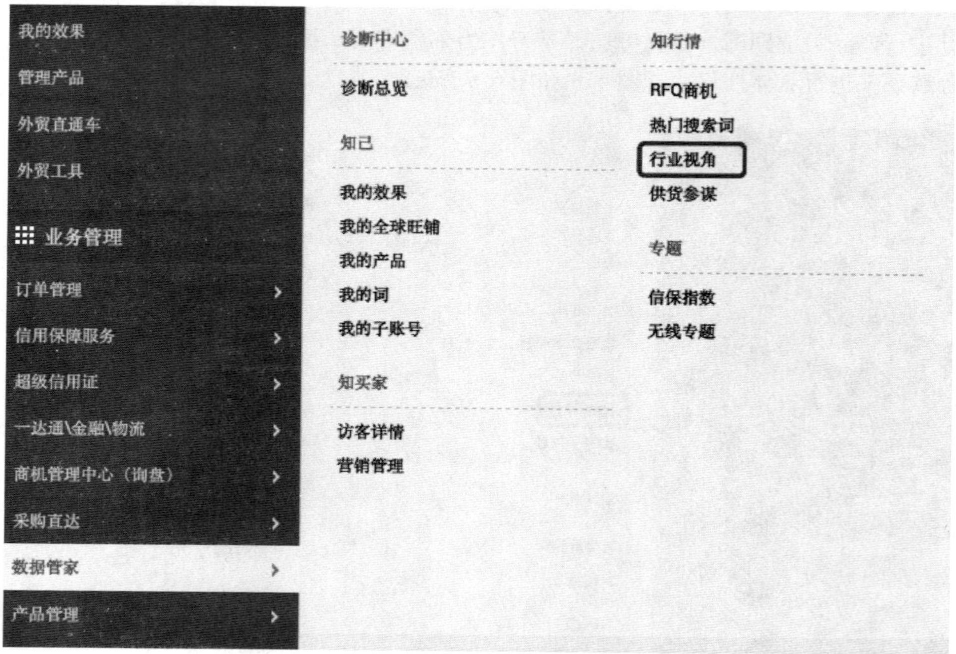

图 6. 10 “行业视角”选项

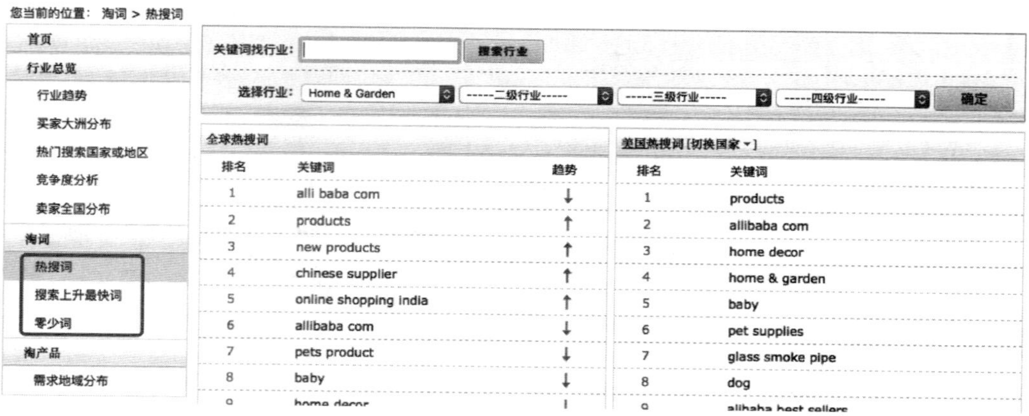

图 6. 11 “行业视角”搜索结果界面

（4）“My Alibaba”—“产品管理”—“发布产品”，输入产品名称后，单击“产品关键词”“添加更多关键词”等按钮，会弹出关键词列表，出现热门搜索词和蓝海词，可在其中选择。如果没有出现，可能是没有输入产品名称，或者是该产品名称比较生僻或复杂，系统没有对应推荐的关键词，如图 6. 12 所示。

（5）“My Alibaba”—“外贸直通车”—“推广工具”—“关键词工具”，输入产品核心关键词搜索相关词，系统推荐的网站热门、高转化、低成本词，同行推词等，如图 6. 13 和图 6. 14 所示。

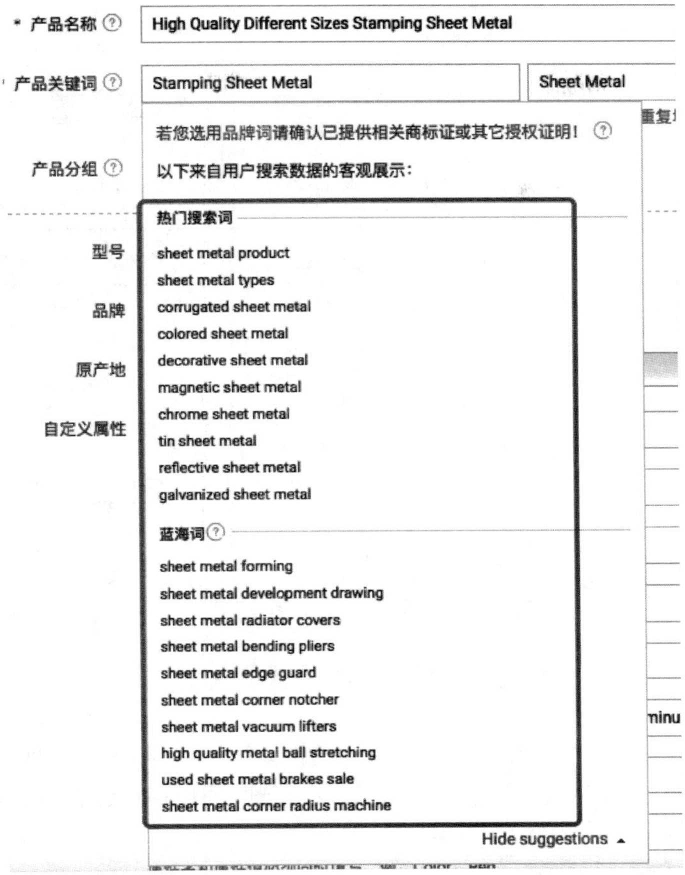

图 6.12　关键词列表

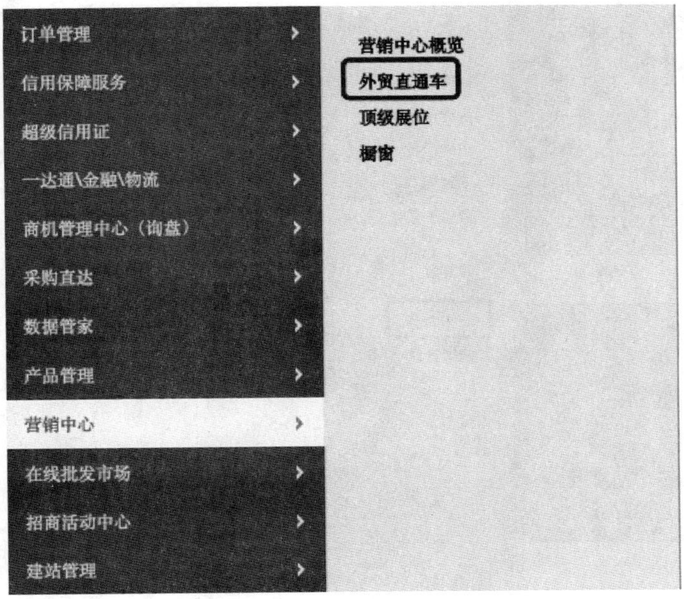

图 6.13　“外贸直通车”选项

图 6.14 “关键词工具”选项

（6）“My Alibaba”—“访客详情”—“常用搜索词”，常用搜索词即最近 30 天内，访客在阿里巴巴网站上搜索次数最多的前三个词，以及所选时间段内，访客搜到旺铺或产品页面所使用的搜索词，如图 6.15 和图 6.16 所示。

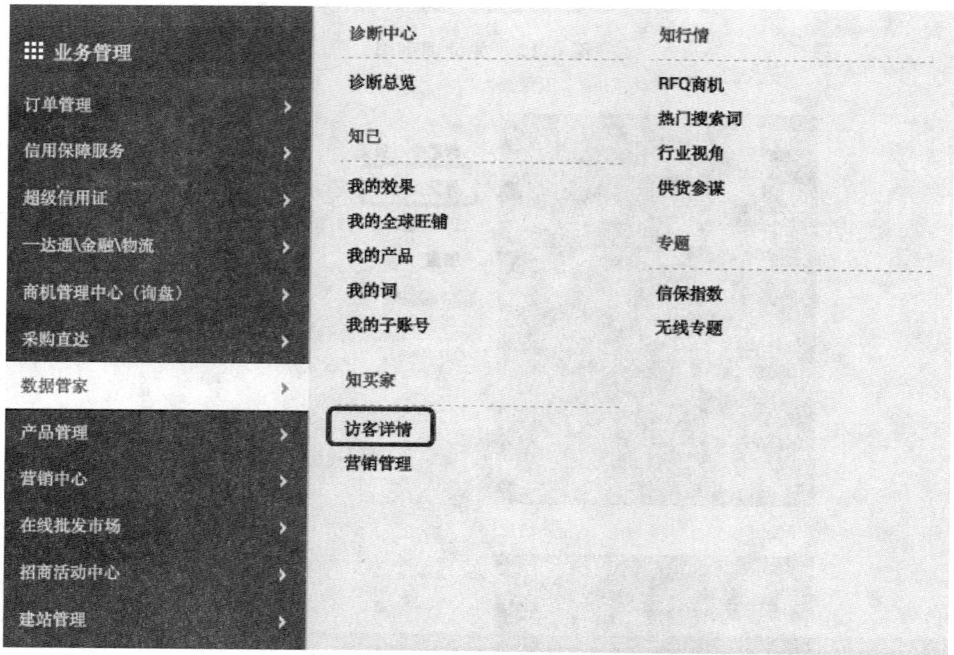

图 6.15 “访客详情”选项

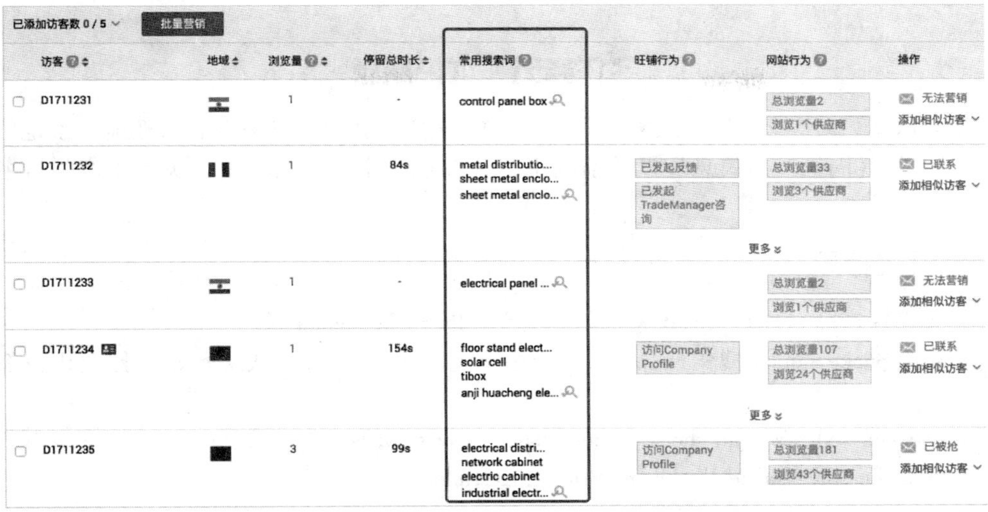

访客	地域	浏览量	停留总时长	常用搜索词	旺铺行为	网站行为	操作
D1711231		1	-	control panel box		总浏览量2 浏览1个供应商	无法营销 添加相似访客
D1711232		1	84s	metal distributio... sheet metal enclo... sheet metal enclo...	已发起反馈 已发起TradeManager咨询	总浏览量33 浏览3个供应商 更多	已联系 添加相似访客
D1711233		1	-	electrical panel ...		总浏览量2 浏览1个供应商	无法营销 添加相似访客
D1711234		1	154s	floor stand elect... solar cell tibox anji huacheng ele...	访问Company Profile	总浏览量107 浏览24个供应商 更多	已联系 添加相似访客
D1711235		3	99s	electrical distri... network cabinet electric cabinet industrial electr...	访问Company Profile	总浏览量181 浏览43个供应商	已被抢 添加相似访客

图 6.16　常用搜索词

二、关键词筛选（确定发布产品每个关键词与产品匹配）

首先，确定核心主打产品（确定词干）；其次，确定与产品高度匹配的核心关键词，采集与该核心关键词相关的关键词；再次，剔除与自己行业/产品不相关的关键词（Excel 筛选工具，文本筛选，剔除不相关属性）；最后，前台验证（第一页自然排名下，根据产品主图及产品属性判断 70% 以上产品相符，则该关键词可以使用）。

关键词搜集筛选完成之后形成关键词库，如图 6. 17 所示。

序号	类目一 Home > Products > Sports & Entertainment > Artificial Grass & Sports Flooring（3类产品都可以使用）	类目二 Home & Garden > Garden Supplies > Garden Ornaments & Water Features > Other Garden Ornaments & Water Features（景观、休闲类草坪可以使用）	类目三 Home > Products > Home & Garden > Garden Supplies > Garden Landscaping & Decking > Other Landscaping & Decking（非精准类目，可用但需慎用）	类目四 Home > Products > Home & Garden > Garden Supplies > Garden Landscaping & Decking > Artificial Plant > Artificial Grass（非精准类目，可用但需慎用）
1	artificial grass	lesiure grass	landscaping grass	
2	artificial turf	garden grass		
3	artificial lawn			
4	synthetic grass			
5	synthetic turf			
6	synthetic lawn			
7	artificial grass turf			
8	artificial turf grass			
9	fake grass			
10	grass artificial			
11	grass turf			
12	turf grass			
13	plastic grass			
14	plastic turf			
15	plastic lawn			

类目的使用原则：
1.客户给到我们的类目需要运营人员再次做检验是否正确
2.如客户无法提供产品类目，或客户并不清楚自己的产品类目有多少个的情况下，运营人员需要自己在前台搜索
3.查找类目以及检验类目是否正确的方法：通过确定的产品核心关键词去阿里前台搜索，查看自然排名靠前同行类目

关键词筛选原则：
1.确定词干之后，需要确定核心关键词（精准描述客户所做的产品），并找出核心关键词的不同说法
2.关键词需要经过筛选后才能使用，关键词需要与产品相匹配，对于不确定关键词，请在阿里巴巴前台进行搜索对比，确认之后再使用
3.关键词的个数为4-6个，字符数不要超过50个
4.标题一定要灵活优化

词干 | 核心关键词 | 产品属性词 | 用核心关键词导出的热搜词汇总 | 用核心词导出的Google关键词汇总 | 优化组合的标题 | 橱窗标题

图 6.17　关键词库

子任务五　优化标题

产品名称是买家搜索的第一匹配要素，名称的设置决定了买家是否能精准地搜索定位到产品，换句话说，（同等产品信息质量的前提下）产品名称书写是否专业，决定了产品排名是否靠前。

一、设置标题

（1）要确保产品名称和买家搜索词的相关性。以 Snake sandal 举例：

买家在用 Snake sandal 搜索产品时，以下三种标题描述方式，从文本相关性上讲，都是一样的。

①New model styles woman shoes summer snake print sandals 2014；

②2014 Ladies nice snake skin hemp sole wedge sandals；

③Thong sandal snake cross。

所以，不要盲目为了买家搜索词而不断开发新产品、重复铺货。

（2）产品名称中加 for 和 with 突出产品属性和用途的情况——标题中也可使用 with 或者 for，核心词在 with 或 for 前面。

China steel pipe export factory with astm din jis standard steel pipe

虽然这个名称中核心词 steel pipe 放在了最后，但是也是错误的，因为带有 with 或者 for，系统会判断 with 或者 for 前面的是核心词。

可以写成：steel pipe with ASTM DIN JIS standard

再举个例子：15 mm film faced plywood for construction

（3）产品名称长度问题——产品名称长度要适当。产品的名称能恰当地突出产品优势特性，最好不要过短，也不要过长。买家搜索词是有 50 个字符限制的，名称写得太长了就跟买家搜索词匹配度不高。产品名称即产品标题，是买家搜索的第一匹配要素。

（4）产品名称罗列和堆砌问题——不要把多个关键词在名称中重复累加。产品标题中含多个不同的名称，买家用这些不同的名称搜索都能搜索到该产品吗？其实，产品名称罗列和堆砌不但不会提升产品的曝光度，反而会降低产品与买家搜索词匹配的精度，从而影响搜索结果，影响排序。

（5）产品名称中的特殊符号——慎用特殊符号。产品名称中慎用特殊符号“/”　“ - ”“(　)”等，因为这些符号可能被系统默认成无法识别的字符，影响排序。如需使用，请在符号前后加空格。

（6）标题的属性源于产品的本身，即标题要准确代表产品的本身。

（7）标题要遵循语法和语言逻辑。

（8）标题中的任意一个属性词和词干搭配都是有热度的关键词。

二、选择核心产品

核心产品的选择标准如下：

（1）新品；

（2）高利润产品；

（3）主推的产品；

三、确定常用的词干

（1）买家最常用的词干；
（2）符合产品特性的词干。

四、确定核心关键词

（1）符合产品定义；
（2）有热度；
（3）易于排名。

标题才是最大的关键词，它具有无序性、可自由组合、去符号性的特点。一个好的标题，必然具备多关键词引流特征，因此标题能匹配的关键词越多越好。

五、优化组合标题

标准：符合产品，利于国际站搜索排名，符合语言语法逻辑，长度为 45 ~ 64 字符，不能有特殊字符。

怎样做：在 Excel 中制作标题，词干位于末尾，热度越高越靠近词干，热度从右往左呈降序梯级，用 K1、K2、K3 来表示。

例如：

sublimation imported	2018 world cup	soccer jersey
K3	K2	K1

子任务六　处理图片

产品图片是对文字描述的补充，使用图片直观展示产品，让买家在浏览产品时获得更多的产品细节特征，丰富的高品质图片会大大影响买家购买欲。

主图要求：

①图片大小不超过 5 M；

②图片尺寸大于 600 像素 ×600 像素（近似正方形，长和宽的比例在 1:1 ~ 1:1. 3 或 1. 3:1 ~ 1:1 之间）；

③浅白底或虚化素色自然场景；

④商品展示主体大小合适，构图居中；

⑤LOGO 建议在左上角摆放，英文为优；

⑥图片数量在 3 张以上，要展示正面、背面、侧面、细节（产品或标签细节）；

⑦无边框，无水印，不宜拼图（避免干扰产品信息）；

⑧图文一致。

主图要求如图 6. 18 所示。

主图视频要求：

①主图视频分辨率 640 像素 ×480 像素以上，单个视频大小不超过 100 M；

②视频总时长控制在 45 秒以内；产品展示视频时长不少于 20 秒；

③不同行业、不同类型的产品，突出展示产品特点或者应用场景。

主图视频要求如图 6. 19 所示。

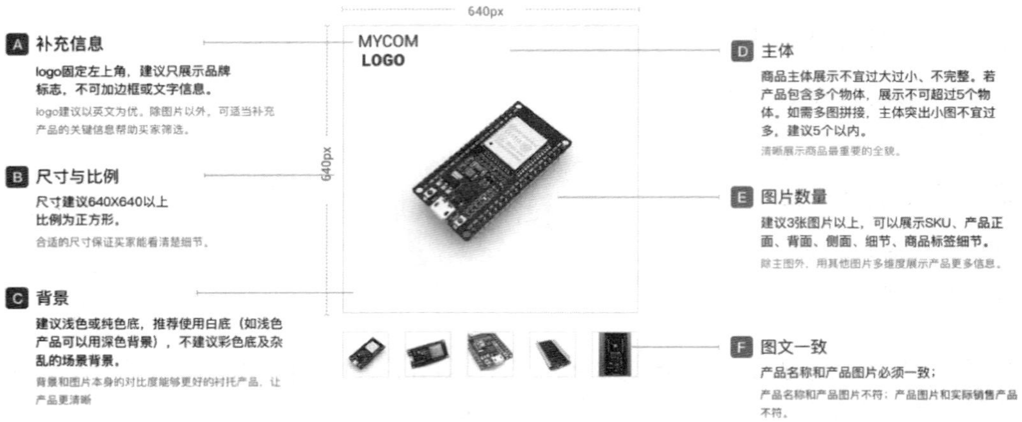

图 6.18 主图要求

图 6.19 主图视频要求

主图视频展示在产品主图第一张，如图 6.20 所示。

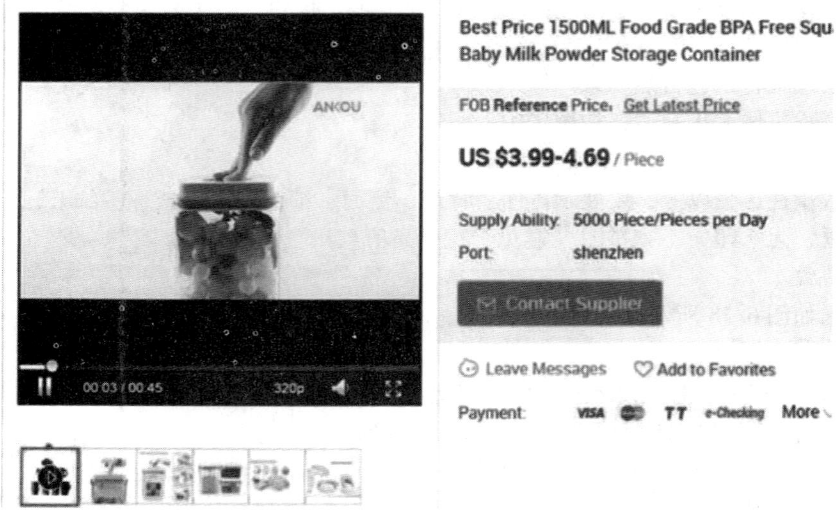

图 6.20 主图视频展示位置

子任务七　填写产品属性

产品属性是对产品特征及参数的标准化提炼，便于买家在属性筛选时快速找到产品。

填写要求：填全系统给出的属性。

一个属性等于一个展示机会，所以需填全系统给出的属性，必要的时候可以添加自定义属性，更全面地描述产品信息。属性字段分为标准属性和自定义属性，标准属性只能选择属性值；自定义属性的属性名和属性值都需要手动添加，如前面空格填写 Color，后面空格填写属性值 Red 即可，自定义属性最多可以添加 10 个。产品属性信息不建议包含特殊符号。

产品属性框如图 6.21 所示。

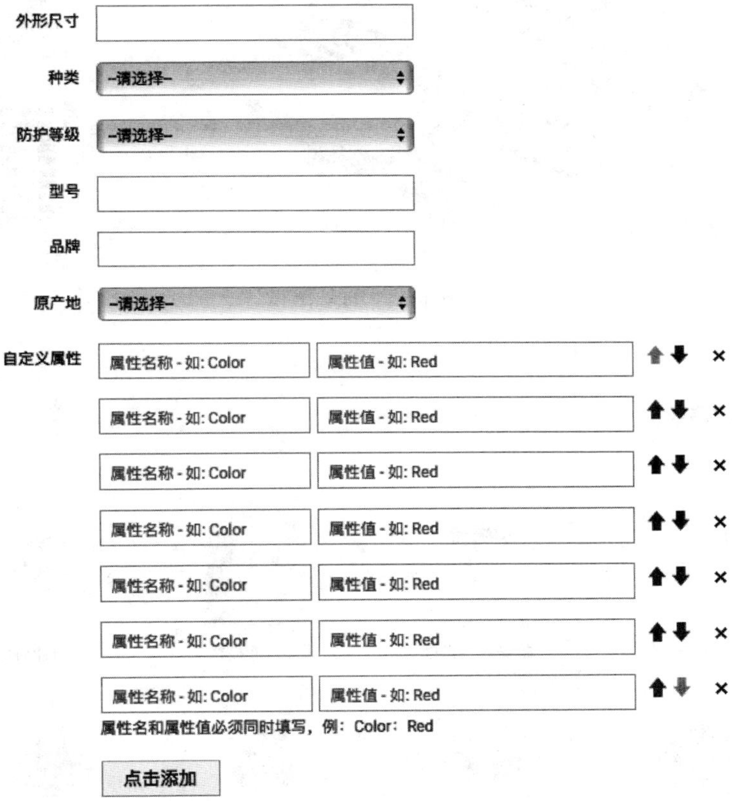

图 6.21　产品属性框

子任务八　产品详情页上传

（1）根据详情页文案，用 PS 完整设计后切片上传。

（2）使用系统智能详情页模板进行详情页制作。

"My Alibaba"—"产品管理"—"发布产品"—"智能编辑"，根据行业选择合适的详情页模版，如图 6.22 和图 6.23 所示。

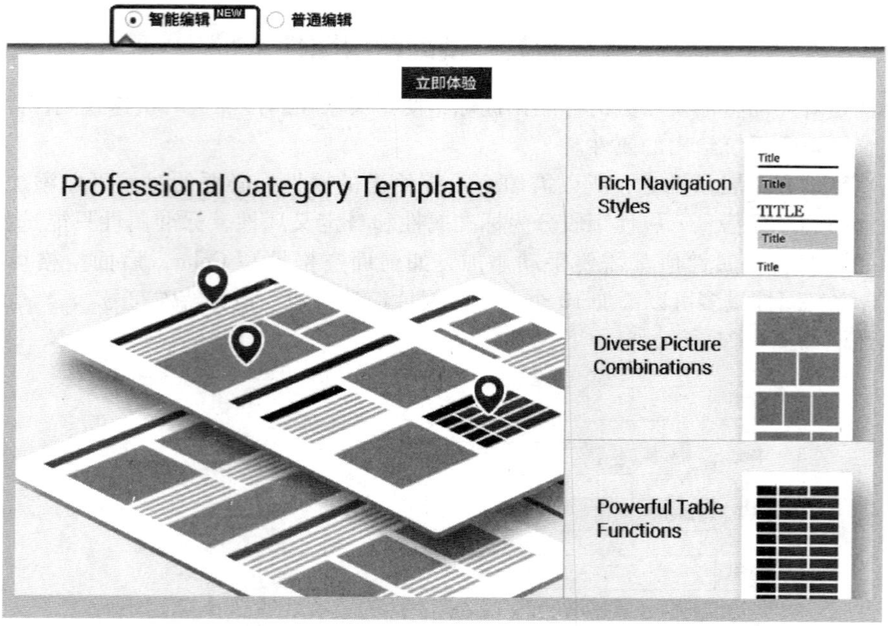

图 6.22　智能编辑

图 6.23　详情页模板选择

选择好模版，可根据推荐的版式上传文字和图片信息。系统会提供基本的导航模版，用户也可自己添加更多模版，如图 6. 24 所示。

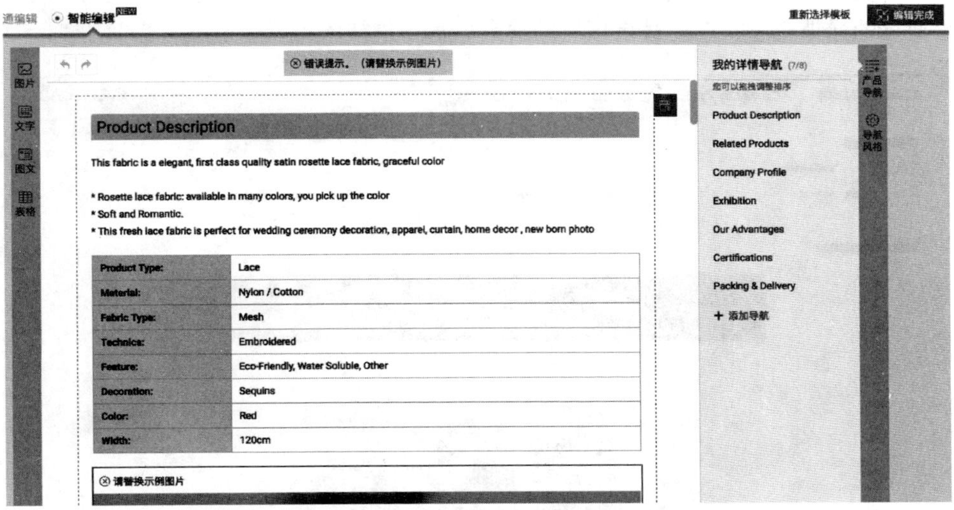

图 6. 24　产品属性编辑界面

若自己添加并删减板块，可选择最左边工具栏进行图片、文字、表格版式调整，如图 6. 25 所示。

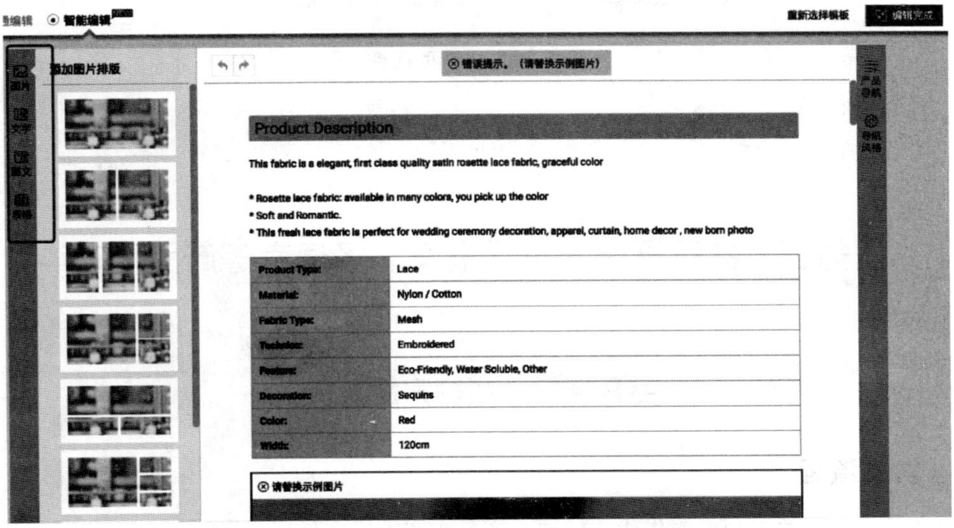

图 6. 25　调整版式

编辑完成后单击右上角“编辑完成”按钮保存。

（3）上传详情页视频。在国际站卖家不仅可以选择在产品主图模块展示视频，同时也可以根据产品展示特点需求上传详情视频，功能特点如下：

在视频银行上传详情视频——在产品发布后台选用详情视频；

通过审核的详情视频，将会展示在产品详情描述的上方；
单个详情视频时长不超过 10 分钟，大小不超过 500 M；
为了便于卖家进行更多优质主图视频和详情视频内容的发布，视频银行空间为 3G；
审核通过的详情视频，在产品选用后的前台展示场景如图 6.26 所示。

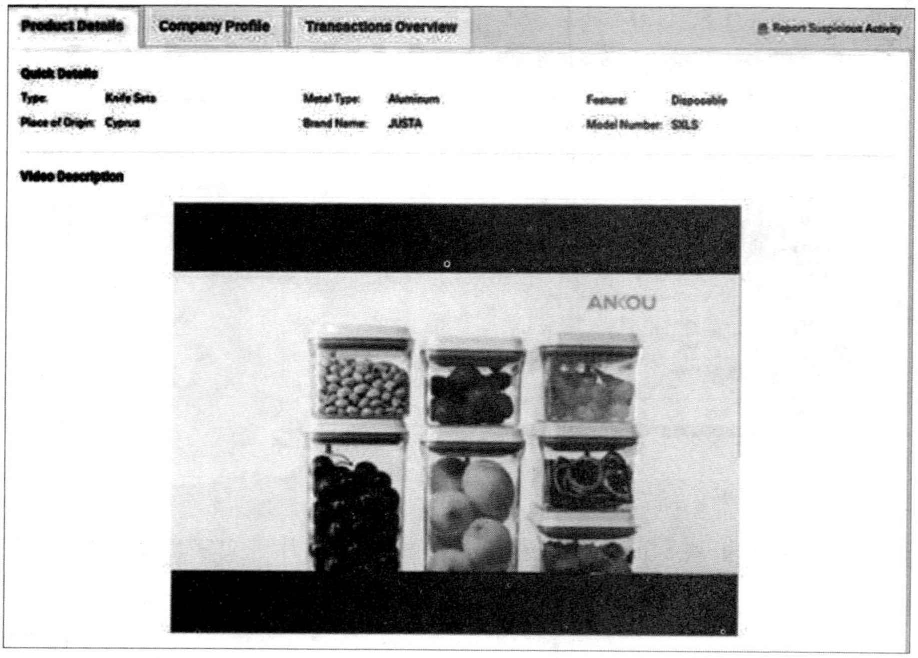

图 6.26　详情页视频

任务三　熟悉橱窗、在线批发、多语言等产品发布

子任务九　橱窗产品发布

一、发布流程

选取产品—选取关键词—制作优质标题—产品主图拍摄、处理—详情页上传。

阿里巴巴会员可以将主推的产品设为橱窗，在同等条件下的搜索页面中，橱窗产品的排序优于非橱窗产品。

二、橱窗产品优势

（1）优先排名，同等条件下橱窗产品享有优先排名的机会；
（2）拥有公司的网站首页推广专区，提升主打产品的主打优势；

（3）展示店铺形象，直观了解店铺的主打产品，产品自定义推广。

进入："产品管理"—"管理橱窗产品"。"管理橱窗产品"选项界面如图 6.27 所示。

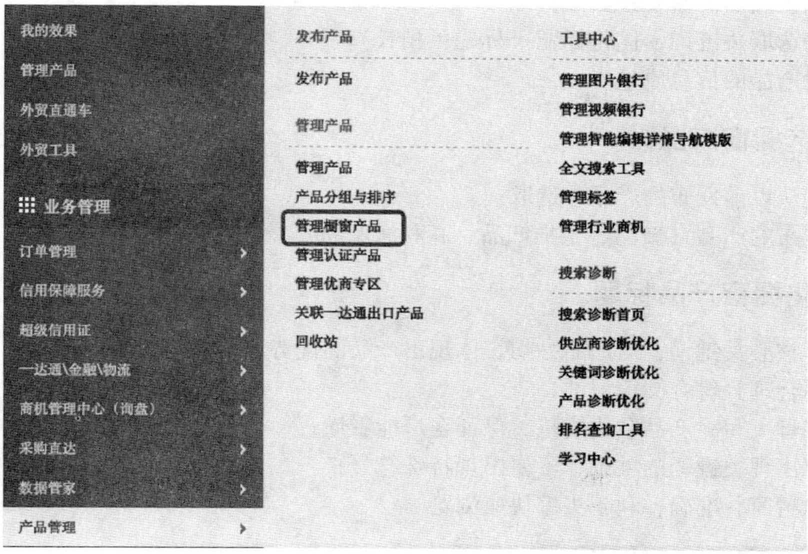

图 6.27　"管理橱窗产品"选项界面

进入："营销中心"—"橱窗"。"橱窗"选项界面如图 6.28 所示。

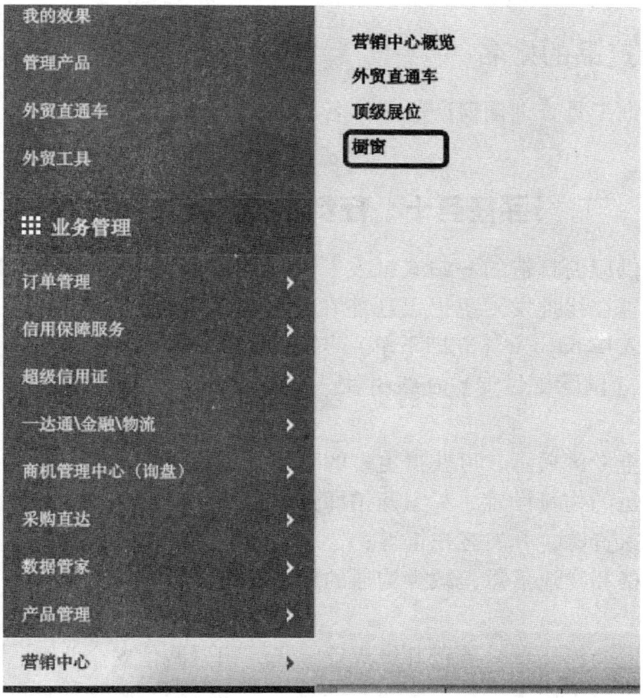

图 6.28　"橱窗"选项界面

三、橱窗产品发布要点

（1）采取正确的橱窗设置方法；
（2）准确选取关键词，优化标题（标题可稍长）；
（3）重视产品的信息质量。

四、挑选橱窗产品

（1）直接从以前发布的产品中选取；
（2）新发布的产品（新品、主推产品、高利润产品）。

五、优化橱窗产品标题

（1）包含核心关键词，与产品贴切，体现出产品的优势；
（2）顺序合理且符合阅读习惯；
（3）首字母大写，产品名称规范，保证客户能看懂；
（4）不要出现关键词的堆砌，不要出现特殊符号；
（5）名称精简、准确，利于买家快速浏览。

六、确定需要调整的橱窗产品

（1）零效果产品；
（2）有曝光没有点击的产品。
（3）有曝光有点击没有反馈的产品。

七、查询橱窗产品的排名

可以利用排名查询工具查询橱窗产品的排名。

子任务十　在线批发产品发布

阿里巴巴免费为供应商打造的一站式批发和在线交易平台满足了供应商轻松消化国际贸易小额批发的需要。除了在线批发阿里巴巴还能在专区展示 detail（商品细节），突出产品价格及运费信息，凸显下单入口 baynow（立即下单），有独特的“购物车”功能，买家可以直接下单并通过阿里巴巴 Esckow（国际支付宝）在线付款。

（1）优势：
①在线批发在黄金专区展示，可获得更多的曝光、更高的点击率，具有更强的灵活性；
②支持快递和空运的物流设置，买家即拍即付，快速获得订单；
③获得更多的买家资源，开发客户渠道；
④提供明确的价格和物流信息，减少沟通的成本。
（2）价值：
①卖方：在线批发轻松接单，免费升级双重曝光，积累诚信安全收款；
②买方：轻松下单减少成本，支付便捷安全交易，在线交易收货便捷。
（3）发布流程：
①“My Alibaba”—“在线批发”—“发布产品”；

②选择英语市场、产品类目，确定发布规则；

③填写基本信息、属性、交易信息，在填写交易信息时选择在线批发，并正确填写交易字段，发布产品后，在管理产品中可查看自己的批发产品。

子任务十一　多语言产品发布

阿里巴巴多语言市场是在2013年7月17日正式向供应商开放，且独立于阿里巴巴国际站（英文站）的语种网站体系。其现有15种语言，11个市场已开放产品发布功能：西班牙语、日语、葡萄牙语、法语、俄语、阿拉伯语、德语、意大利语、越南语、土耳其语、韩语供应商自主发布的产品，搜索排名优先；4个市场暂未开放产品发布功能：泰语、荷兰语、希伯来语、印度尼西亚语网站产品仅基于英文网站自动翻译产品。多语言站点排序规则的考量点和英文网站基本一致，在诚信因素、文本相关性、信息质量这几个方面，增加了原发产品激励因素。

多语言市场编辑流程：“My Alibaba”—“多语言市场”，选择要编辑的市场，然后单击“管理机器翻译产品”按钮，即可翻译该产品信息，如图6.29所示。

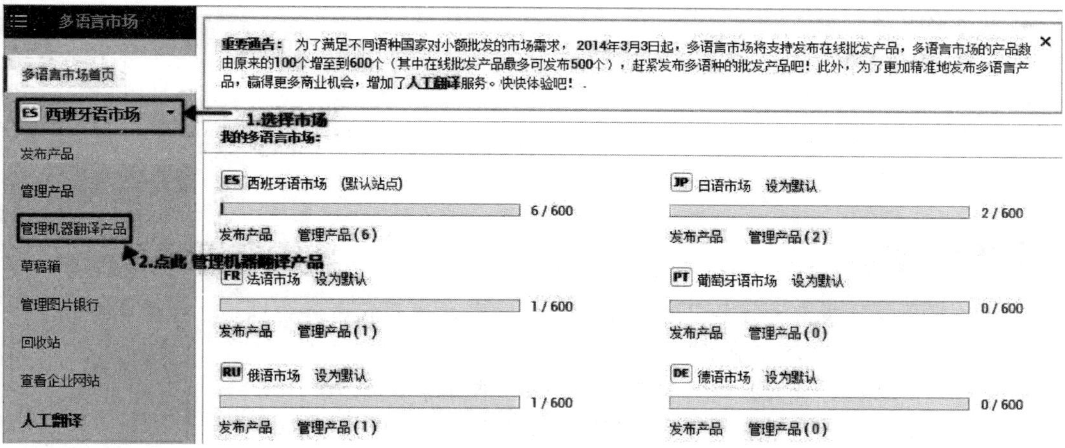

图6.29　“多语言市场”编辑界面

项目七

P4P（外贸直通车）

★ 知识目标

★ 了解 P4P 相关名词概念
★ 熟悉 P4P 展示规则
★ 掌握 P4P 扣费规则
★ 掌握 P4P 操作流程
★ 掌握 P4P 数据分析
★ 掌握 P4P 优化方法

★ 技能目标

★ 能够根据操作指南进行 P4P 相关操作，包括添加产品、添加关键词、关键词分组、关键词竞价、设置优先推广等实务操作
★ 能够对 P4P 的经营数据进行整理分析，制作店铺运营数据表
★ 能够看懂并分析 P4P 账户报告、P4P 关键词报告、P4P 产品报告

任务一　了解 P4P 相关名词概念

P4P（外贸直通车）是阿里巴巴国际站的推广资源位，免费展示产品信息，并通过大量曝光产品来吸引潜在买家，并按照点击付费的全新网络推广方式进行推广。客户的每一次点击会为网站带来真实的流量或是潜在的消费者，加上点击率限制就可以加强作弊的难度，是宣传网站站点的最优方式。

一、P4P 首页相关名词

P4P 首页相关名词如图 7.1 所示。此处显示的是账户处于正常推广状态下的信息展示，但是当账户处于不正常状态时，就会出现“账户冻结”“账户休眠”“无推广信息”等提示。下面对这些不正常推广状态下的名词进行说明，后文也将对正常推广下的各种名词进行详细解释。

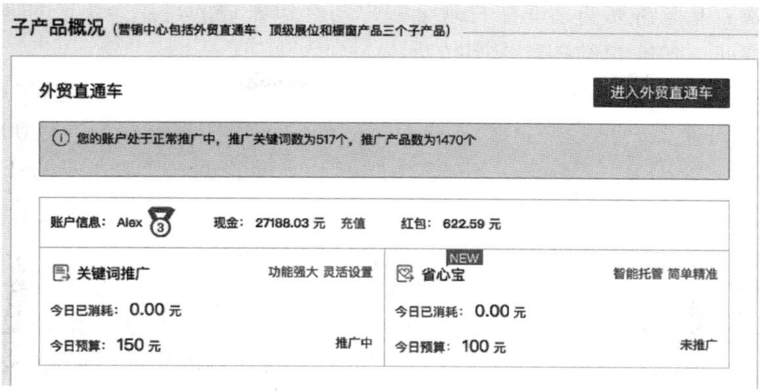

图 7.1 P4P 首页相关名词

账户冻结：当该外贸直通车账户为冻结状态时，显示推广状态为“未推广　该账户目前处于冻结状态，已停止所有推广”。

账户休眠：当该外贸直通车账户长期欠费后，账户就会进入休眠状态，看不到外贸直通车的后台操作界面，页面显示“前去充值”；当该外贸直通车账户长期未产生消耗，也看不到外贸直通车的后台操作界面，页面显示“前去激活”。

无推广信息：当该外贸直通车账户为正常状态、账户余额大于 0，且该账户没有创建任何推广信息时，显示推广状态为“未推广　该账户还没有创建推广信息，现在就去创建推广信息”；单击创建推广信息链接到创建推广信息页面。

推广信息全部暂停：当该外贸直通车账户为正常状态、账户余额大于 0，且该账户有创建完成的推广信息但是全都设置为“暂停”状态时，即快捷推广和关键词推广均暂停，将显示推广状态为“未推广　目前该账户的推广信息全部处于暂停投放状态，现在就去激活推广信息”。

账户欠费：当该外贸直通车账户为正常状态且账户余额小于等于 0 时，显示推广状态为“未推广　该账户欠费，已停止所有推广，请及时充值”；单击充值链接到充值页面可进行支付宝在线充值。

达到每日预算限额：当该外贸直通车账户为正常状态、账户余额大于 0，且今天的消耗总额已经达到设定的日广告预算时，所有推广信息都被拉下线，显示推广状态为“未推广　您今天推广总消耗额已达预算限额，您可以提高每日预算以延长投放时间”。

二、P4P 推广相关名词

P4P 推广相关名词如图 7.2 所示。

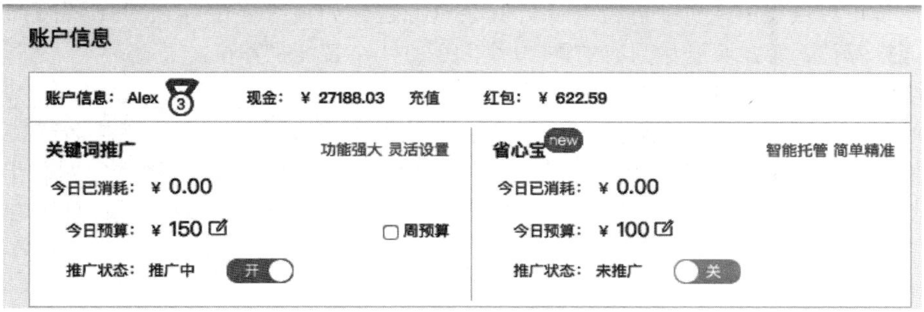

图 7.2 P4P 推广相关名词

账户可用余额：指该外贸直通车账户现金账户与红包账户的可用余额。如遇账户余额不足，推广服务将自动终止，按账户的扣款规则扣费。

今日已花费：实时显示该外贸直通车账户今日已经产生的现金＋红包扣费金额，系统会按照该账户红包和现金账户的余额等比例扣除，例如，该账户现金账户有 8 000 元，红包账户有 2 000 元，每消耗 100 元，系统会从现金账户扣除 80 元，红包账户扣除 20 元。

每日投放预算上限：显示该外贸直通车账户当前设定的日最高推广消费上限额。

推广产品数：表示已经选择进入外贸直通车推广的产品数量。

在线推广关键词数：指该外贸直通车账户在线时，处于启动状态的关键词数量。

快捷推广：一种相对于关键词推广更加快捷的设置方式，仅需要设置统一出价和每日预算即可，系统会根据买家的实时搜索词跟该账户所有加入 P4P 推广的产品匹配，将最匹配的信息根据该外贸直通车账户统一出价展示在对应 P4P 的广告位上。

通用账户：通用账户中的钱是该账户可以自由支配的，可以用来购买阿里巴巴的各种服务，也可以提现到自己的银行卡。

三、效果相关名词

P4P 效果相关名词如图 7.3 所示。

图 7.3　P4P 效果相关名词

曝光量：显示最近 7 日在搜索结果页面通过外贸直通车推广获得的买家浏览量的情况。

点击量：显示最近 7 日整个账户由外贸直通车推广获得的点击量的情况。

花费：显示最近 7 日整个账户的财务消耗情况，精确到小数点后两位，单位是元。

推广时长：显示最近 7 日整个账户的在线推广时间。

任务二　熟悉 P4P 展示规则

通过出价可以获得第一页前五位（除开其余资源位，如顶级展位等）、每页右侧 10 个和下方 4 个智能推荐位，第二页开始只有右侧 10 个和下方 4 个智能推荐位。

P4P 搜索排名位置如图 7.4 所示。

无线端排序—App：无顶级展位产品，P4P 产品为前 10 个，后面都是自然排名产品。

无线端排序—浏览器：有顶级展位情况下第一个为顶级展位产品，接着为两款 P4P 产品，然后是自然排名产品，再是两款 P4P 产品，直到 P4P 产品显示满 15 个为止，后面都是自然排名产品。

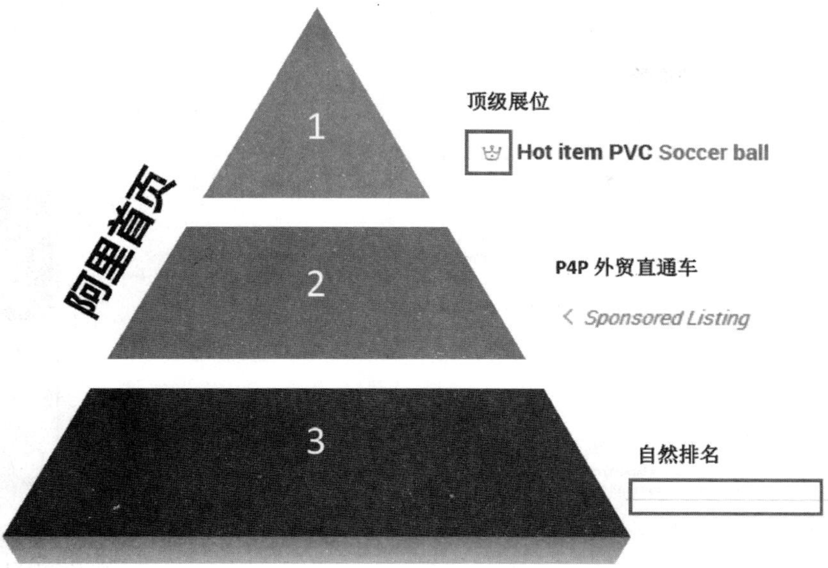

图 7.4　P4P 搜索排名位置

一、P4P 排名规则

P4P 的排名规则按照推广评分 × 出价来计算，乘积越大，排名越靠前，且数据动态会实时更新，相同得分，取最近更新者。

推广评分为 3～5 星的词有资格通过出价的方式在前五名展示，如图 7.5 所示。

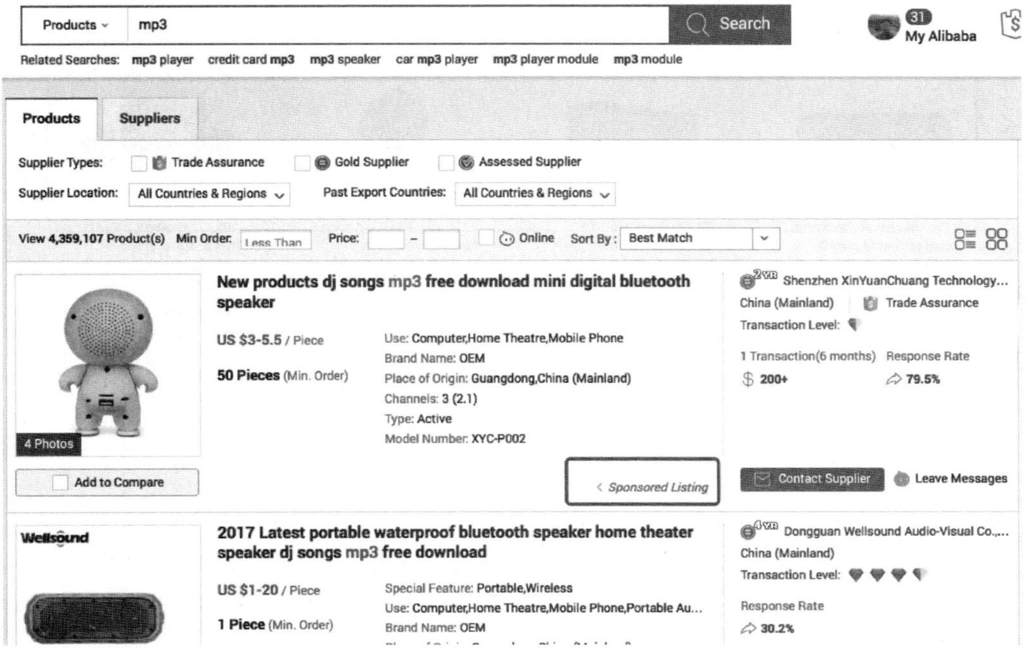

图 7.5　搜索展示（一）

推广评分为 1 或 2 星的词只能在每一页右边 10 个或者下方 4 个智能推荐位上被展示出来，如图 7.6 和图 7.7 所示。

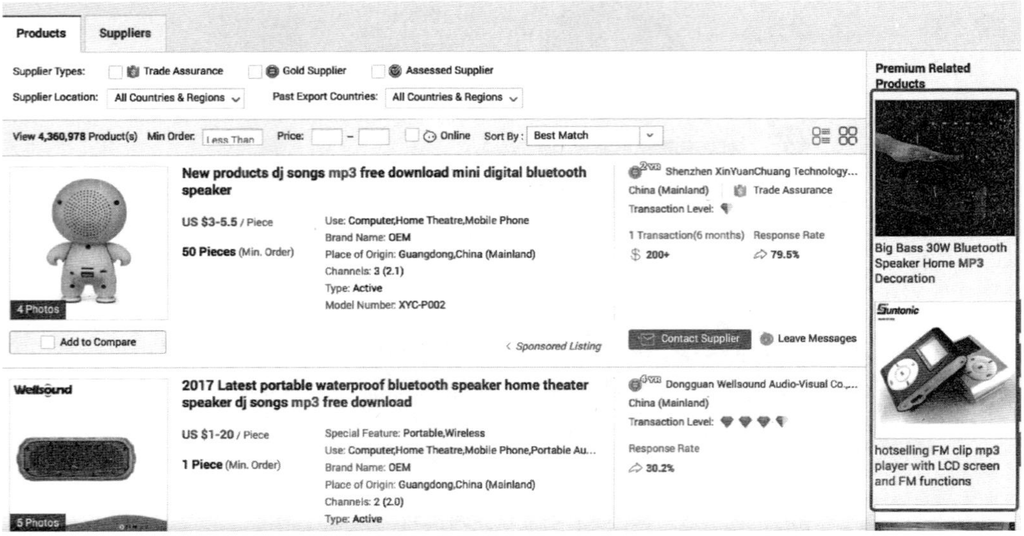

图 7.6　搜索展示（二）

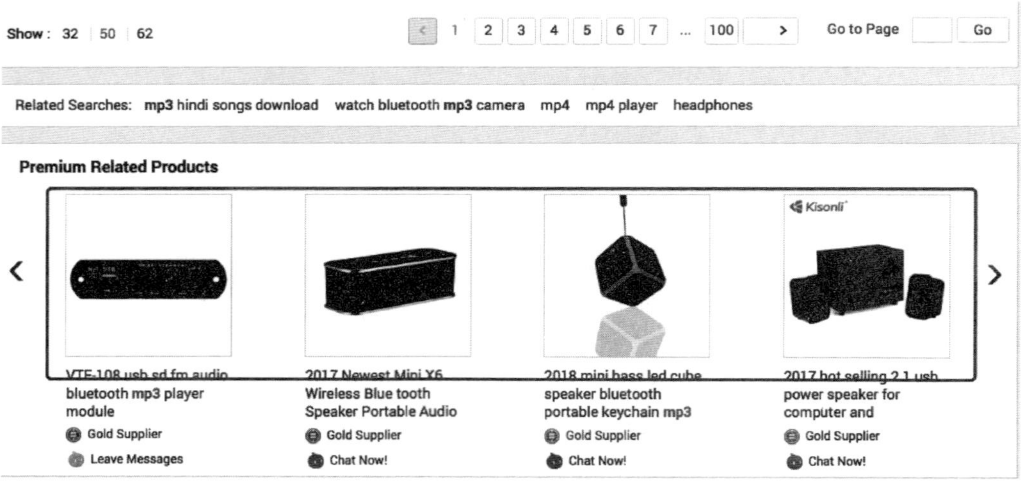

图 7.7　搜索展示（三）

二、推广评分

推广评分（即星级）是用来衡量关键词和产品的相关程度以及产品的信息质量的，分为 1 ~ 5 星，在外贸直通车推广中，推广评分是影响产品的推广展示区域以及排名的重要因素之一。单一的产品是没有评分可言的，只有跟关键词匹配之后才会有推广评分的概念。

推广评分等级如表 7.1 所示。

表 7.1 推广评分等级

星级	产品与词的相关度	产品的买家喜好度（转化率）
★	低	低
★ ★	低	较高
★ ★ ★	高	低
★ ★ ★ ★	高	较高
★ ★ ★ ★ ★	高	高

其中，推广评分为 5 星、4 星、3 星的关键词，表示推广信息有资格进入主搜索结果页面，且 4 星、5 星代表该关键词点击率较高，而 3 星词则需要进一步提升点击率；推广评分为 2 星、1 星的关键词，表示需要通过更换关键词或者优化产品信息等方法，提升推广评分星级，使其有资格进入主搜索结果页面；推广评分的 5 颗星全灰，表示该推广信息无法参与正常投放，需要为这样的词添加相关的产品，或者删除这些关键词。

三、星级优化

可以在外贸直通车后台进行以下操作，以进行星级优化：“营销中心”—“外贸直通车”—“优化工具”—“质量分优化”。

这里将所有目前需要优化的 1 ~ 3 星潜力关键词的提升点进行了展示，只需要单击“优化”按钮即可进入产品信息编辑界面，此报告可在左上角下载。

质量分优化界面如图 7.8 所示。

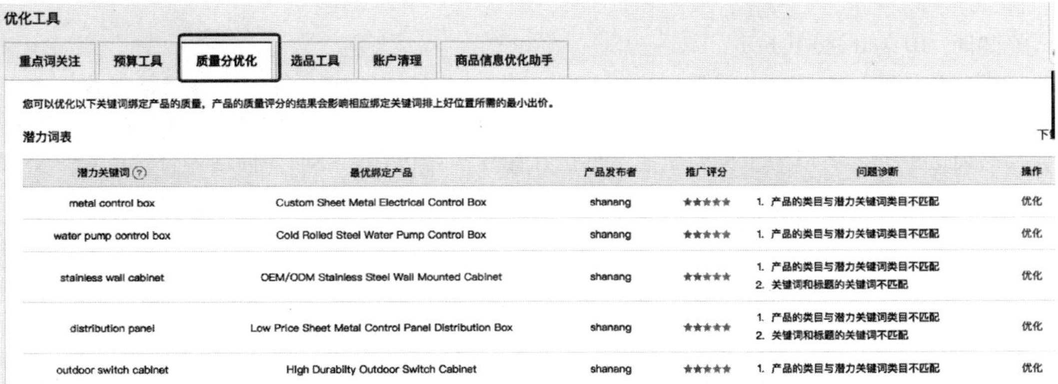

图 7.8 质量分优化界面

星级优化主要从以下几方面入手（图 7.9）：

（1）产品类目是否准确，尽量避免放在 Others 类目下，尽量使用发布产品时的推荐类目；

（2）产品名称及产品描述是围绕关键词进行确定的，应与关键词紧密相关，且产品信息质量应尽可能好；

（3）是否符合买家喜好度，点击率是否高等。

星级优化主要有两块内容：关键词与产品的匹配、产品信息质量的完善。

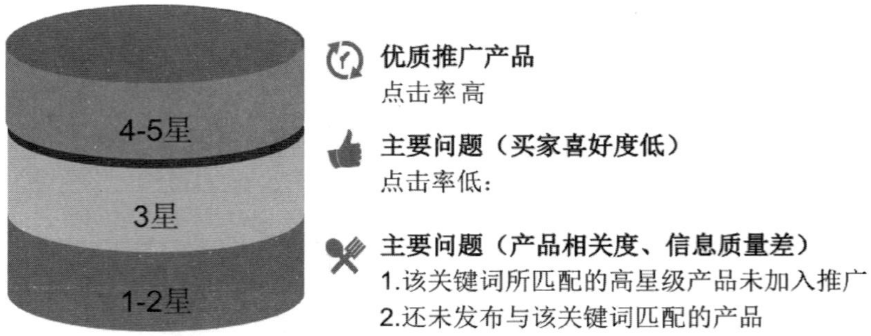

图 7.9　质量分优化策略

（1）关键词与产品的匹配。匹配其实与关键词是否完整包含在标题中有关，如图 7.10 所示。

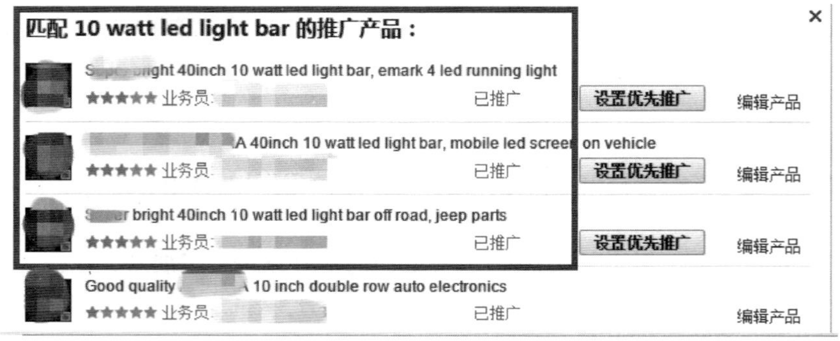

图 7.10　关键词与产品的匹配

关键词：10 watt led light bar

前三个产品都是 3 星，也就是说可以通过出价的方式排到前五名，标题完整包含该关键词（几个单词不是拆分包含在标题中），但是后面一个产品只有 1 星，标题仅仅包含部分关键词，甚至找不到这个词。所以为了提高星级，尽量在标题末尾包含关键词；标题要符合逻辑，不能堆砌词汇，要合理地展现产品属性。

（2）完善信息质量。信息完善的要求如表 7.2 所示。

表 7.2　信息完善的要求

产品发布表单字段	作用	要求
产品图片	给买家一个最直观的感受	清晰
产品标题	和买家的搜索想法相匹配	明确
关键词	对产品名称的二次确定，方便机器快速抓取	与产品名称不冲突
产品类目	便于买家系统方便地浏览产品	不要放错
产品属性	方便买家快速筛选	填全
简要描述	最吸引买家眼球的广告语	区别他人
详细描述	多维度地向买家介绍产品	结构化，专业丰富
交易条件	买家非常关注的部分，对供应商能力的评价	填全

任务三 掌握 P4P 扣费规则

P4P 每次实际的点击花费，取决于自己和其他客户的排名关系、出价和推广评分，并不是实际出价多少，点击后就扣费多少（扣费≤自己的出价）。具体扣费规则如下。

（1）当产品排在竞争该关键词产品的最后一名时，或者产品是这个关键词下曝光的唯一一个推广产品时，则所需要支付的价格为该关键词的底价。

（2）在其他情况下，点击价格 =（下一名客户的出价 × 下一名客户的推广评分）/ 自身的推广评分 +0.1（元）。

因此，产品信息质量越好、产品与推广的关键词越匹配、买家喜好度越高，那么扣费就会越少，且系统根据算法判断该客户的点击为重复点击时，则不扣费；中国大陆的点击与尼日利亚的点击也不扣费。

P4P 扣费计算展示如表 7.3 所示。

表 7.3 P4P 扣费计算展示

项目	第一名	第二名	第三名	第四名	第五名	第六名
出价	12	11	11	10	8	7
推广评分	20	20	10	10	10	10
推广评分 × 出价	240	220	110	100	80	70
扣费	11.1	5.6	10.1	8.1	7.1	

任务四 掌握 P4P 操作流程

一、选择产品加入推广标准

选择产品推广的判断因素如下：

（1）高转化率的产品：通过点击转化成询盘高的产品；对应关键词排名较好的产品。

（2）重点推广的产品：公司订单热卖产品；公司开发的新品；公司季度主打的产品。

（3）新打造的爆款：新发布的产品；为了快速积累权重，需要提高排名的产品；能够匹配多个关键词的产品。

二、添加推广产品的流程

添加产品的流程如下：“业务管理”—“营销中心”—“外贸直通车”—“推广产品设置”。

根据产品分组逐个选择需要推广的产品单击“加入推广”按钮。

新增产品默认设置为“加入推广”，则新发布产品默认直接加入 P4P 进行推广；设置为“暂不推广”则不加入，可手动选择产品加入推广，如图 7.11 所示。

图 7.11 添加推广产品

三、关键词的搜集途径

搜集产品关键词并添加到关键词库，其搜集途径如下。

（1）热门搜索词、行业视角、访客详情、我的词、我的产品 - 词来源。

（2）P4P 词表。该类推词都是系统基于店铺产品推荐的，例如：

搜索相关词：与搜索结果相关的词；

综合推荐词：系统综合推荐的词；

高转化词：在具有相关性的条件下，系统推荐的具有高点击转化率的关键词；

低成本词：在相关性基础上，系统推荐的一些买家搜索的但竞争较小的蓝海词；

同行推词：在与产品相关的基础上，系统推荐给同行起到过效果的关键词；

网站热门：在相关性的条件下，具有买家搜索热度的关键词；

行业词表：按照行业划分，系统推荐的与行业相关度较高的关键词；

我的效果词：历史上，买家搜索过并为自己带来曝光、点击率或反馈的关键词，这类关键词的搜集的主要目的是未来对有效果的 P4P 关键词出价进行掌控；

新增商机：在与产品相关的基础上，买家最近七天搜索过的关键词，代表着最新的采购需求。

（3）平时积累。

谷歌搜索［全球商机洞察、Google AdWords、Google trend、Semrush（SEO）］；

阿里前台的下拉词；

产品详情页的相关产品推荐等。

四、添加关键词的步骤

添加关键词的步骤：“业务管理”—“营销中心”—“外贸直通车”—“推广工具”—“关键词工具”。

将搜集的关键词复制粘贴到加词清单或者直接通过单击 P4P 相关搜索和系统推荐词将之加入加词清单（每次最多添加 500 个关键词），单击“下一步”按钮并确认，如图 7.12 所示。

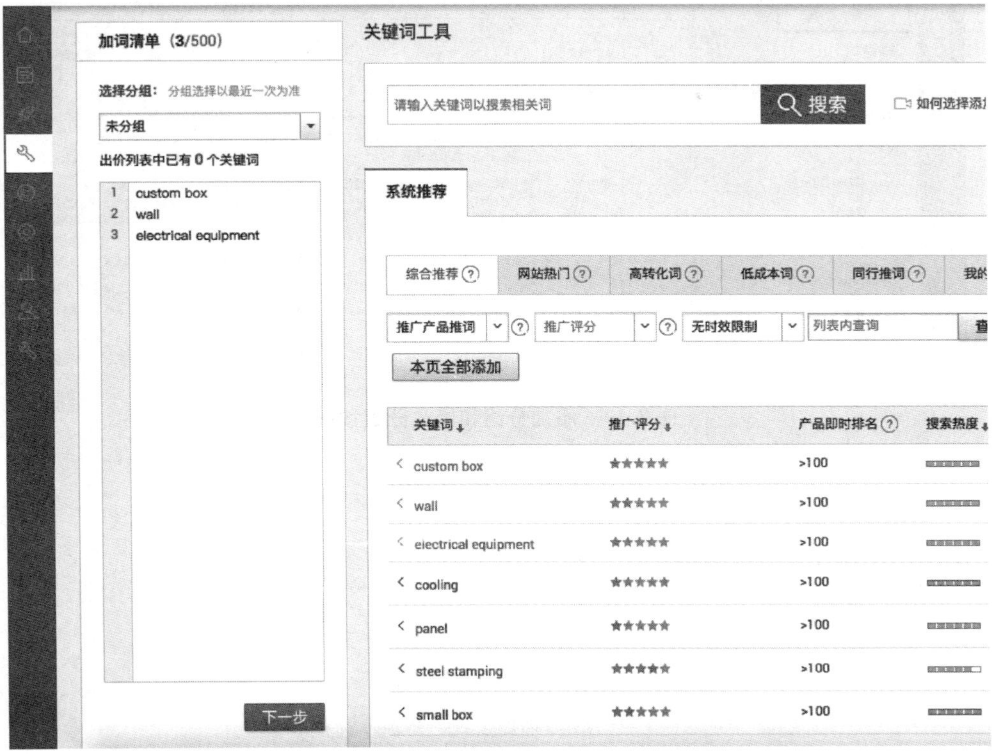

图 7.12 添加关键词

五、关键词分组

（一）分组方式

（1）按产品种类分组（便于重点关注核心产品关键词价格和排名）；

（2）按星级分组（关注关键词星级变化，便于进行推广评分优化）；

（3）按产品价格分组（分辨高价词、中价词、低价词，及时合理地出价以调整排名；掌握关键词价格变化）；

（4）按产品热度分组（区分关键词冷热度，中高热度词要重点关注）；

（5）按产品效果分组（根据曝光、点击数据分析和推广优化，及时调整推广策略）。

（二）分组操作

（1）添加关键词之后，单击“下一步”按钮可直接调整分组；

（2）可在推广管理中单击“新增关键词组”和“修改所属组”按钮，调整分组如图 7.13 和图 7.14 所示。

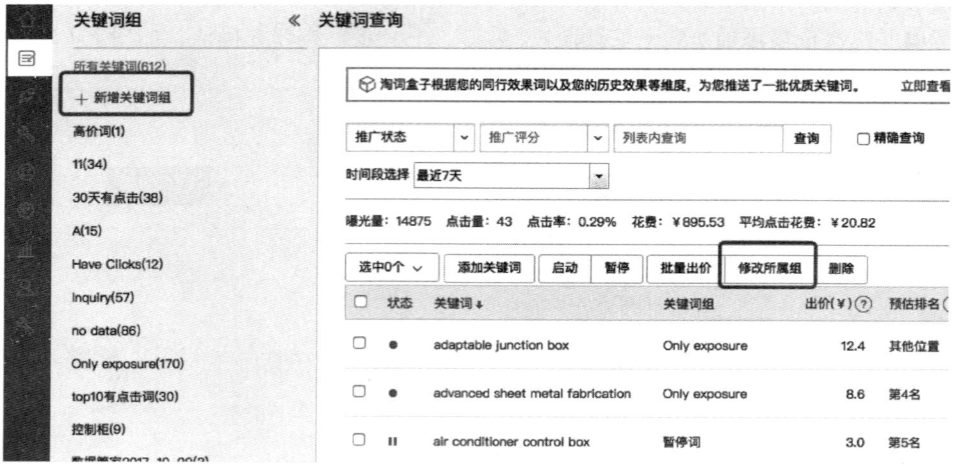

图 7.13　添加分组和修改分组按钮

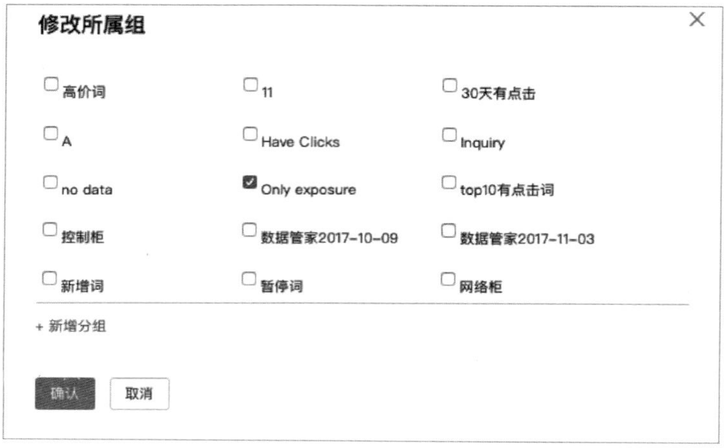

图 7.14　修改分组操作

六、关键词竞价

（1）关键词底价是指为获得在该关键词下的投放展示机会，需要设定的最低出价。关键词底价是由关键词的商业价值决定的，可以将其生动地理解为起拍价。

此刻进前 5 名需最低价实时更新，该价格受推广评分及供应商出价竞争影响。

（2）推广开始时间：美国西部时间 0 时；北京时间下午 3 时至次日 3 时；北京时间下午 4 时至次日 4 时。

（3）调价优先级：重点词组、高热度词、高点击率词先调整。

（4）出价原则：

不相关词：不出价，直接删除；

高流量泛词：出底价；

高流量精准词：根据公司实际情况出价竞争前 5 名；

低流量精准词：出高价确保前5名；

高星级：出高价保排名。

P4P出价策略如图7.15所示。

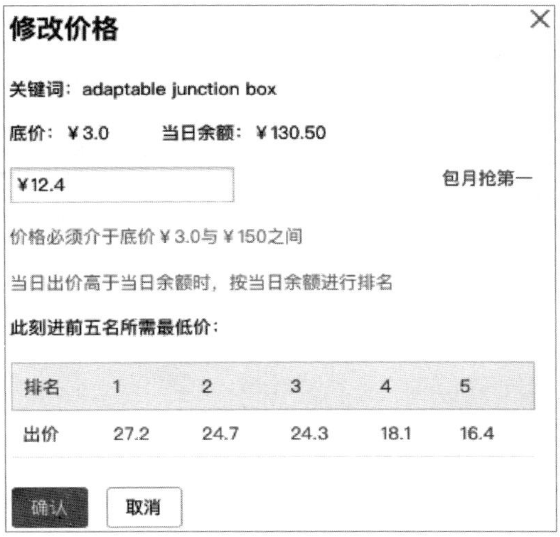

图7.15 P4P出价策略

七、设置优先推广

采用外贸直通车进行推广时，关键词与产品的匹配关系是多对多关系，即一个关键词可以匹配多个相关产品，如果想在指定的关键词下展示指定的产品，需要使用“产品优先推广”设置功能。一个关键词最多只能设置一个产品优先推广，且只有推广评分为3星及3星以上的关键词才能设置对应产品的优先推广。如果关键词为1星或者2星，则可修改该词对应的产品信息，将推广评分提升为3星及以上，之后再进行设置。

优先推广设置步骤：

第一步：进入推广管理界面，找到想要重点推广的关键词，单击该关键词所在行最右侧的“推广产品数”指标下的具体数字。推广管理界面如图7.16所示。

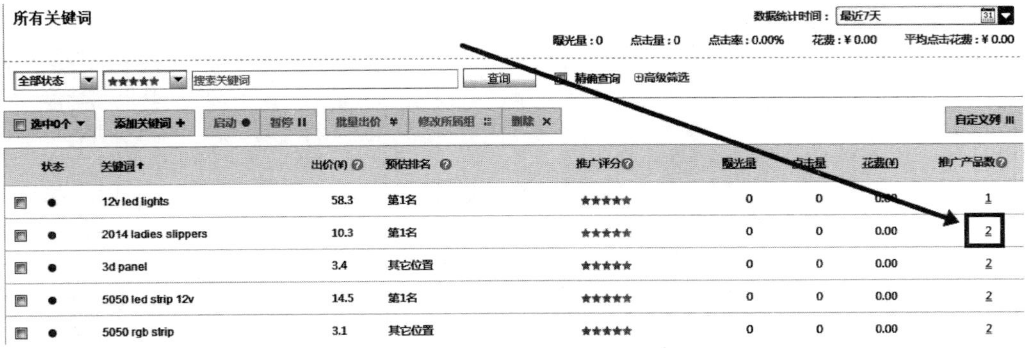

图7.16 推广管理界面

第二步：出现“匹配××关键词的推广产品”对话框，选择要优先推广的产品，单击“设置优先推广”按钮，即设置成功。在此之后，买家如搜索该关键词，将优先展示所设置的产品。如不设置，系统会自动选择推广评分最高的产品进行展示。优先推广设置如图 7.17 所示。

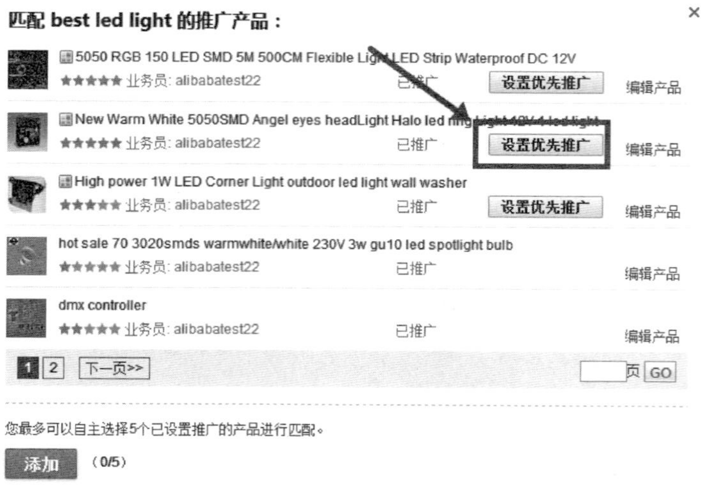

图 7.17　优先推广设置

任务五　掌握 P4P 数据分析

一、店铺运营数据

根据店铺运营数据表有效产品占比、点击率、反馈率等数据分析 P4P 推广是否正常。店铺运营数据如表 7.4 所示。

表 7.4　店铺运营数据

日期	产品总数量	有效产品	有效产品占比	总曝光量	总点击量	总反馈量	询盘单价	点击率	反馈率	P4P曝光量	P4P点击量	P4P点击率	花费	平均点击花费	推广时长	非P4P曝光量	非P4P点击量	P4P曝光占比	P4P点击占比
4/1	912	530	58.11%	4827	56	6	50.00	1.16%	10.71%	4352	49	1.13%	300.00	6.12	19.9	475	7	90.16%	87.50%
4/2	912	565	61.95%	7404	37	3	70.43	0.49%	8.11%	7042	34	0.49%	211.30	6.21	23.6	362	3	95.11%	91.89%
4/3	912	592	64.91%	6835	42	2	120.43	0.61%	4.76%	6421	40	0.62%	240.86	6.02	24	414	2	93.94%	95.24%
4/4	912	600	65.79%	5568	80	24	15.11	1.43%	30.00%	4983	59	1.18%	362.71	6.15	22.4	585	21	89.49%	73.75%
4/5	912	600	65.79%	5890	75	3	133.33	1.27%	4.00%	5146	60	1.17%	400.00	6.67	23.7	744	15	87.37%	80.00%
4/6	912	621	68.09%	7882	86	5	80.00	1.09%	5.81%	6928	63	0.91%	400.00	6.35	21.3	954	23	87.90%	73.26%
4/7	912	560	61.40%	6361	71	4	100.00	1.11%	5.63%	5452	53	0.97%	400.00	7.55	16.2	909	18	85.71%	74.65%
4/8	912	589	64.58%	6581	52	10	30.00	0.79%	19.23%	5757	44	0.76%	300.00	6.82	20.2	824	8	87.48%	84.62%
4/9	912	489	53.62%	3528	48	3	100.00	1.36%	6.25%	3004	44	1.46%	300.00	6.82	10	524	4	85.15%	91.67%
4/10	912	660	72.37%	9175	58	6	50.00	0.63%	10.34%	8300	46	0.55%	300.00	6.52	22.2	875	12	90.46%	79.31%
4/11	912	618	67.76%	7513	57	9	33.33	0.75%	15.79%	6657	48	0.72%	300.00	6.25	14	856	9	88.61%	84.21%
4/12	912	634	69.52%	7523	71	7	50.00	0.94%	9.86%	6868	58	0.88%	350.00	6.03	13.1	655	13	91.29%	81.69%
4/13	920	684	74.35%	10087	77	15	28.43	0.76%	19.48%	9203	66	0.72%	426.49	6.46	23.3	884	11	91.24%	85.71%
4/14	935	663	70.91%	8701	60	11	28.80	0.68%	18.33%	8159	51	0.38%	316.85	6.21	24	542	9	93.77%	85.00%
4/15	938	642	68.44%	8049	35	2	115.39	0.43%	5.71%	7661	31	0.40%	230.77	7.44	24	388	4	95.18%	88.57%
4/16	938	593	63.22%	10628	42	3	92.69	0.39%	7.14%	10378	39	0.63%	278.06	7.13	24	250	3	97.65%	92.86%
4/17	935	664	71.02%	12895	51	6	46.63	0.39%	11.76%	12775	39	0.31%	279.79	7.17	24	120	12	99.07%	76.47%
4/18	931	638	68.53%	12446	73	9	37.46	0.58%	12.33%	11702	61	0.52%	337.15	5.53	22.4	744	12	94.02%	83.56%
4/19	931	573	61.55%	7928	67	7	50.00	0.84%	10.45%	7127	54	0.76%	350.00	6.48	12.4	801	13	89.90%	80.60%
4/20	931	642	68.96%	7702	74	5	87.00	0.96%	6.76%	6633	63	0.95%	435.02	6.95	15.3	1069	11	86.12%	85.14%
4/21	941	636	67.59%	9506	82	16	27.62	0.86%	19.51%	8560	69	0.81%	441.91	6.4	22.1	946	13	90.05%	84.15%
4/22	985	641	65.08%	10148	77	12	29.17	0.75%	15.58%	9429	65	0.69%	350.00	5.38	22.8	719	12	92.91%	84.42%
4/23	984	559	56.81%	8597	68	12	29.17	0.79%	17.65%	8044	53	0.66%	350.00	6.6	20.8	553	15	93.57%	77.94%
4/24	984	666	67.68%	11384	62	7	53.70	0.54%	11.29%	10674	54	0.51%	375.90	6.96	23.4	710	8	93.76%	87.10%
4/25	984	611	62.09%	8060	88	11	39.59	1.09%	12.50%	7267	71	0.98%	435.51	6.13	15.1	793	17	90.16%	80.68%

二、P4P 账户报告

根据账户报告查看点击率、平均点击花费是否过高、推广时长是否稳定，实时进行推广策略调整，如图 7.18 所示。

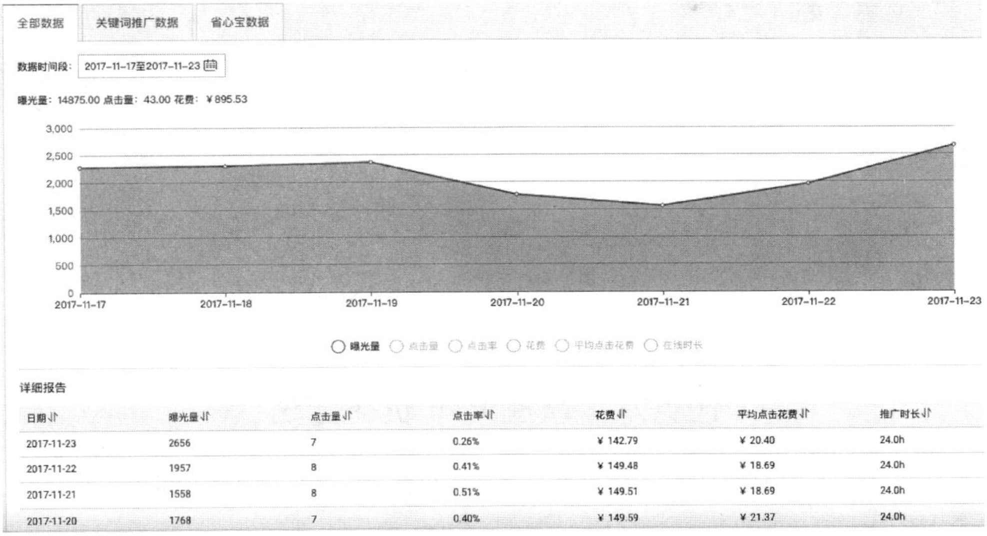

日期	曝光量	点击量	点击率	花费	平均点击花费	推广时长
2017-11-23	2656	7	0.26%	￥142.79	￥20.40	24.0h
2017-11-22	1957	8	0.41%	￥149.48	￥18.69	24.0h
2017-11-21	1558	8	0.51%	￥149.51	￥18.69	24.0h
2017-11-20	1768	7	0.40%	￥149.59	￥21.37	24.0h

图 7.18　P4P 账户报告

三、P4P 关键词报告

统计每周花费前 30 或前 50 名的关键词是否精准，不精准则需要调整推广关键词重点，如图 7.19 所示。

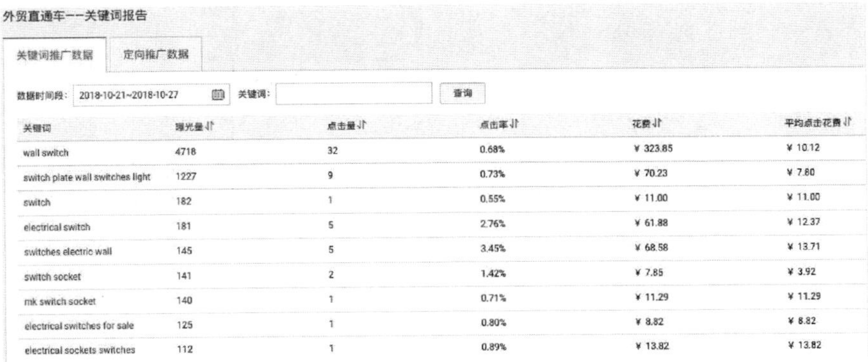

关键词	曝光量	点击量	点击率	花费	平均点击花费
wall switch	4718	32	0.68%	￥323.85	￥10.12
switch plate wall switches light	1227	9	0.73%	￥70.23	￥7.80
switch	182	1	0.55%	￥11.00	￥11.00
electrical switch	181	5	2.76%	￥61.88	￥12.37
switches electric wall	145	5	3.45%	￥68.58	￥13.71
switch socket	141	2	1.42%	￥7.85	￥3.92
mk switch socket	140	1	0.71%	￥11.29	￥11.29
electrical switches for sale	125	1	0.80%	￥8.82	￥8.82
electrical sockets switches	112	1	0.89%	￥13.82	￥13.82

图 7.19　P4P 关键词报告

四、P4P 产品报告

统计每周花费前 30 或前 50 名的产品是否有询盘，无询盘则需要优化，如图 7.20 所示。

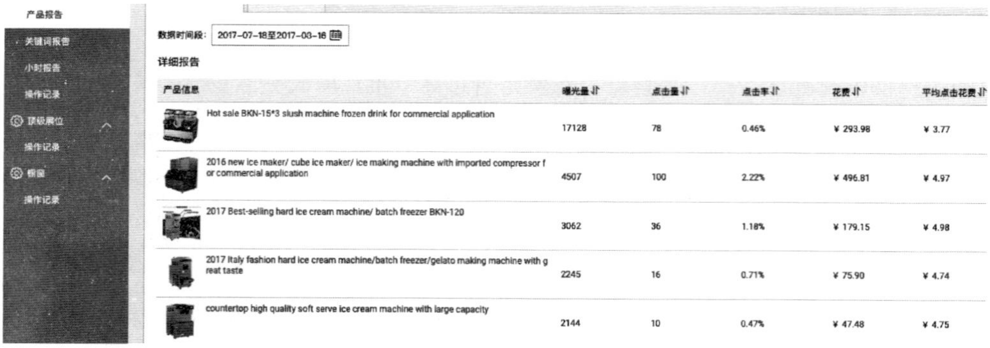

图 7.20　P4P 产品报告

任务六　掌握 P4P 优化方法

优化日花费额度：根据目标市场、节假日调整调价方案。根据时间段内的花费与效果，调整投入方案。

优化关键词质量：提高关键词的质量，降低竞价成本，通过修改产品标题提高匹配度。

优化关键词排名：根据账户的预算以及关键词的效果，调整关键词的排名。

优化关键词分组：关键词的价格和效果是实时变化的，关键词也在不断地添加，需要及时调整分组。

优化优先推广产品：用点击率和反馈率来衡量产品的推广效果，优化或者更换效果不好的产品。

项目八

订单转化

★ 知识目标

- ★ 了解 RFQ（采购直达）
- ★ 熟悉访客营销
- ★ 了解信保概况

★ 技能目标

- ★ 了解 RFQ 的流程，掌握 RFQ 的报价技巧
- ★ 掌握询盘的相关技巧，尝试对询盘进行回复训练
- ★ 掌握新报订单的起草流程，能够起草供应商信用保障订单

任务一　了解 RFQ（采购直达）

采购直达（Request for Quotation，RFQ），是指买家主动填写采购信息委托阿里巴巴平台寻找合适卖家，供应商可查看采购需求，根据买家要求及时报价。在这个公开的大市场中，买家会主动发布采购需求，供应商可以自主挑选合适的买家进行报价。采购直达服务能够在大幅度提升买家采购效率的同时，帮助供应商更好地完成订单转化，并赢取更多高质量买家。

一、采购直达的流程

采购直达的流程如图 8.1 所示。

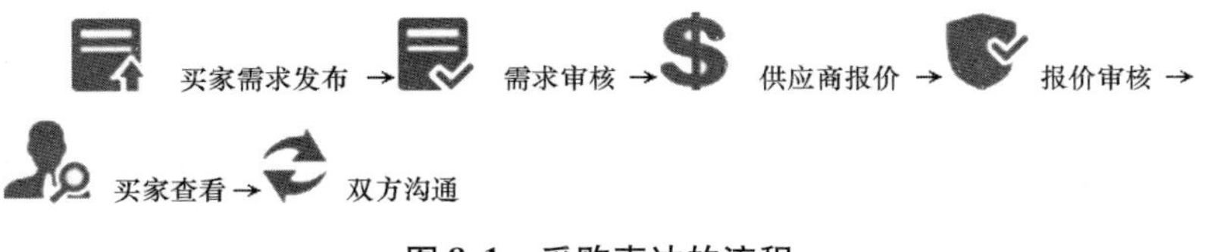

图 8.1　采购直达的流程

二、获得采购需求

频道搜索：供应商可以进入采购直达公开招标频道挑选合适的 RFQ 进行主动报价。

自主定制：供应商根据自己的经营产品及商业偏好设置产品关键词订阅适合自己的 RFQ。

系统推荐：阿里巴巴根据供应商在网站上发布的产品信息推荐与其主营产品相关的 RFQ。

RFQ 界面如图 8.2 所示。

图 8.2　RFQ 界面

三、RFQ 报价技巧

根据 RFQ 类型，有针对性地报价。报价技巧有以下几种：

（1）规格、参数或者图片内容比较全，RFQ 供应商在报价时一定要针对规格和要求报价，不要推荐不相关产品。

（2）能分辨采购的产品是什么，买家没有特别的规格要求，或者参数不全，可推荐与买家描述相关的多个产品进行报价，供买家选择和参考。

（3）有些买家纯粹是为了找某类产品的供应商，需求相关产品较多，建议推荐相关畅销产品，或者推荐新品。

四、RFQ 效果追踪

通过“业务管理”—“RFQ 报价管理”查看报价状态，可搜集客户信息跟进，如图 8.3 所示。

图 8.3　RFQ 报价管理状态

RFQ 报价表单如图 8.4 所示。

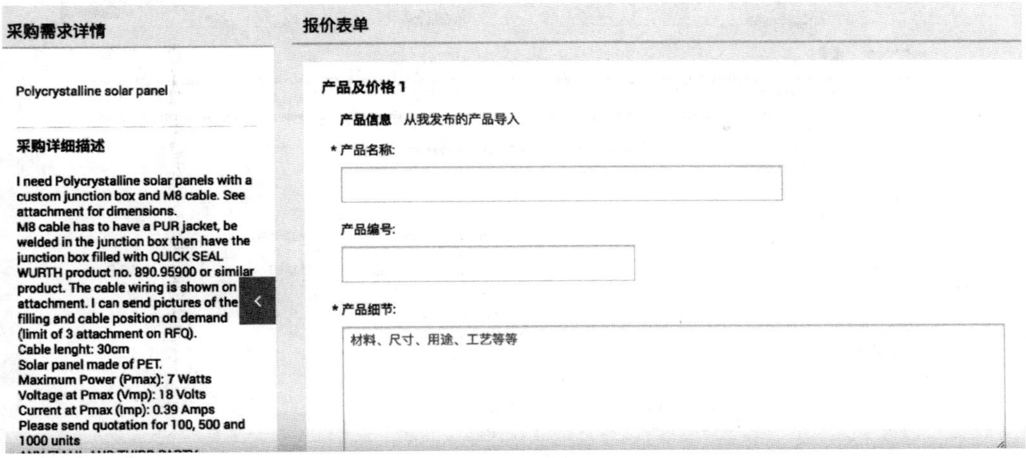

图 8.4　RFQ 报价表单

任务二　熟悉访客营销

访客营销是供应商进行 EDM 邮件营销的入口，可以通过 Alibaba 平台给感兴趣的访客发送营销邮件，通过有竞争力的产品报价和优惠打折活动让消费者再次光临店铺，主动出击服务买家。

一、访客营销流程

通过“知买家”—“访客详情”—“我的访客”，选择“可营销访客”，根据访客常用搜索词及浏览记录进行合理报价，如图 8.5 和图 8.6 所示。

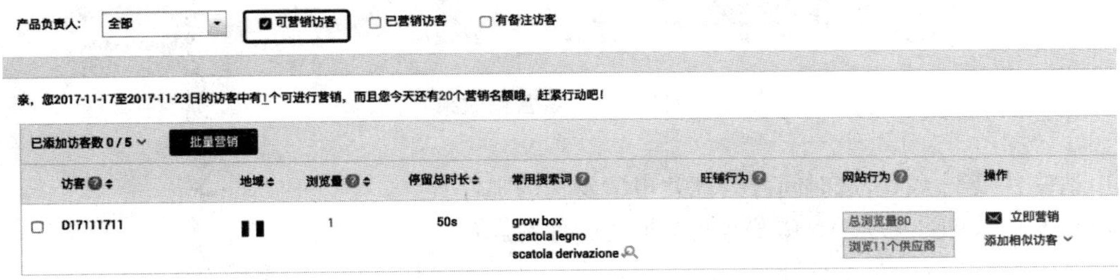

图 8.5　进入“可营销访客”

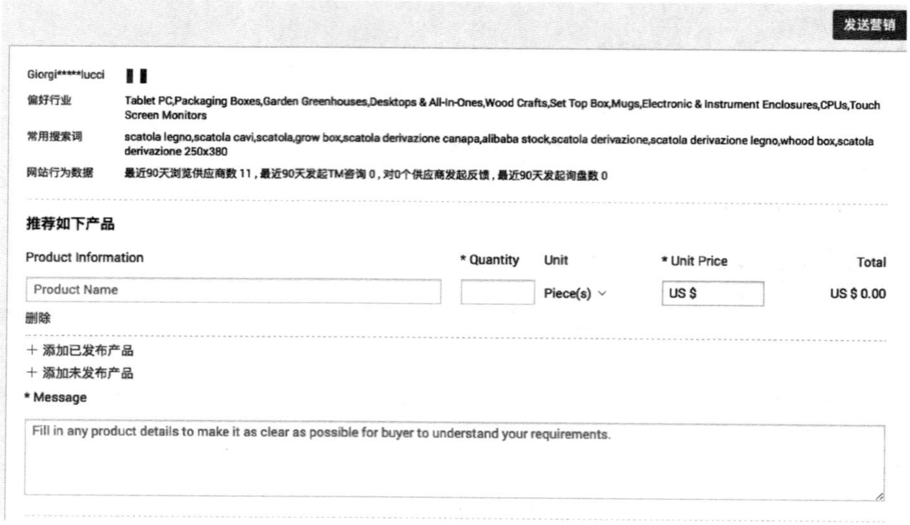

图 8.6　访客浏览记录

二、访客效果追踪

通过“数据管家”—“知买家”中的“营销管理”板块可以方便追踪及查看访客营销效果，如图 8.7 所示。

备注：主子账号都可以筛选不同账号或者所有账号进行查看（若不显示其他账号，是因为在所选时间段内暂时没有产生营销效果，可以调整时间段再予查看）。

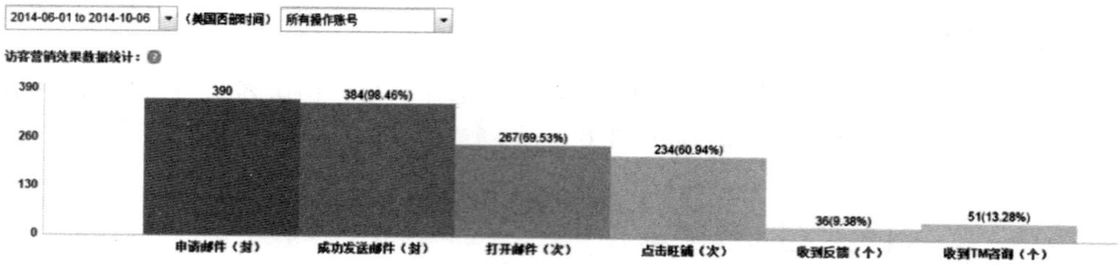

图 8.7　访客营销效果

申请邮件（封）：所选时间段内，共申请发送的邮件数。

成功发送邮件（封）：成功发送给买家的邮件数。

打开邮件（次）：买家打开邮件的次数，同一封邮件被打开多次，累计统计。

点击旺铺（次）：买家通过邮件访问旺铺/产品后，点击页面的次数。

收到反馈（个）：买家在邮件中或通过邮件访问旺铺/产品后，发起的有效反馈数。

收到 TM 咨询（个）：买家在邮件中或通过邮件访问旺铺/产品后，发起的有效 TM 咨询数。

任务三　掌握询盘相关技巧

阿里巴巴国际站询盘是指国内外买家通过 Alibaba 国际站，对国内供应商发布的产品或发送的信息的反馈或询价，可以在“My Alibaba”—“商机管理中心（询盘）”—“询盘”，查看账号收到的所有询盘信息。询盘界面如图 8.8 所示。

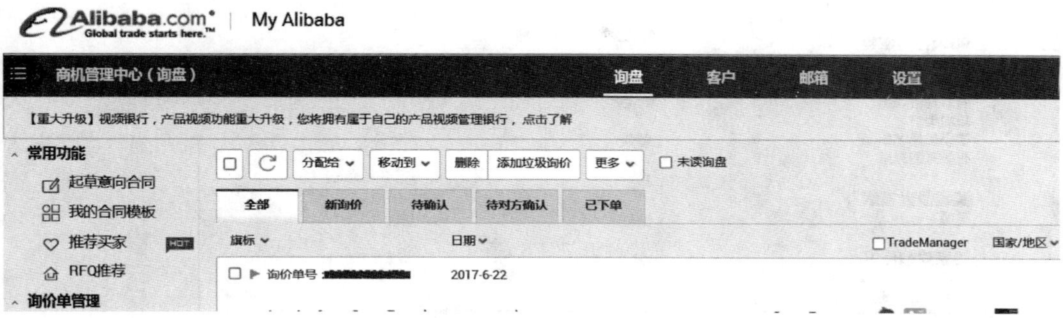

图 8.8　询盘界面

建立不同的文件夹，根据询盘内容及客户信息把询盘分类整理，方便以后跟进。

（1）主题清晰、产品明确的询盘（重点跟进）；

（2）咨询样品费问题的询盘（重点跟进）；

（3）长篇型询盘（非重点跟进）；

（4）对香港/深圳/广州客户寻找自己产品的询盘，用尽量少的时间去回复和处理。

回复询盘一定要包含下面几个要素：

（1）Quantity and Amount for the first order plan.

首先要问清客户的订货数量和金额，这样才能有针对性地报价。

（2）Whether import from China before? Local nearest port name, shipping address.

询问客户以前有没有从中国进口过，目的港是哪个港口。

（3）Shipping Way—by air or by EMS or normal postage?

运输方式——海运、空运还是快递？

（4）Terms of Trade. Date of Delivery.

交易方式，交货期。

（5）Sample Cost and Freight Charge.

样品费用和运费。

回复询盘界面如图 8-9 所示。

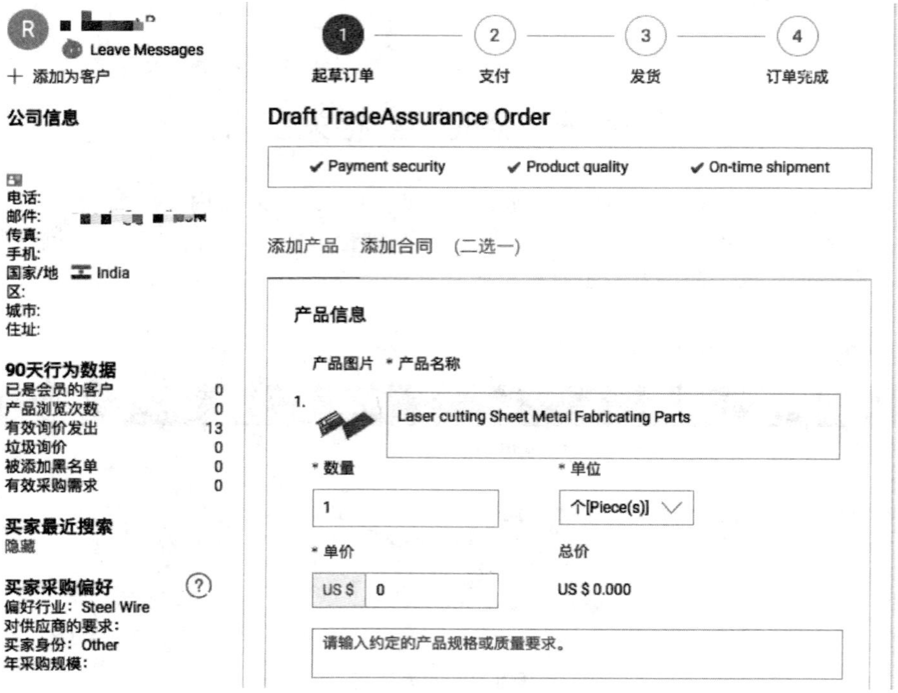

图 8.9　回复询盘界面

任务四　了解信保概况

信用保障服务是阿里巴巴为广大卖家进行评估后计算出一个担保额度，一旦买卖双方交易过程中在资金、交货期或质量等方面出现问题，阿里巴巴将会在额度范围内根据合同约定为卖家背书，给买家保障；同时通过对卖家交易等级、交易评价等数据展示靠前等方式，为买家全方位、多维度地展示信用保障服务下卖家的综合实力，促成订单的快速转化。同时，信用保障服务支持多种支付方式，除了传统的电子汇付和信用卡，还创新推出了 e-Checking 支付，每笔手续费只要固定的 15 美元；无论选用哪种方式支付，卖家都可以实现快速收款、结汇、退税。

2015 年，阿里巴巴国际站携手买家和卖家由信息平台向信用和交易平台全面转型。调研显示，64.1% 的供应商在订单达成环节遇到买家对交易安全的担忧。信用保障服务的推出，将供应商在阿里巴巴国际站上的行为以及真实贸易数据等信息不断沉淀，并作为其信用保障额度的累积依据，阿里巴巴在额度范围内帮助供应商向买家提供贸易安全保障，帮助买家和卖家解决交易过程中的信任问题，快速达成订单。

信用保障服务对供应商有以下三点好处。

（1）彰显信用：独特专属标识及信用保障额度可以在平台上展示，买家可以通过标识与额度直观看到卖家的信用。卖家信用如图 8.10 所示。

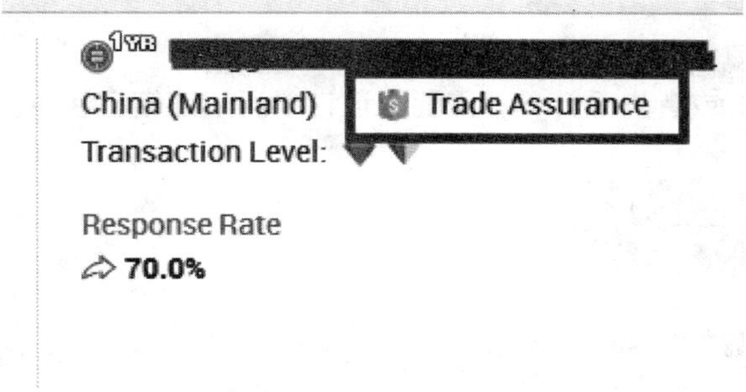

图 8.10　卖家信用

（2）促进交易：信用保障服务是阿里平台替卖家向买家提供的第三方保证，可以帮助卖家更快速地获得买家信任，更快达成交易。

（3）交易积累：供应商走单量不断上升，信用额度可不断积累，可更好地向买家彰显实力，同时，走单量的上升，对供应商平台表现与产品排名也会有一定的帮助。

一、起草信用保障订单的步骤

（一）卖家起草信用保障订单

卖家可以进入“My Alibaba”，通过“信用保障服务”—“起草信用保障订单”起草信用保障订单，如图 8.11 所示。若买家已经在询盘页面下了订单，卖家可以直接确认订单，在询盘页面起草信用保障订单。

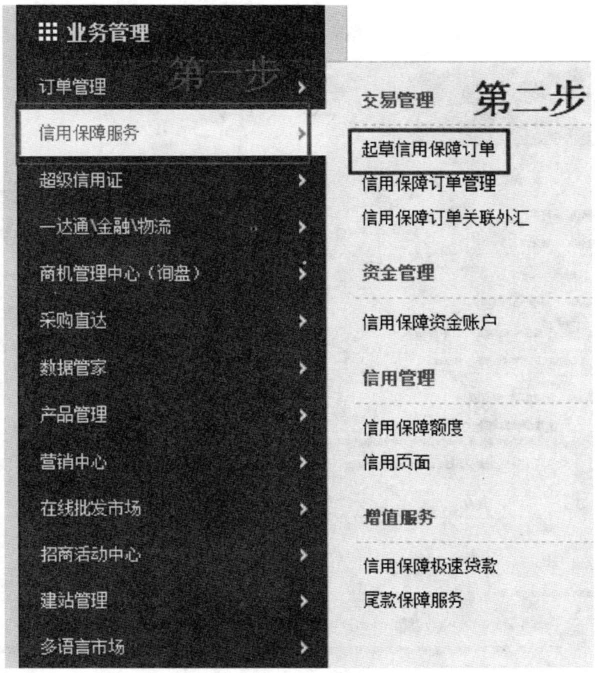

图 8.11　起草信用保障订单

（二）完善合同信息

完善合同信息，如图 8.12 至图 8.14 所示。

若后期买家需要修改或者查看订单，需要保证订单所填邮箱已注册。

图 8.12　完善合同信息（一）

图 8.13　完善合同信息（二）

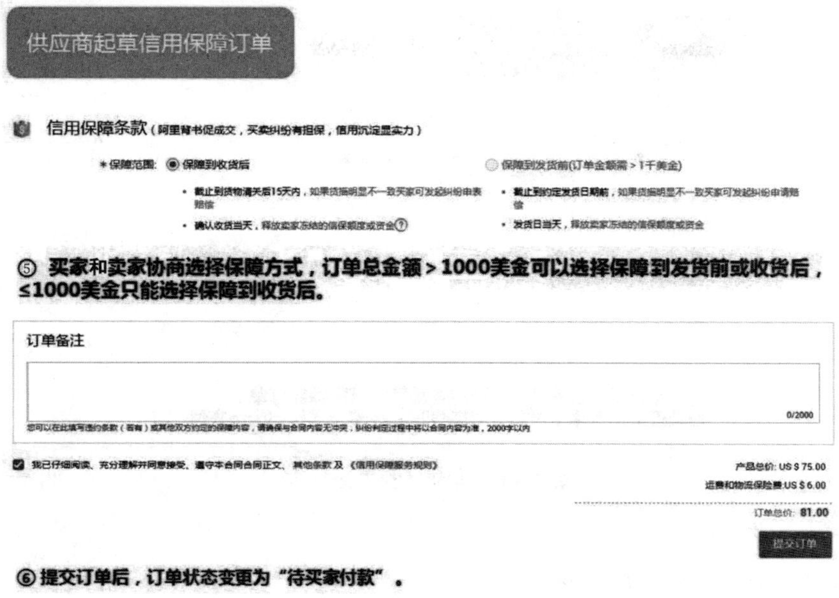

图 8.14　完善合同信息（三）

二、买家付款

卖家起草信用保障订单并确认后，买家需在 15 个自然日内付款并确保到账，否则卖家在 15 天后有权单方面取消订单。预付款到账后可支付尾款。买家付款界面如图 8.15 至图 8.17 所示。

图 8.15　买家付款界面（一）

图 8.16　买家付款界面（二）

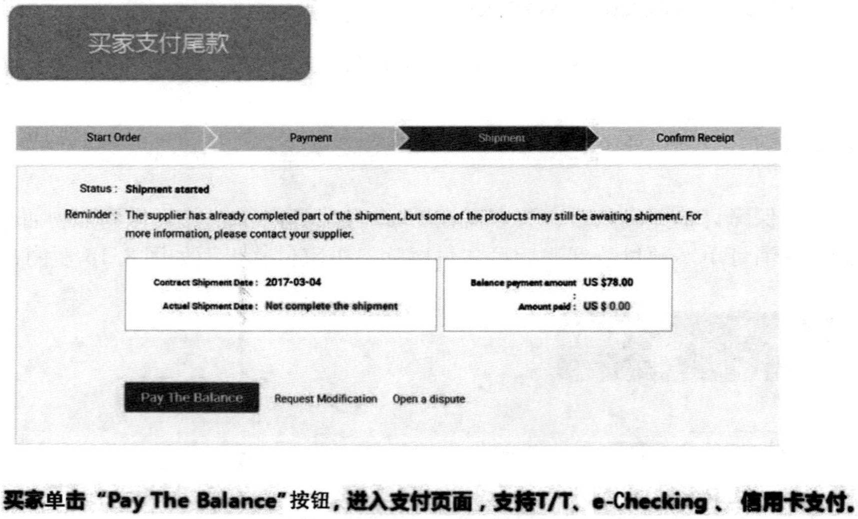

图 8.17　买家付款界面（三）

项目九

视觉美工

★ 知识目标

★ 掌握国际站的主图美工技能
★ 掌握国际站的产品详情页美工技能
★ 掌握国际站的全球旺铺美工技能

★ 技能目标

★ 熟练掌握 Photoshop 软件抠图技巧
★ 熟练掌握文字和图片的替换

跨境电商下的新外贸，如何让买家在不接触到实物的情况下产生采购欲望，与平台的视觉美工密切相关。随着时间的推移，精细化运营下的国际站对产品信息质量的打造要求越来越高。

国际站的视觉美工主要分为三部分：主图；详情页；全球旺铺。

任务一　掌握国际站的主图美工技能

随着国际站产品信息质量要求的不断提高，对主图规范的要求也越来越严格，图片质量不佳会影响买家点击率，进而影响搜索排序。

不同的行业会有不同的主图要求，国际站内所有行业分类如图 9.1 所示。

图 9.1　国际站内所有行业分类

一、主图质量要求

主图质量要求示例如图 9-2 所示。

（1）产品名称与产品图片必须一致；

（2）尺寸与比例：建议 640 像素 ×640 像素以上正方形；

（3）LOGO 固定在左上角，建议只展示品牌标志，不可加边框或文字信息；

（4）推荐使用白底背景，不建使用彩色底及杂乱的场景背景；

（5）建议 3 张图以上，可以展示产品正面、背面、侧面等多方位的细节图；

（6）商品主体展示不应过大或过小、不完整；

（7）若产品包含多个物体，展示不可超过 5 个物体；

（8）如需多图拼接，主体要突出，小图不宜过多（建议在 5 个以内）。

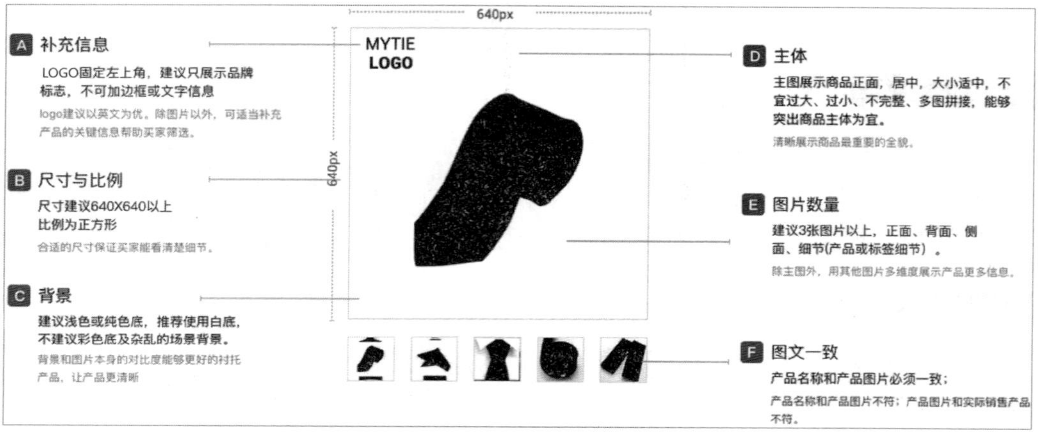

图 9.2　主图质量要求示例

二、主图处理与制作的主要步骤

处理主图是国际站运营过程中最常见的工作之一，而主图的处理通常要借助一款软件，即 Photoshop。对于背景色不是纯色或者不是白底的图片来说，首先需要将图片中的产品提取出来，这就是“抠图”。常用的抠图工具有很多，如“魔棒工具”“套索工具”“快速选择工具”“钢笔工具”以及通道等。其中，最常用的是“钢笔工具”，用其抠出来的图不粗糙，精准度高，被人们广泛使用。

主图处理与制作的主要操作步骤如下。

（1）首先选中“钢笔工具”，将产品的主体部分抠出，如图 9.3 所示。

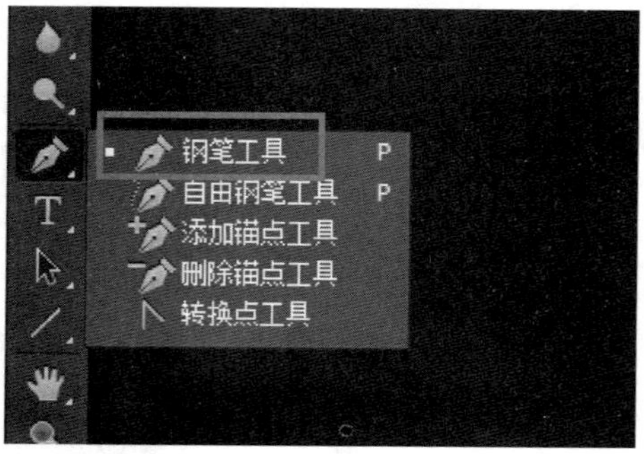

图 9.3　选择“钢笔工具”进行抠图

当然，依据不同的产品以及图片背景的差异，可以选择最合适的抠图工具去提取产品图像，并不仅局限于“钢笔工具”。

（2）新建画布。由于主图尺寸建议在 640 像素 × 640 像素以上，比例为正方形，而很多图片的尺寸都是不符合正方形要求的，因而需要在 Photoshop 中新建一张正方形的画布，一般来说，800 像素 ×800 像素是最合适的。具体操作如图 9.4 至图 9.6 所示。

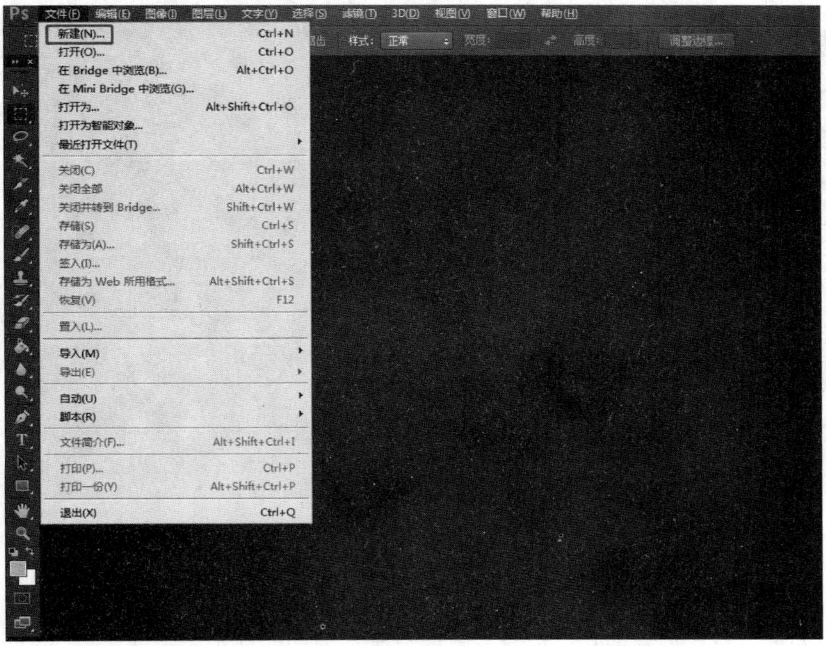

图 9.4　新建画布（一）

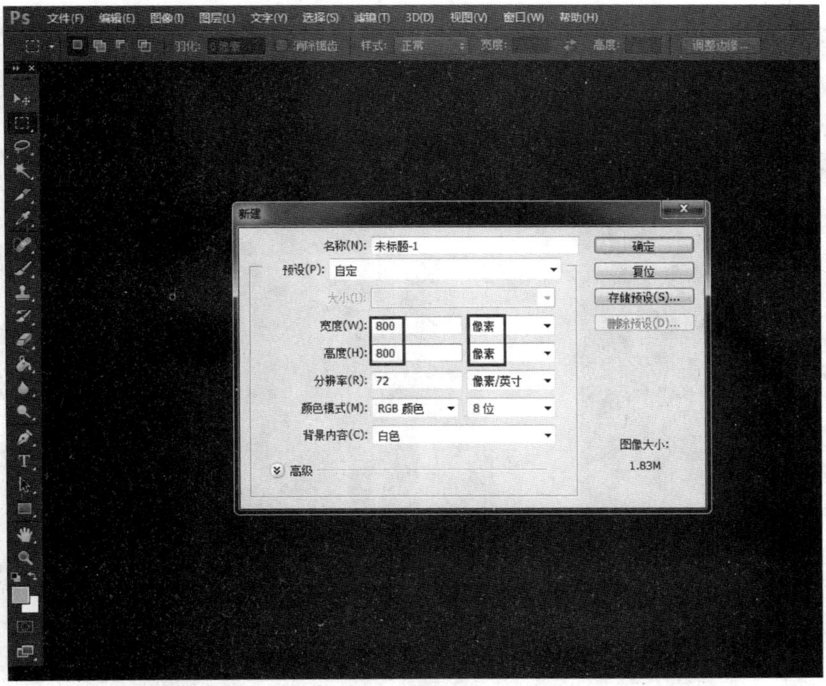

图 9.5　新建画布（二）

图 9.6　新建画布（三）

（3）保存图片。新建好画布之后，若是要加 LOGO，就将 LOGO 放在画布的左上角，然后将图片拖入画布中央，最后保存图片。但是这个时候需要对图片的保存格式进行设置。由于国际站上传的主图大小必须不超过 3M，因而对于一些原图比较大的图片而言，需要保存为 JPEG 格式，这样才方便后期发布产品的时候上传主图，如图 9.7 所示。

图 9.7　保存图片

任务二　掌握国际站的产品详情页美工技能

在浏览淘宝、天猫、京东等平台产品的时候，买家通常会去看产品详细介绍的部分，而在国际站中，称之为详情页。

详情页主要包括产品宣传海报、产品参数、产品展示板块、细节展示、生产工艺、应用场景、公司实力展示、相关产品以及 FAQ 等。顾名思义，产品详情页最重要的部分当然是产品展示板块，这部分的内容介绍能否切入买家的需求点以及视觉效果的好坏将直接影响到买家的采购欲望，所以产品展示板块无论是文案还是图片设计，都需要花时间去构思。

就一家企业来说，其可以在国际站上发布多款产品，但在平台产品款式比较多的情况下，不可能针对每一款产品都设计出一个详情页，于是便有了“套模板”一说。

一、详情页的文字和图片的替换

详情页的设计一是要考虑到视觉上的美观，二是要突出产品优势卖点，三是要事先考虑到模板的通用性，目的是方便人们将一个模板套用到千千万万个不同的产品上，如图 9.8 所示。

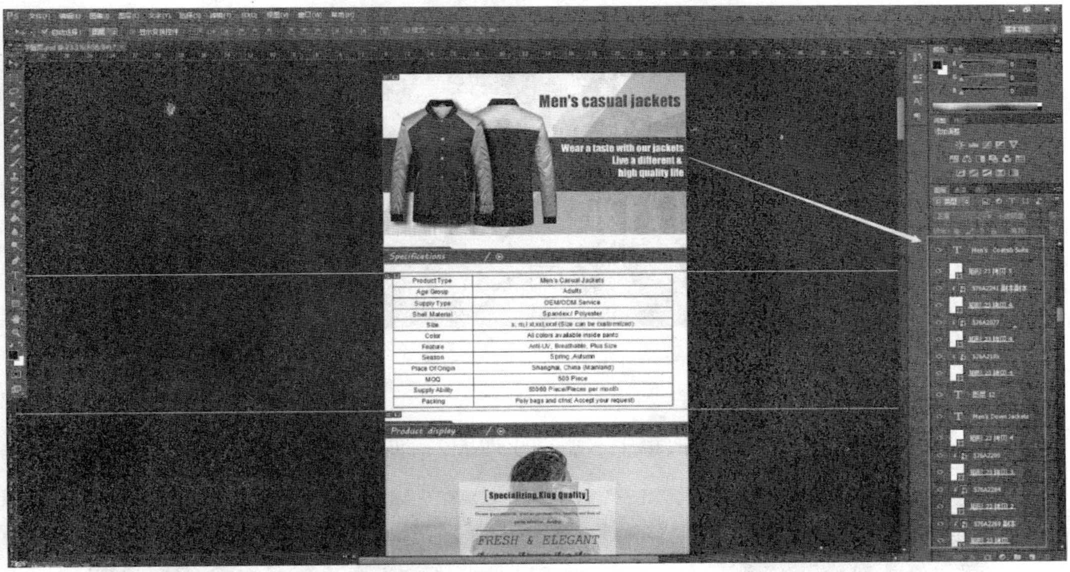

图 9.8　详情页

打开详情页 PSD 文件会看到，详情页是由若干个图层组建而成的，每个文字、每张图片对应的都是一个单独的图层，而这些内容都是可以被替换的。例如，顶部产品小海报部分，有产品名、营销广告语以及产品图片，这些内容都可以进行替换。选择“移动工具”，勾选左上方“自动选择”复选框，单击详情页中需要更换的部分，按 Delete 键，就可以将原有的部分移除。要将小海报中的产品替换成另外一款产品，只需将这款产品删除，然后将处理好的另一款产品图片拖移进去，放置于合适的位置即可。

具体操作示例如下。

（1）选择“移动工具”，如图 9.9 所示。

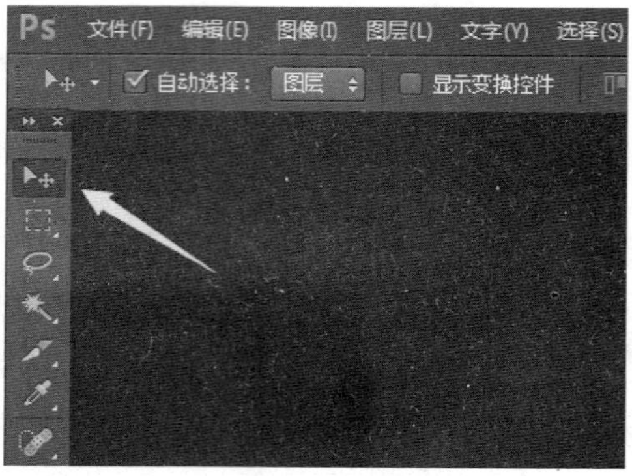

图 9.9　示例（一）

（2）勾选“自动选择”复选框，选择“图层”选项，如图 9.10 所示。

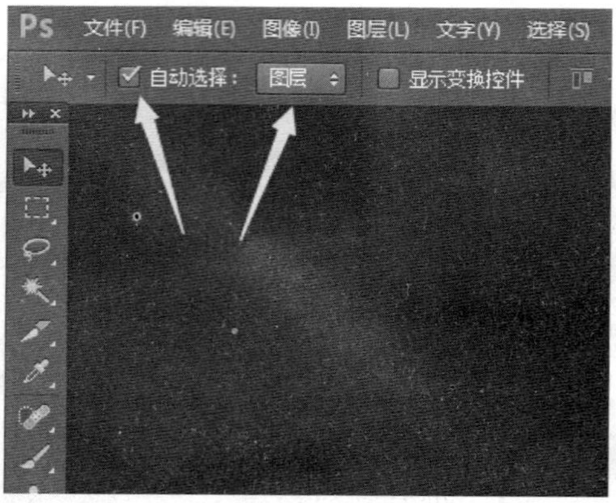

图 9.10　示例（二）

（3）单击所要删除的部位（如海报中衣服的正面图），如图 9.11 所示。

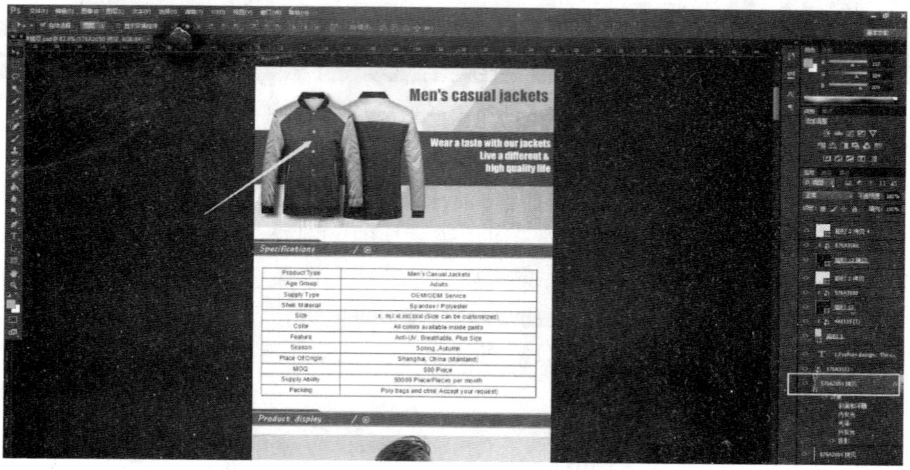

图 9.11　产品展示部分的图片替换

在勾选“自动选择”复选框后，点击图片某个部位，会自动跳转到点击部分对应的图层。详情页是由若干个图层组成的，若要删除详情页中的某个部位，只需将其对应的图层删除即可。

此时，按 Delete 键，删除衣服正面图，效果如图 9. 12 所示。

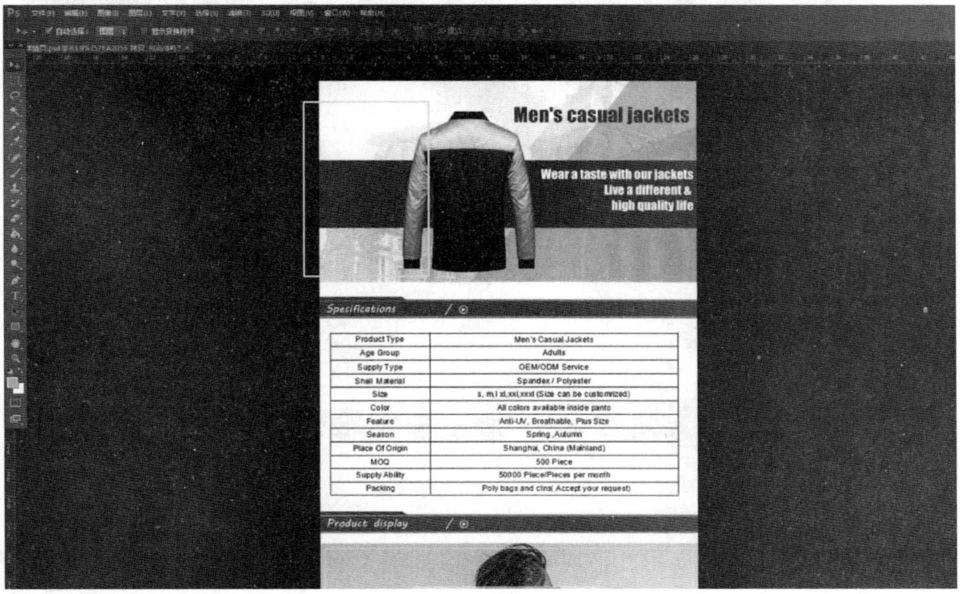

图 9. 12　删除衣服正面图后的效果

同理，把衣服背面图也删除，最终的效果如图 9. 13 所示。

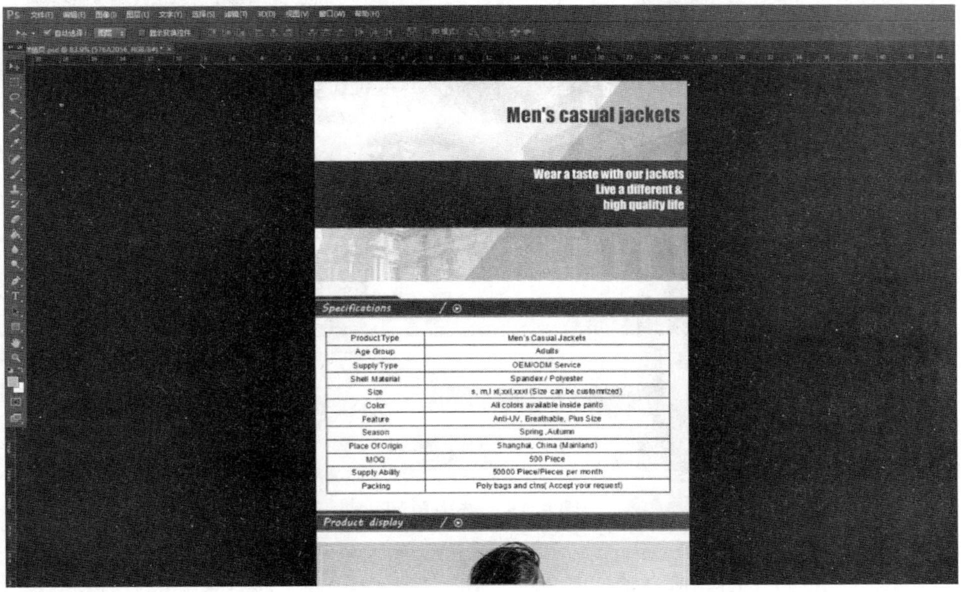

图 9. 13　删除衣服背面图后的效果

文字的替换亦是如此，使用相应的文字工具选定目标，删除并替换成其他文字即可，如图 9. 14 所示。

图 9. 14　文字的替换

例如，将“Men's casual jackets”改成“Men's down jackets”，先选中“casual”这个单词，如图 9. 15 所示。

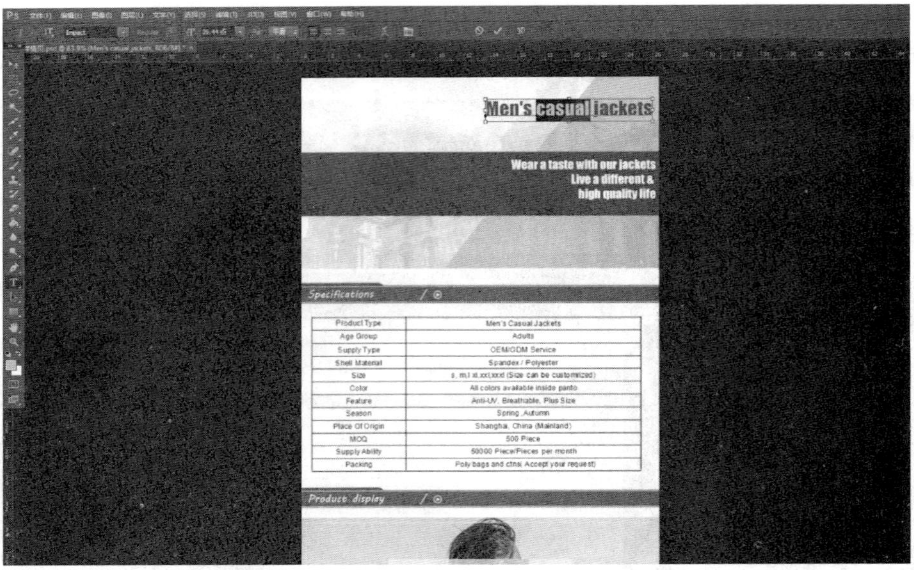

图 9. 15　选中单词

然后，输入“down”即完成替换，如图 9. 16 所示。

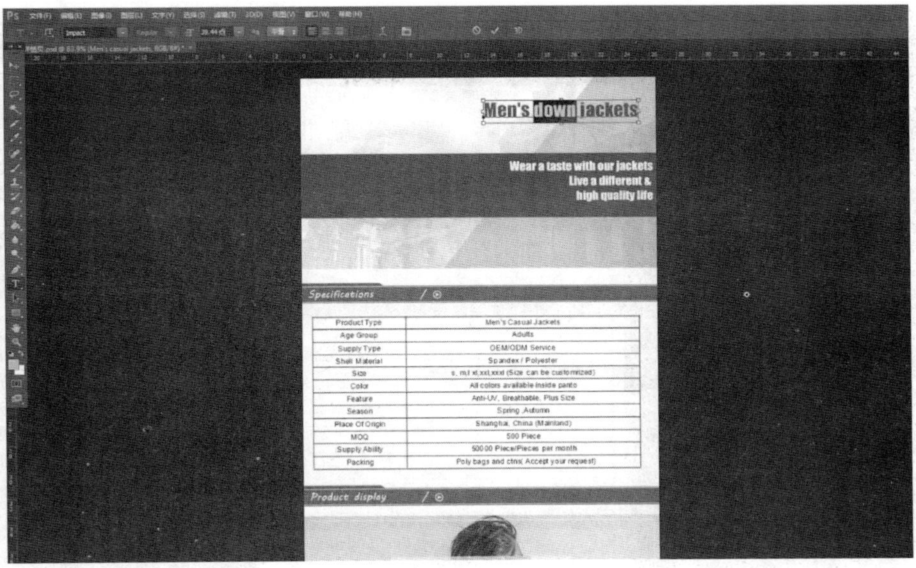

图 9.16　完成替换

若想删除“Men’s casual jackets”这句文案，只需像之前删除图片一样，删除文案对应的图层即可，如图 9.17 和图 9.18 所示。

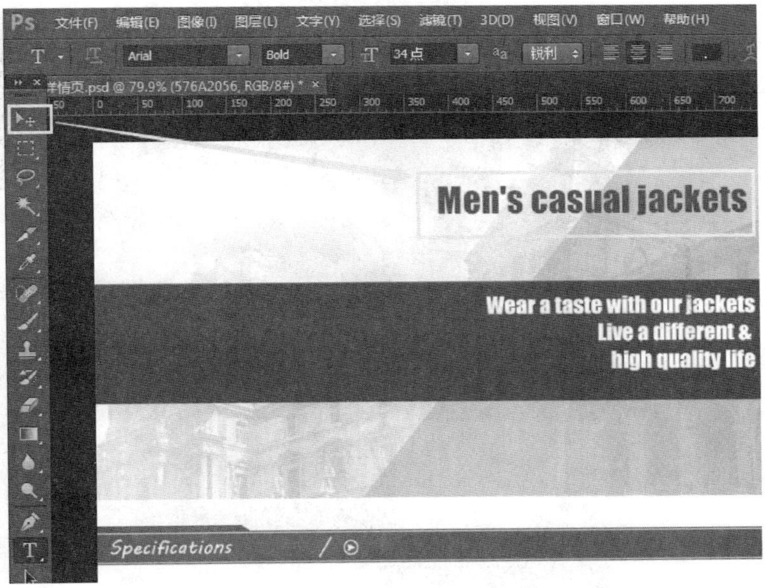

图 9.17　选中文案

二、详情页细节展示板块的设计

细节展示板块的设计涉及一个比较重要的操作，即“创建剪贴蒙版”，这也是套模板的时候用得比较多的一个操作。

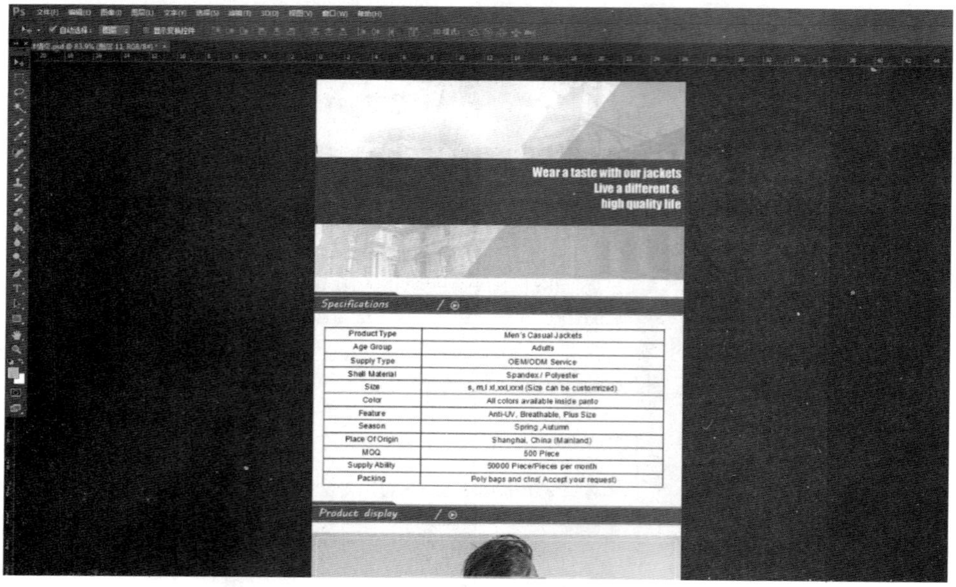

图 9.18　删除文案后的效果

详情页细节展示模板示例如图 9.19 所示。

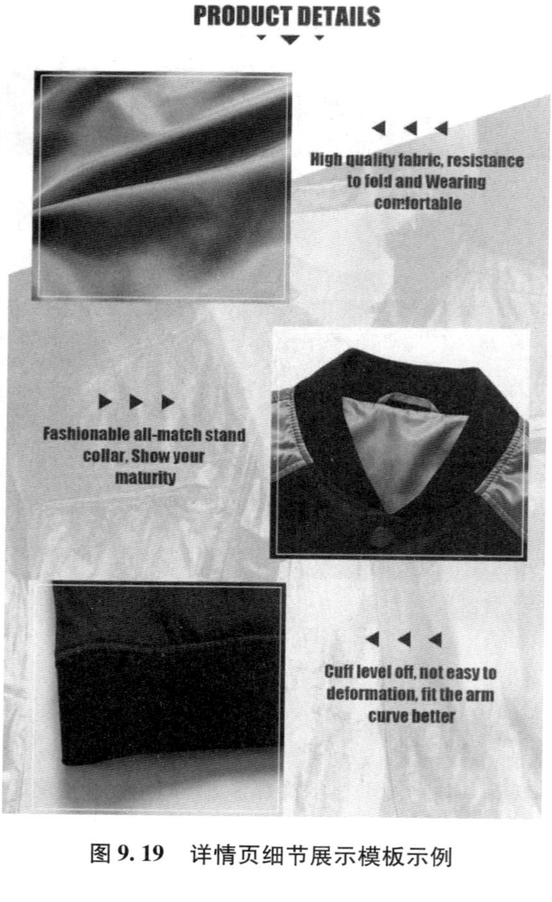

图 9.19　详情页细节展示模板示例

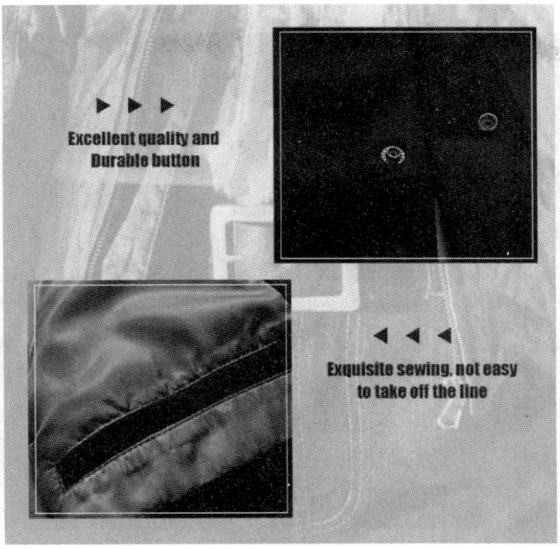

图 9.19　详情页细节展示模板示例（续）

由图 9.19 可以看出，详情页的产品细节展示部分采用细节图与文案一一对应的图文结合展示方式。因为后期需要将此模板套换成其他产品，所以这里的细节图到时候会全部替换成其他款式产品的细节图片。实际上，这里的五张细节图是通过上面所说的“创建剪贴蒙版”的方式放进去的。细节如图 9.20 所示。

图 9.20　细节图

单击第一张细节图所对应的图层，按 Delete 键，效果如图 9.21 所示。

用同样的方法删除其他两张细节图，效果如图 9.22 所示。

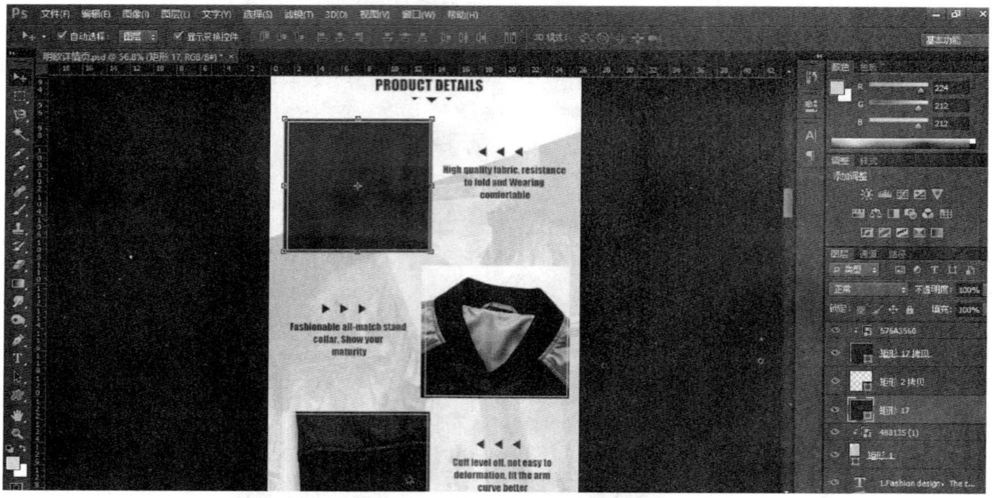

图 9.21　删除第一张细节图后的效果

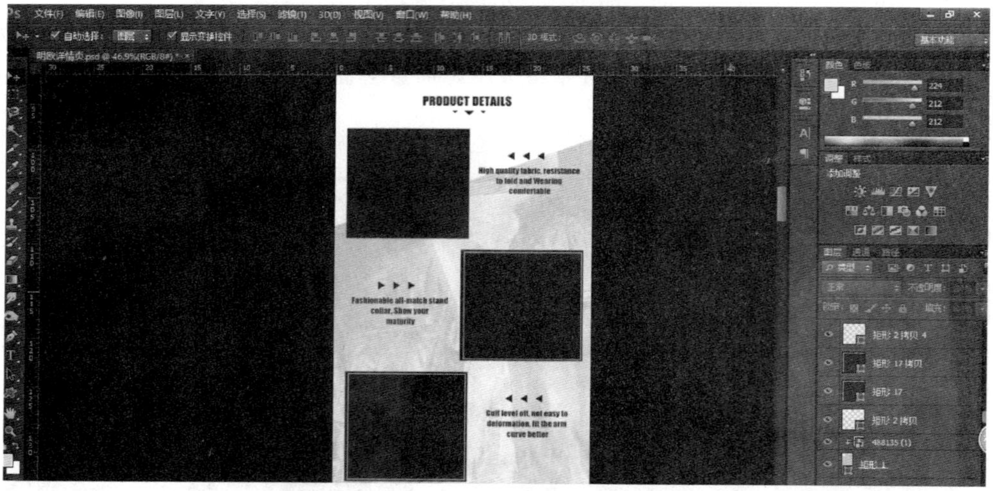

图 9.22　删除其他两张细节图后的效果

在替换产品时，需要把另一款产品的细节图植入矩形框中，具体操作如下。

将另一款产品的细节图拖至第一个矩形框的上方，并且保证这张细节图所对应的图层位于矩形框所对应图层的上方，如图 9.23 所示。

由图 9.23 可知，实际上第一个矩形框所对应的图层为矩形 17，而另一款产品的第一张细节图所对应的图层为 photobank1，此时 photobank1 位于矩形 17 图层的上方，然后按 Enter 键或者单击上方的对勾确定，效果如图 9.24 所示。

此时，在 photobank1 图层上右击，执行“创建剪贴蒙版”命令，植入细节图，如图 9.25 和图 9.26 所示。

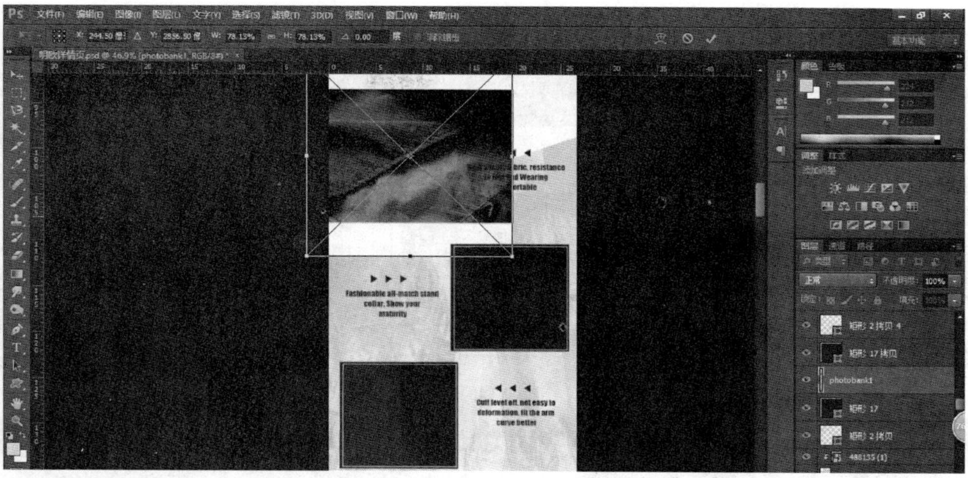

图 9.23　放入第一张细节图

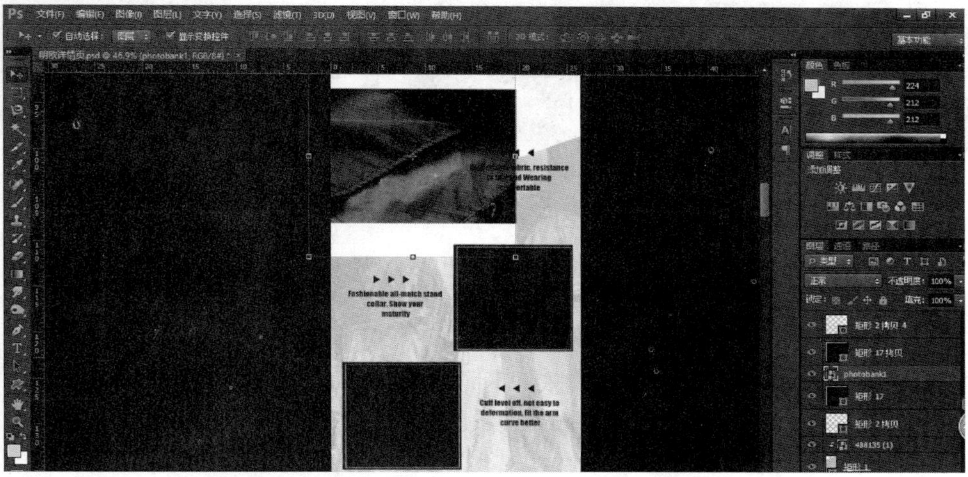

图 9.24　新放入细节图对应图层需位于矩形图层之上

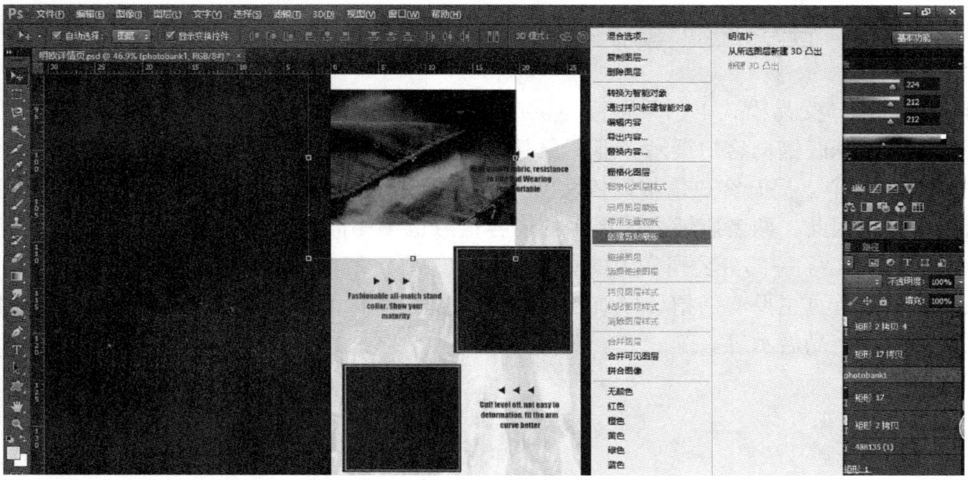

图 9.25　执行“创建剪贴蒙版”命令

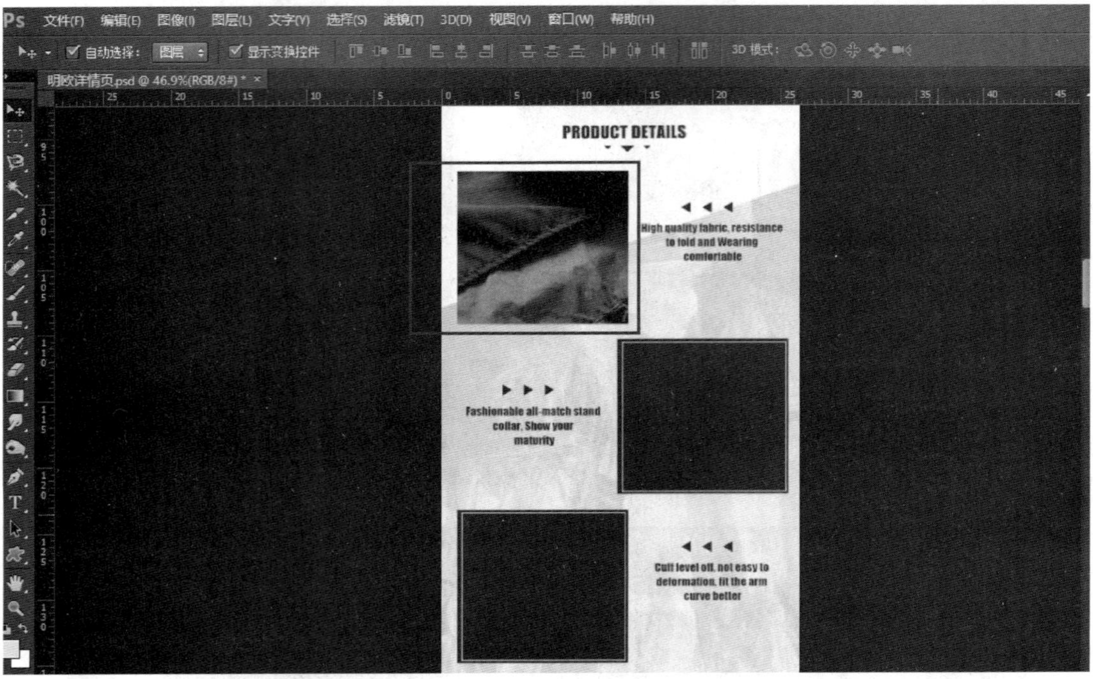

图 9.26　植入细节图

此时，细节图直接植入矩形框中，并且不会溢出来。若想调整图片的大小，需先按住 Ctrl + T 组合键，然后按住 Shift 键对图片进行等比例的放大与缩小，其他几部分细节图的替换亦是如此。

在套换的时候，细节图所对应的文案依据不同产品，也要做出相应的调整，这与之前所说的文字替换的操作一样。详情页中其他部分的替换过程中所涉及的操作基本一致。

任务三　掌握国际站的全球旺铺美工技能

跨境电商 B2B 交易模式下，采购商与供应商通过线上完成交易，全球旺铺是企业在国际站的门面。通过全球旺铺向客户展示企业形象是成功交易的第一步。

在 B2C 贸易中，提升客户信赖度依靠的是产品销量/评价，而在 B2B 贸易中，客户更加注重供应商的实力。因此，两者店铺中所展示的内容重点也不相同：在 B2C 中，展示最多的是产品；在 B2B 中，也包含了一部分公司实力的相关展示，如图 9.27 所示。

国际站旺铺首页主要有店招、导航条、首屏广告图、多语言栏、产品分类展示、企业信息展示、联系方式、产品展示等。

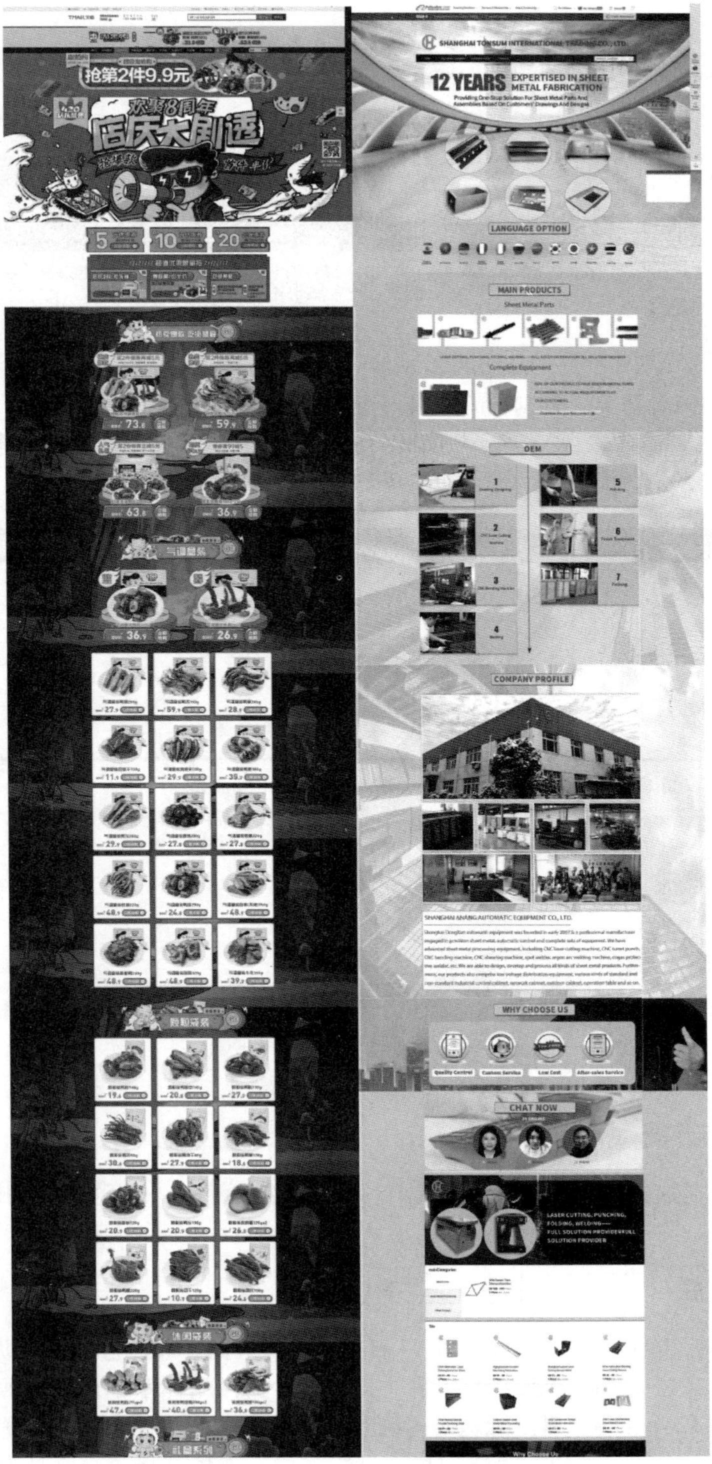

图 9.27　B2C 和 B2B 详情页对比

一、店招

店招，顾名思义就是店铺的招牌，它是整个旺铺的首要体现，一般呈现公司 LOGO、名称、文案标语等内容，如图 9.28 所示。

图 9.28　店招

二、导航条

导航条帮助访问者找到想要浏览的网页，查找相关信息。国际站默认有四个二级页面，分别为 Home、Product Categories、Company Profile、Contacts。用户可自定义添加两个二级页面，一般用于展示企业文化、公司优势产品等，如图 9.29 和图 9.30 所示。

图 9.29　网页导航条

图 9.30　自定义添加页面

三、首屏广告图

首屏广告图就是店铺中较大型的活动展示图或品牌展示图，一般称为促销图、店铺首焦图，如图 9.31 所示。

四、多语言栏

阿里巴巴多语言市场已于 2013 年 7 月 17 日正式向供应商开放，它是为帮助供应商开拓非英语市场而建立的，且独立于阿里巴巴国际站（英文站）的网站体系，现包括西班牙语、葡萄牙语、法语、俄语等 12 个主流语种，除覆盖传统欧美市场中的非英语买家群体外，重点拓展南美、俄罗斯等新兴市场。在国际站的公司旺铺页面设置多语言市场链接，主要是为了提升已经来到贵公司页面客户的体验，如图 9.32 所示。

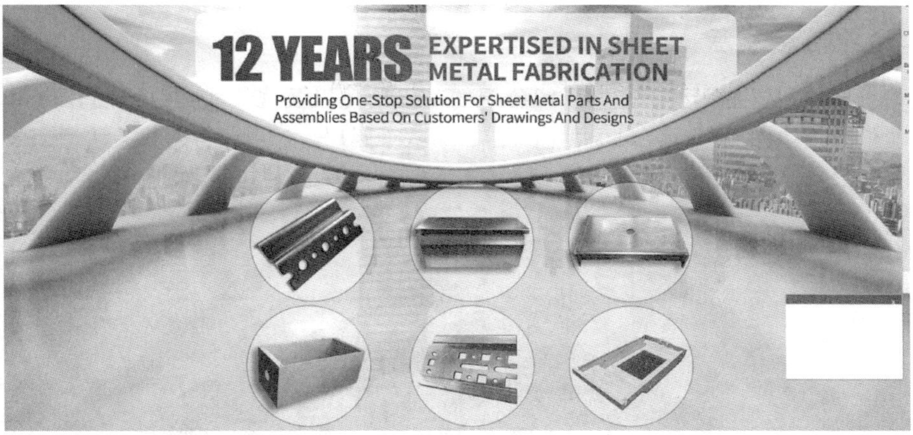

图 9.31　首屏广告图

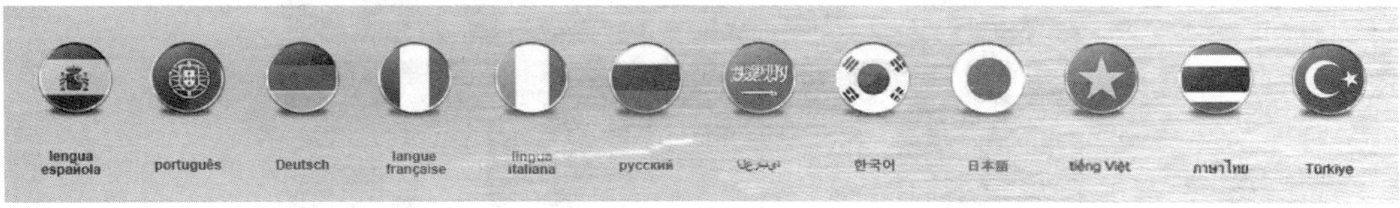

图 9.32　多语言栏

五、产品分类展示

产品分类展示的目的是让自己的商品容易被买家发现，方便买家快速找到想要的产品。在同一个区域，对于商品来说需要做好一定的主次之分，通过突出重点的陈列优化，让店铺的效果进一步提升（切忌产品重复，包括主图重复），如图 9.33 所示。

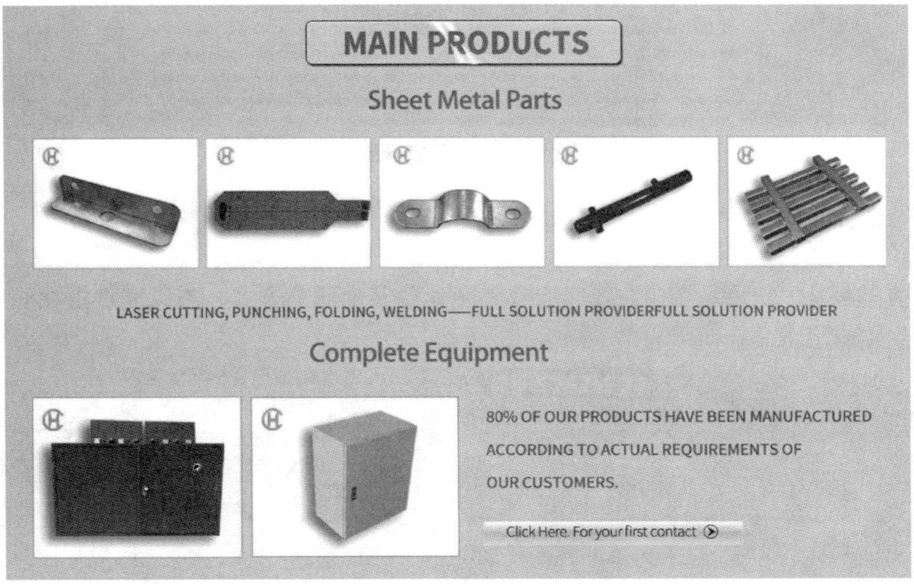

图 9.33　产品分类展示

六、企业信息展示

企业信息展示主要是为了让客户了解公司的基本信息以及规模实力，增加客户对卖家的信任度。企业信息板块一般展示公司车间、机器、团队等照片，公司获得的相关认证，公司合作伙伴以及简要的公司文字介绍，如图 9. 34 所示。

图 9. 34　企业信息展示

七、联系方式

联系方式板块一般展示企业在线客服或者企业的其他联系方式，当买家点击在线客服时可以在线给卖家发送消息，如图 9. 35 所示。

图 9. 35　联系方式

八、产品展示

产品展示部分一般会用系统自带的模板，根据产品分类，设置几个板块，展示每个分类中的多个产品，一般一行为4个，每个板块最多展示8个产品，如图9.36所示。

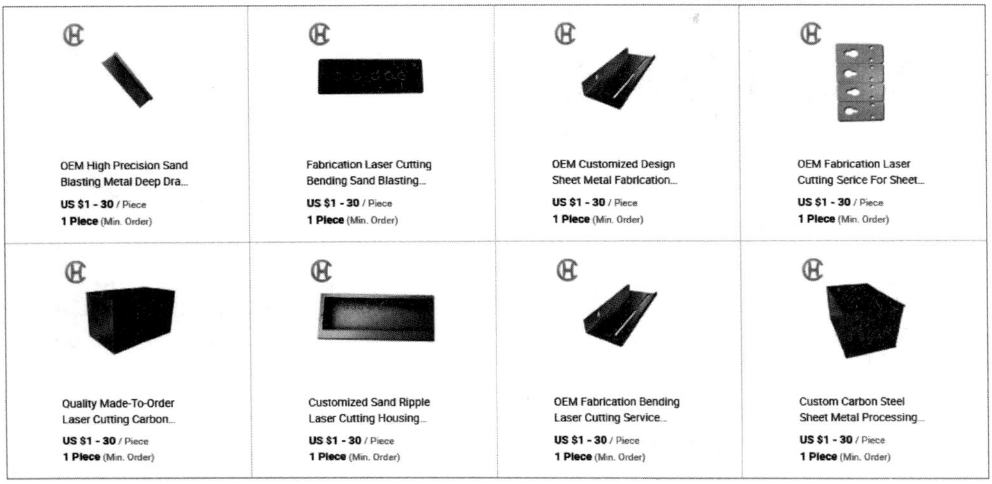

图9.36　产品展示

总的来说，主图、详情页以及全球旺铺是国际站视觉美工的三大重要板块，若能迎合买家喜好，那么询盘转化自然不会低，对于国际站的数据来说，肯定有相当大的提升，这就是视觉美工为国际站带来的效果加成。

项目十

跨境支付与结算

★ 知识目标

★ 了解跨境电子商务支付的相关概念
★ 掌握第三方支付的相关知识
★ 掌握国际支付宝的相关知识
★ 熟悉 PayPal、DHpay 和 Visa 等支付方式
★ 了解西联汇款等其他支付方式

★ 技能目标

★ 熟悉跨境电商平台收款规则，能够处理跨境在线支付

任务一　了解跨境电子商务支付的相关概念

一、跨境支付

跨境支付（Cross-border Payment）是指两个或两个以上国家或地区之间因国际贸易、国际投资及其他方面所发生的国际债权债务，借助一定的结算工具和支付系统实现的资金跨国和跨地区转移的行为。

跨境支付有两大类，一是网上支付，包括电子账户支付和国际信用卡支付，适用于零售金额支付；二是银行汇款模式，适用于大额支付。信用卡和 PayPal 目前使用比较广泛，其他支付方式可作为辅助手段，尤其是 WebMoney、QIWI Wallet、CashU，其分别对俄罗斯、中东、北非等地区的贸易有不可或缺的作用。

二、跨境电子支付

跨境电子支付也称为跨境互联网支付，是指为不同国别的交易双方提供基于互联网的在线支付服务。

三、跨境支付与传统支付的区别

交易方式：跨境电商中跨境支付一般使用网上转账；传统贸易中的传统支付一般通过银行转账，有支票和现金两种形式。

交易范围：跨境支付可实现无国界贸易，以及不同国别或关境地区间的买卖双方的交易；传统支付会受到地区条件的限制。

交易安全性：跨境支付简单、透明，节约交易成本。在电子商务背景下，网络协议和应用系统功能保证了交易双方所有交易协商文件的正确性和可靠性。传统支付通常通过口头协定完成，但最后必须以书面形式签订具有法律效力的商贸合同，过程烦琐。

任务二　掌握第三方支付的相关知识

一、第三方支付的概念

第三方支付，就是通过一些和产品所在国家以及国内外各大银行签约并具备一定实力和信誉保障的第三方独立机构提供的交易支持平台进行支付。在通过第三方支付平台的交易中，买方选购商品后，使用第三方平台提供的账户进行货款支付，由第三方通知卖家货款到达、发货；买方检验物品后就可以通知付款给卖家，第三方再将款项转至卖家账户。

二、第三方支付产生的原因

在现实的有形市场，异步交换权可以附加信用保障或法律支持来进行，而在虚拟的无形市场，交易双方互不认识，不知根底，因此，支付问题曾经成为电子商务发展的瓶颈之一。卖家不愿先发货，怕货发出后不能收回货款；买家不愿先支付，担心支付后拿不到商品或商品质量得不到保证。博弈的结果是双方都不愿意先冒险，网上购物无法进行。

为迎合异步交换的市场需求，第三方支付应运而生。第三方是买卖双方在缺乏信用保障或法律支持的情况下的资金支付“中间平台”，买方将货款付给买卖双方之外的第三方，第三方提供安全交易服务，其运作实质是在收付款人之间设立中间过渡账户，使汇转款项实现可控性停顿，只有双方意见达成一致才能决定资金去向。第三方担当中介保管及监督的职能，并不承担风险，所以确切地说，这是一种支付托管行为，通过支付托管实现支付保证。

三、第三方支付实现原理

第三方机构与各个主要银行之间签订了有关协议，使得第三方机构与银行可以进行某种形式的数据交换和相关信息确认。这样，第三方机构就能实现在持卡人或消费者与各个银行以及最终的收款人或者商家之间建立一个支付的流程。

四、第三方支付流程

在第三方支付流程中，商家看不到客户的信用卡信息，避免了信用卡信息在网络上多次公开传输而导致信用卡信息被窃。

以 B2C 交易为例：

第一步，客户在电子商务网站上选定商品，决定购买，买卖双方在网上达成交易意向；

第二步，客户选择利用第三方作为交易中介，客户用信用卡将货款划到第三方账户；

第三步，第三方支付平台将客户已经付款的消息通知商家，并要求商家在规定时间内发货；

第四步，商家收到通知后按照订单发货；

第五步，客户收到货物并验证后通知第三方；

第六步，第三方将其账户上的货款划入商家账户，交易完成。

五、第三方支付的优缺点

1. 第三方支付的优点

（1）成本优势。支付平台满足了企业专注发展在线业务的收付要求。

（2）竞争优势。第三方支付平台的利益中立，避免了与被服务企业在业务上的竞争。

第三方支付流程如图 10.1 所示。

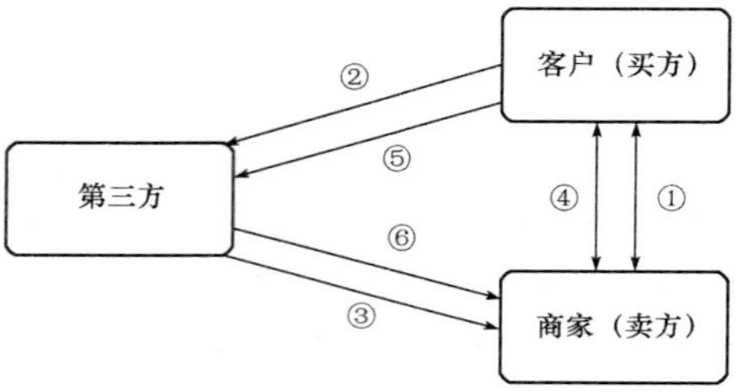

图 10.1　第三方支付流程

（3）创新优势。第三方支付平台的个性化服务，使得其可以根据被服务企业的市场竞争与业务发展所创新的商业模式，同步定制个性化的支付结算服务。

2. 第三方支付的缺点

（1）第三方支付可能为非法转移资金和套现提供便利，形成潜在的金融风险。

（2）交易中出现纠纷时，买卖双方各执一词，相关部门取证困难。

（3）支付平台流程有漏洞，不可避免地出现人为耍赖、不讲信用的情况。另外，有些第三方支付平台存在安全漏洞。目前，这些缺点已成为第三方支付发展道路上必须完善和改进的地方。

任务三　掌握国际支付宝的相关知识

常用的国际第三方支付平台有 PayPal、国际支付宝、Moneybookers 等。其中，用户数量最大的是 PayPal 和国际支付宝，前者主要在欧美国家流行，后者是马云阿里巴巴旗下产品。另外，中国银联旗下的银联电子支付也开始朝第三方支付发力，推出了银联商务，提供相应的金融服务。

子任务一　国际支付宝的基础知识

阿里巴巴国际支付宝由阿里巴巴与支付宝联合开发，旨在保护国际在线交易中买卖双方的交易安全。如果已经拥有国内支付宝账户，只需绑定国内支付宝账户即可，无须再申请国际支付宝账户。如果还没有国内支付宝账号，可以先登录支付宝网站申请国内的支付宝账号，再绑定即可。

使用国际支付宝有很多显而易见的优势：

（1）多种支付方式：目前国际支付宝支持的支付方式有信用卡、T/T 银行汇款。后续会有更多的支付方式接入。

（2）安全保障：先收款，后发货，全面保障卖家的交易安全。国际支付宝是一种第三方支付服务，而不是一种支付工具。它的风控体系可以使交易者在交易中免受信用卡盗卡的威胁，而且只有当且仅当国际支付宝收到了货款，才会通知卖家发货，这样可以避免在交易中使用其他支付方式导致的交易欺诈。

（3）方便快捷：线上支付，直接到账，足不出户即可完成交易。使用国际支付宝收款无须预存任何款项，速卖通会员只需绑定国内支付宝账号和美金银行账户就可以分别进行人民币和美金的收款。

（4）品牌优势：背靠阿里巴巴和支付宝两大品牌，海外潜力巨大。

一、国际支付宝的支付方式

国际支付宝支持多种支付方式：信用卡、T/T 银行汇款和西联汇款、Moneybookers、借记卡。

（1）信用卡支付。买家可以使用 Visa 及 MasterCard 对订单进行支付，如果买家使用此方式支付，平台将会将订单款项按照买家付款当天的汇率结算成人民币支付给卖家。

（2）T/T 银行汇款和西联（Western Union）汇款支付。其为国际贸易主流支付方式，大额交易更方便。如果买家使用此方式支付，其中会有一定的转账手续费用。此外，银行提现也需要一定的费用。

（3）Moneybookers 支付。欧洲也是速卖通的主要市场，Moneybookers 是一个欧洲的电子钱包公司，集成了 50 多种支付方式，是欧洲一种主流的支付服务商。

（4）借记卡支付。国际通行的借记卡外表与信用卡一样，并于右下角印有国际支付卡机构的标志。它通行于所有接受信用卡的销售点。唯一的区别是，当使用借记卡时，用户没有信用额度，只能用账户里的余额支付。

二、国际支付宝的特色

1. 国际支付宝支持的交易

目前国际支付宝支持部分产品的小额批发、样品、小单、试单交易，只要产品满足以下条件即可通过国际支付宝进行交易。

（1）产品可以通过 EMS、DHL、UPS、FedEx、TNT、SF、邮政航空包裹七种运输方式进行发货；

（2）每笔订单金额小于 10 000 美金（产品总价加上运费的总额）。

2. 国际支付宝单笔订单最大额度

为降低支付宝用户在交易过程中产生的交易风险，目前支付宝支持单笔订单金额在 10 000

美金（产品总价加上运费的总额）以下的交易。

3. 通过国际支付宝在线交易如何报关

如果货物申报价值在600美元以下，快递公司会进行集中报关。如果货物申报价值超过600美元，可提供全套的报关单据，委托快递公司进行代报关。

4. 通过国际支付宝在线交易如何进行核销退税

买家使用Visa和MasterCard支付时，无法进行核销退税。

买家使用T/T银行汇款支付时，卖家报关后可以进行核销退税。

子任务二　国际支付宝的使用

绑定国内支付宝账户后，就可以通过支付宝账户收取人民币。国际支付宝会按照买家支付当天的汇率将美金转换成人民币支付到卖家的国内支付宝或银行账户中。卖家还可以通过设置美金收款账户来直接收取美金。

一、（国内）个人支付宝账户的申请

第一步，进入支付宝注册官网 https：//www.alipay.com，单击“免费注册”按钮，如图10.2所示。

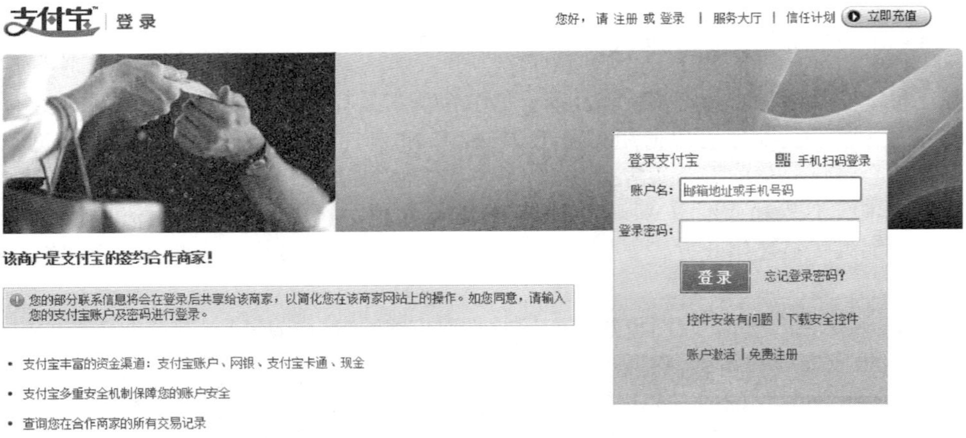

图10.2　个人支付宝账户免费注册

这时，页面会自动跳转到支付宝的注册页面。在页面中可以看到“个人账户”和“企业账户”字样，如图10.3所示。

第二步，单击“个人账户”按钮，选择使用邮箱注册，使用邮箱注册时先要填写注册信息，如图10.4所示。

第三步，将邮箱和验证码输入后，系统会发送一封确认身份信息的邮件到刚刚填写的邮箱中，单击“立即进入邮箱查收”按钮，如图10.5所示。

图 10.3　选择注册个人账户

图 10.4　选择使用邮箱注册个人账户

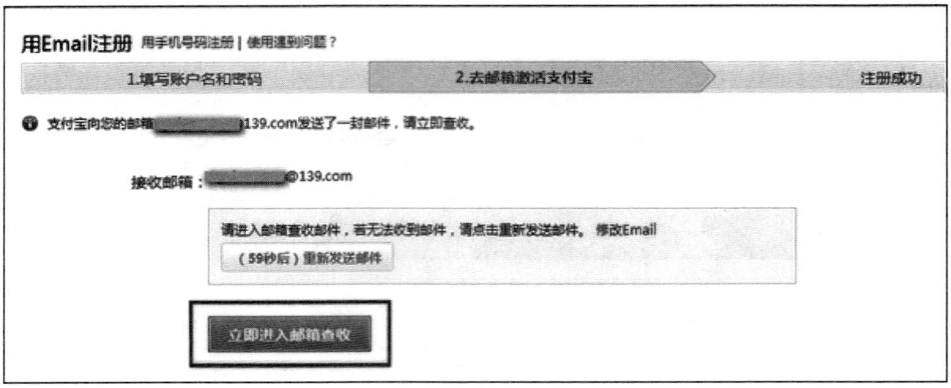

图 10.5　邮箱和验证码输入环节

第四步，进入邮箱后，打开系统发送的邮件，单击“点击激活支付宝账户”按钮或者在邮件中复制继续注册的链接，如图 10.6 所示。

图 10.6　点击激活支付宝账户

第五步，激活成功，补全支付宝账户基本信息就可以进行付款、充值的操作了，如图 10.7 所示。

第六步，在“我的支付宝”首页，单击“申请认证”按钮，进入支付宝实名认证页面，输入校验码，单击“立即申请”按钮，如图 10.8 所示。

第七步，仔细阅读支付宝认证服务协议后，单击“我已阅读并接受协议”按钮，支付宝实名认证成功，如图 10.9 所示。

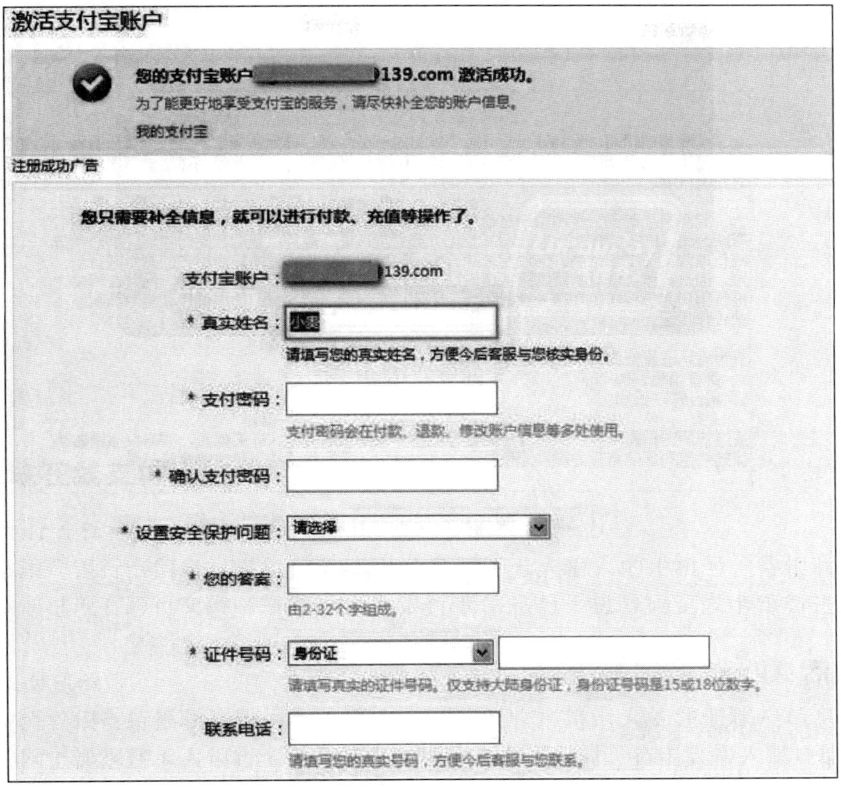

图 10.7　补全信息

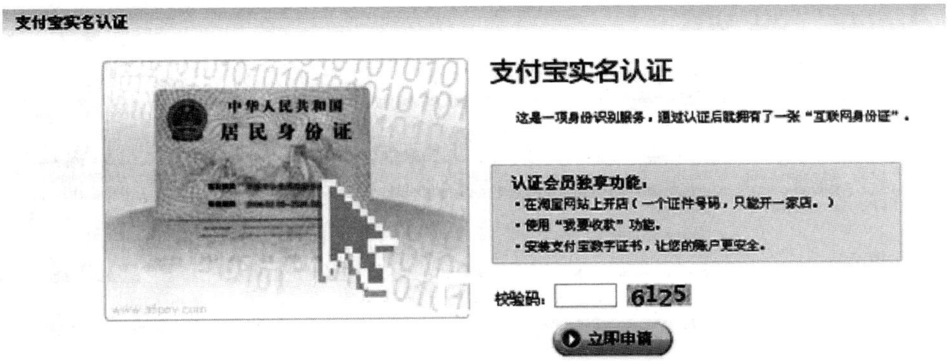

图 10.8　实名认证

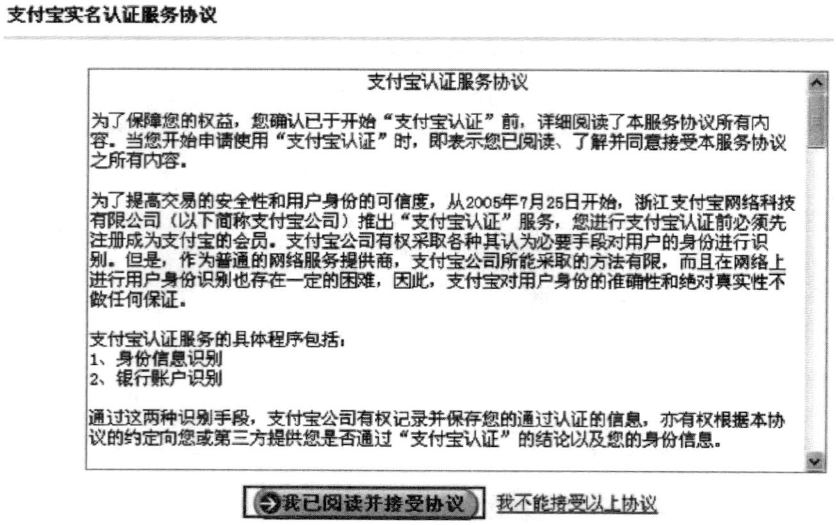

图 10.9　支付宝认证服务协议

二、激活 Alipay 会员身份

第一步，访问 Alipay 系统。

用户通过“My Alibaba”—“资金账户管理”功能访问 Alipay 系统。

第二步，设置支付密码，激活 Alipay 会员身份。

如果是初次访问 Alipay 系统，用户需要激活 Alipay 会员身份。

激活支付宝国际账户，如图 10.10 所示。

图 10.10　激活支付宝国际账户

第三步，单击“现在激活”按钮，系统显示创建支付密码页面，用户需要输入支付密码。为了让账户更加安全，防止密码被盗，建议用户不要设置相同的支付密码和登录密码，如图 10.11 所示。

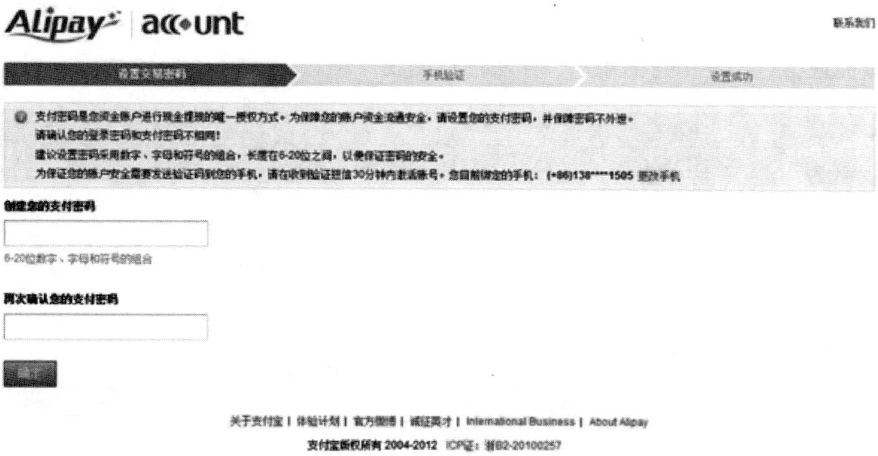

图 10.11　创建支付密码

第四步，用户输入支付密码后，单击“确定”按钮，会检验用户是否之前在 Alibaba 网站已经绑定过手机号码。如果已经绑定过，此时需要进行手机验证。系统会发送验证码到用户绑定的手机号码，用户输入正确的验证码后确认提交，即可成功激活 Alipay 会员身份。手机验证码的有效期是 30 分钟。支付宝国际账户绑定手机号码如图 10.12 所示。如果用户之前没有在 Alibaba 网站上绑定过手机，则系统会引导用户进行手机绑定操作，绑定完成后再进行手机验证。

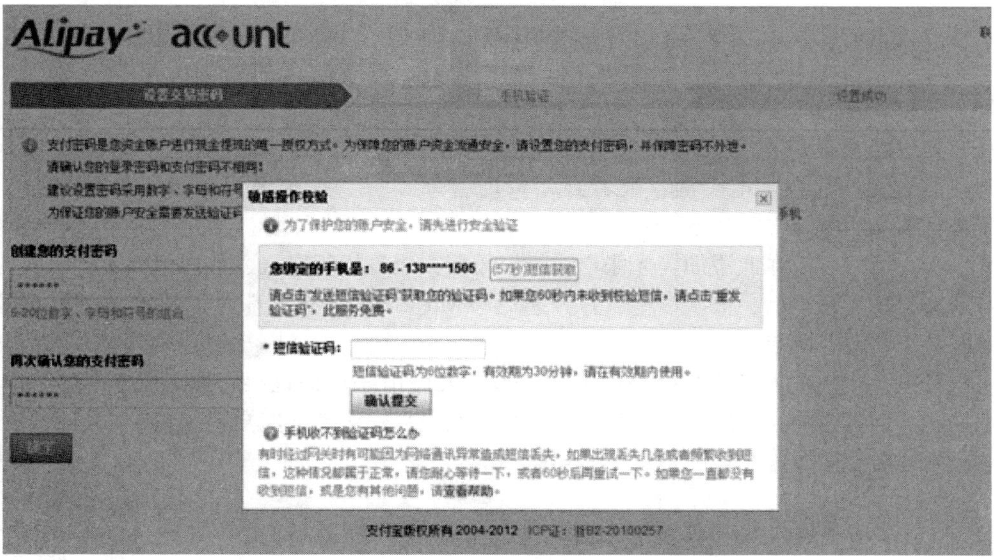

图 10.12　支付宝国际账户绑定手机号码

三、查询账户信息

用户登录 Alipay 系统，在首页（我的账户）即可查询账户信息，包括人民币账户、美元账户下的资金信息（可提现金额和冻结金额），提现银行账户信息，以及用户最近的资金记录，如图 10. 13 所示。

未设置提现银行账户信息的用户，无法进行提现操作。

图 10. 13　查询账户信息

四、设置银行账户

第一步，用户可以在“我的账户”页面，人民币账户或美元账户信息中的设置银行账号入口到达设置银行账户功能页面，或者到“资产管理”—“提现账户设置”功能页面，进行银行账户的设置，如图 10. 14 所示。

第二步，用户可以在此添加美元账户或人民币账户提现银行账号，如图 10. 15 所示。

第三步，选择账户后，依次填写“账户名”“Swift Code”“银行账号”等必填项。填写完毕后，单击“下一步”按钮。

用户可以设置一个人民币账户提现银行账号，人民币账户提现银行账号目前仅支持国内支付宝账户，支付宝账户必须通过实名认证。用户可以设置三个美元账户提现银行账号，美元账户提现银行账号需要区分是个人账户还是公司账户。

图 10.14　设置银行账户

图 10.15　添加银行账号

五、国际支付宝收款提现

（1）国际支付宝收款。国际支付宝提现无须申请，只要买家确认收货且货物妥投后，国际支付宝会直接将钱汇到国内支付宝账户或绑定的银行账户中。

卖家可以选择美元和人民币两种收款方式。

①买家通过信用卡支付时，卖家在收款时会出现两种货币收款情况：如果付款方式处显示为“信用卡（人民币通道）”，款项会汇入阿里巴巴的担保账户，在买家确认收货并同意放款，物流信息显示妥投，该交易达到放款条件以后，国际支付宝会按照买家支付当天的汇率将美元转换成人民币支付到卖家的国内支付宝或银行账户中（特别提醒：速卖通普通会员的货款将直接支付到国内支付宝账户），具体流程如图 10. 16 所示。

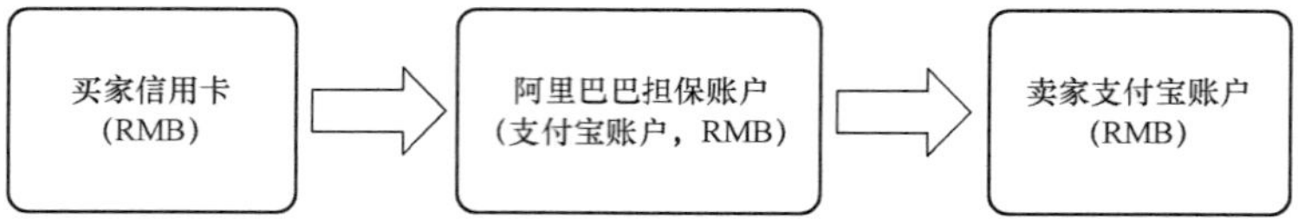

图 10. 16　国际支付宝人民币通道收款流程

如果买家选择“信用卡（美元通道）”、西联、Moneybookers、Bank Transfer、QIWI Wallet 等，款项会汇入阿里巴巴的担保账户，在买家确认收货并同意放款，物流信息显示妥投，该交易达到放款条件以后，订单款项将会支付到美元账户中，具体流程如图 10. 17 所示。

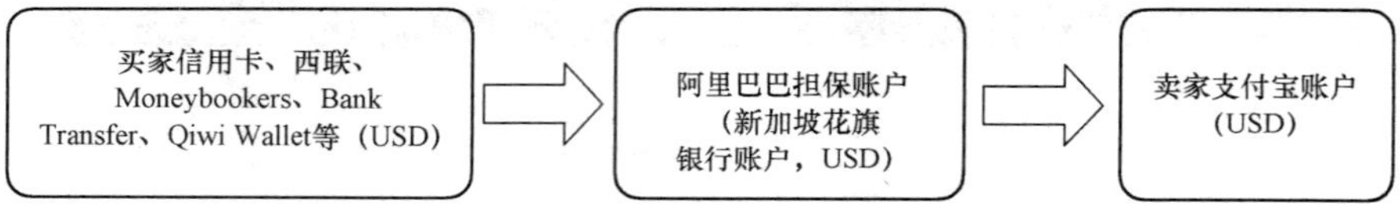

图 10. 17　国际支付宝美元通道收款流程

②买家通过 T/T 银行汇款支付时，国际支付宝将支付美元到卖家的美元收款账户（特别提醒：只有设置了美元收款账户才能直接收取美金）。

（2）国际支付宝提现流程。

第一步，通过“我的账户信息”，可以查看到可提现的人民币金额和美元金额，以及冻结的人民币金额和美元金额，如图 10. 18 所示。

第二步，单击人民币账户或美元账户对应的“我要提现”按钮，如图 10. 19 和图 10. 20 所示。

第三步，输入要提现的金额，单击“下一步”按钮，到达提现信息确认页面，如图 10. 21 和图 10. 22 所示。注意，由于每一次美元账户提现都要扣除银行收取的 20 美元手续费，花旗银行要求到账金额必须大于 1 美元，所以美元提现金额必须大于 21 美元。人民币账户提现不收取手续费。

第四步，确认提现信息后，输入支付密码，单击“确定”按钮，如果支付密码正确，系统会发送验证码到用户绑定的手机，用户输入正确的验证码后单击“确认提交”按钮，即可提现成功，如图 10. 23 所示。注意手机验证码的有效期是 30 分钟。

图 10.18　国际支付宝账户可提现及冻结金额查询

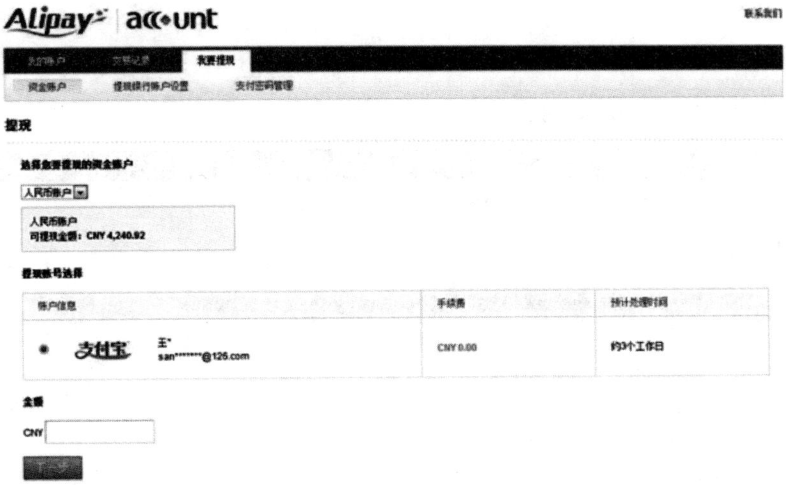

图 10.19　国际支付宝账户人民币提现

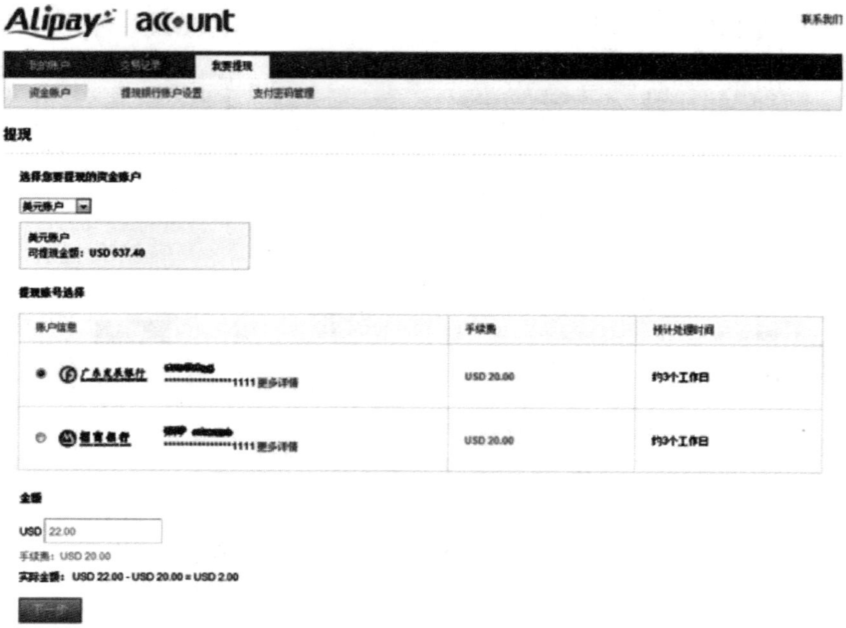

图 10.20　国际支付宝账户美元提现

图 10.21　人民币提现信息确认

图 10.22　美元提现信息确认

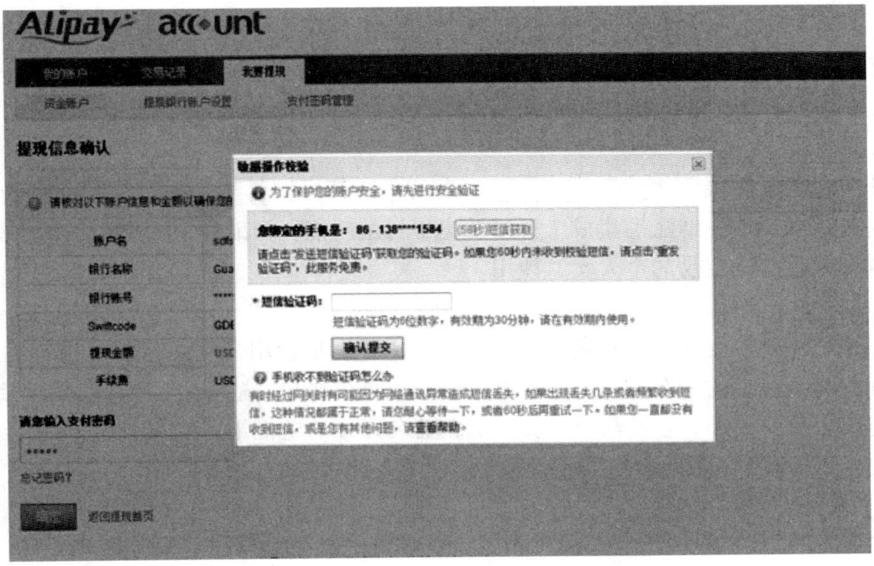

图 10.23　提现操作校验

任务四　掌握 PayPal 支付方式

PayPal（在中国大陆的品牌为贝宝）是美国 eBay 公司的全资子公司，于 1998 年 12 月由 Peter Thiel 及 Max Levchin 建立，是一个总部在美国加利福尼亚州圣荷西市的因特网服务商，其允许在使用电子邮件标识身份的用户之间转移资金。PayPal 也和一些电子商务网站合作，成为它们的货款支付方式之一。但是用这种支付方式转账时，会收取一定数额的手续费。

PayPal 是目前全球使用最为广泛的网上交易工具，它能帮助人们实现以下目的：

（1）进行便捷的外贸收款、提现与交易跟踪；

（2）从事安全的国际采购与消费；

（3）快捷支付并接收美元、加元、欧元、英镑、澳元和日元等 25 种国际主要流通货币。

子任务三　了解 PayPal 的基础知识

一、PayPal 账户的分类

PayPal 账户分三种类型：个人账户、高级账户和企业账户。用户可根据实际情况进行注册，个人账户可以升级为高级账户进而升级为企业账户，企业账户也可以降为高级账户或者个人账户。

1. 个人账户

个人账户适用于在线购物的买家用户。其主要用于付款，可以收款，但比起高级账户或企业账户，少了一些商家必备的功能和特点，如查看历史交易记录的多种筛选功能，享受商家费率、网站集成、快速结账等功能，因此不建议卖家选择。

2. 高级账户

高级账户适用于在线购物或在线销售的个人商户。其可以付款、收款，并可享受商家费率，使用网站付款标准、快速结账等集成工具以及集中付款功能，帮助商家拓展海外销售渠道，提升销售额，推荐进行跨国交易的个人卖家使用。

3. 企业账户

企业账户适用于以企业或团体名义经营的商家，特别是使用公司银行账户提现的商家用户。企业账户拥有高级账户的所有商家功能，可以设立多个子账户，适合大型商家使用，每个部门设立子账户进行收款。另外，企业账户需要添加企业名开办的电汇银行账户进行转账，添加个人名字开办的电汇银行账户可能导致转账失败。

二、PayPal 的支付流程

PayPal 集国际流行的信用卡、借记卡、电子支票等支付方式于一身，帮助买卖双方解决各种交易过程中的支付难题。

在跨国交易中，超过 95% 的卖家和超过 85% 的买家认可并正在使用 PayPal 电子支付业务。

买家和卖家使用 PayPal 支付的优势如表 10.1 所示。

表 10.1　买家和卖家使用 PayPal 支付的优势对比表

<table>
<tr><th>优势</th><th>买家</th><th>卖家</th></tr>
<tr><td rowspan="3">安全有保障</td><td>付款时无须向商家提供任何敏感金融信息</td><td>PayPal 具有成熟的风险控制体系</td></tr>
<tr><td rowspan="2">享有 PayPal 买家保护政策</td><td>商家因欺诈所遭受的平均损失不到其收入的 0.27%</td></tr>
<tr><td>内置防欺诈模式，个人财务资料不会被披露</td></tr>
<tr><td rowspan="4">功能强大、便捷</td><td>集多种支付途径于一体</td><td>实现网上自动化支付清算，可有效提高运营效率</td></tr>
<tr><td>两分钟即可完成账户注册，具备多国语言操作界面</td><td>功能强大，支持多种商家交易工具</td></tr>
<tr><td>支持包括国际信用卡在内的多种付款方式</td><td rowspan="2">集成所有常见的国际支付网关</td></tr>
<tr><td>数万网站支持 PayPal，用一个账户买遍全球</td></tr>
<tr><td>成本低廉</td><td>无须任何服务费</td><td>只有产生交易才需付费，没有任何开户费及年费</td></tr>
</table>

付款人欲通过 PayPal 支付一笔金额给商家或者收款人时，可以分为以下几个步骤。

（1）只要有一个电子邮件地址，付款人就可以开设 PayPal 账户，通过验证成为其用户，并提供信用卡或者相关银行资料，将一定数额的款项从其开户时登记的账户（如信用卡）转移至 PayPal 账户下。

（2）当付款人启动向第三人付款的程序时，必须先进入 PayPal 账户，指定特定的汇出金额，并提供收款人的电子邮件账号给 PayPal。

（3）PayPal 向商家或者收款人发出电子邮件，通知其有等待领取或转账的款项。

（4）若商家或者收款人也是 PayPal 用户，其决定接受后，付款人所指定之款项即移转至收款人。

（5）若商家或者收款人没有 PayPal 账户，收款人需依 PayPal 电子邮件内容指示进入网页注册取得一个 PayPal 账户，收款人可以选择将取得的款项转换成支票寄到指定的处所、转入其个人的信用卡账户或者转入另一个银行账户。

从以上流程可以看出，如果收款人已经是 PayPal 用户，那么该笔款项就汇入其拥有的 PayPal 账户，若收款人没有 PayPal 账户，网站就会发出一封通知电子邮件，引导收款人至 PayPal 网站注册一个新的账户。所以，也有人称 PayPal 销售模式是一种“邮件病毒式”的商业拓展方式，从而使得 PayPal 越做越大。

三、PayPal 提现

1. 将资金通过电汇发送到中国的银行账户（电汇银行）

提现周期短，固定费用；一般建议用户在有较多余额时一次性大额提取，可降低提现成本。

2. 提现至中国香港账户

需要到中国香港办理银行账户，提现周期短，费用低；但对客户群不是中国香港地区的卖家而言，会有较大的汇率转换损失；1 000 港币以下的收取 3.5 港币的手续费，1 000 港币及以上的免收手续费，招行一卡通或工银亚洲的卡都可以。此外，提现到中国香港账户，提出来的是港币，还会有 2.5% 的币种转换费。

3. 提现至美国账户

需要到美国办理银行账户，提现周期短，无费用；不适合中国大陆用户，因办理美国银行账户困难。

4. 向 PayPal 申请支票

费用较低，但是提现周期很长，支票可能在邮寄过程中丢失；适合小额提现且资金周转不紧张的人群。每次 5 美元手续费，支票重发每次还得缴纳 15 美元费用。目前支票提现的方式在中国大陆地区已经不能使用。

四、PayPal 的优势与劣势

1. PayPal 的优势

（1）用户遍布全球。PayPal 在全球 190 个国家和地区，拥有超过 2.2 亿用户，已实现在 24 种外币间进行交易。

（2）品牌效应强。PayPal 在欧美普及率极高，是全球在线支付的代名词，强大的品牌优势能让网站轻松吸引众多海外客户。

（3）资金周转快。PayPal 独有的即时支付、即时到账的特点，让卖家能够实时收到海外客户发送的款项。最短仅需 3 天，即可将账户内款项转账至国内的银行账户，及时高效地帮助卖家开拓海外市场。

（4）安全保障高。完善的安全保障体系、丰富的防欺诈经验、业界最低风险损失率（仅 0.27%，不到使用传统交易方式的 1/6），确保交易顺利进行。

（5）使用成本低。无注册费用，无年费，手续费仅为传统收款方式的 1/2。

（6）数据加密技术。当用户注册或登录 PayPal 的站点时，会验证网络浏览器是否正在运行安全套接字层 3.0（SSL）或更高版本。在传送过程中，信息受到加密密钥长度达 168 位（市场上的最高级别）的 SSL 保护。

2. PayPal 的劣势

（1）资料审查严格，提供错误的资料会被冻结账号。

（2）对收款人限制特别多。

①收款后立马提现。例如，账户接收了 1 000 美元，收款后马上提现 900 美元，而此时货还没有发出，难免引起怀疑导致账户被冻结。

②提现金额过高。例如，收款 1 000 美元，发货后，卖家需要资金周转，把 1 000 美元全部提现，这种情况比较危险。一般 PayPal 提现金额在 80% 是比较安全的，留 20% 首先是为了防止买家退单，其次是为了让 PayPal 放心。

③被客户投诉过多、退单过多。一般投诉率超过 3%、退单率超过 1% 就会被 PayPal 终止合作。

④所售产品有知识产权问题。仿牌或者假货都是 PayPal 禁止交易的，国外对知识产权的保护非常重视，一旦国际品牌商家投诉 PayPal，后果是非常严重的。

（3）收款手续费高。收款的手续费根据金额的不同，从 3.9% +0.3 美金到 2.9% +0.3 美金不等。

子任务四　PayPal 的申请流程

PayPal 的申请操作步骤如下：

第一步，打开 PayPal 网站，这里有两种注册方式，一是注册“商家账户（个体/企业）”，二是注册“购物账户”，如图 10.24 所示。根据自己的需要注册相应平台的账户即可。

图 10.24　PayPal 注册页面

第二步，以注册“购物账户”为例，单击“购物账户”下的“立即免费注册”按钮，页面跳转，如图 10.25 所示。

图 10.25　注册 PayPal 购物账户

第三步，填写邮箱地址，并设置密码，单击“立即注册”按钮，页面跳转，如图 10. 26 所示。在此填写注册账户的详细信息，根据自己的实际情况填好以后，单击右下角的“同意并创建账户”按钮。

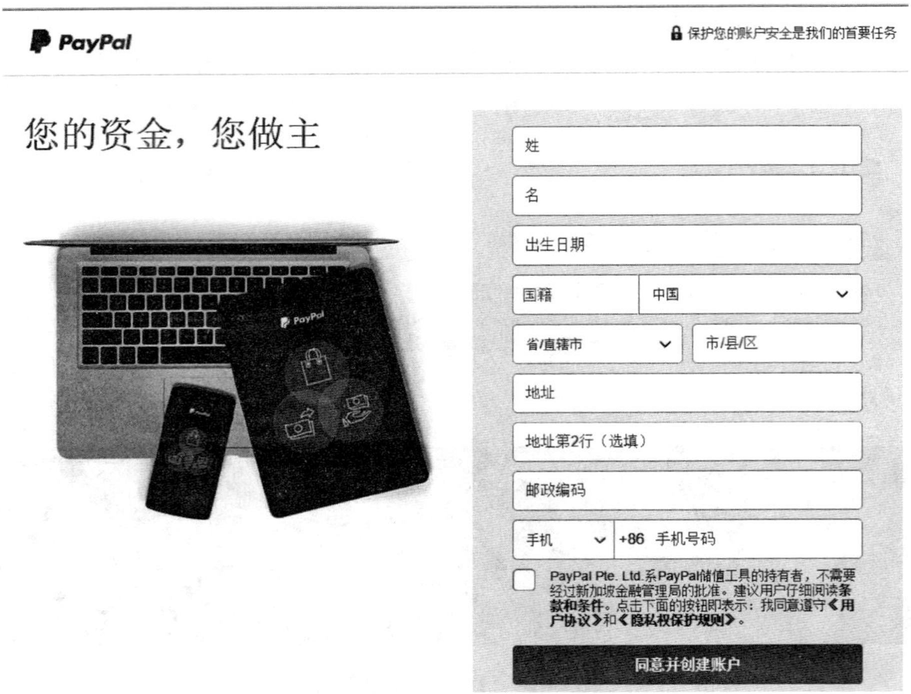

图 10. 26　PayPal 注册详细信息填写

第四步，关联信用卡或借记卡，也可以单击“以后再关联卡”按钮，选择以后再关联信用卡或借记卡，如图 10. 27 所示。

图 10. 27　关联信用卡或借记卡

完成以上步骤后，PayPal 账户就注册成功了，如图 10.28 所示。

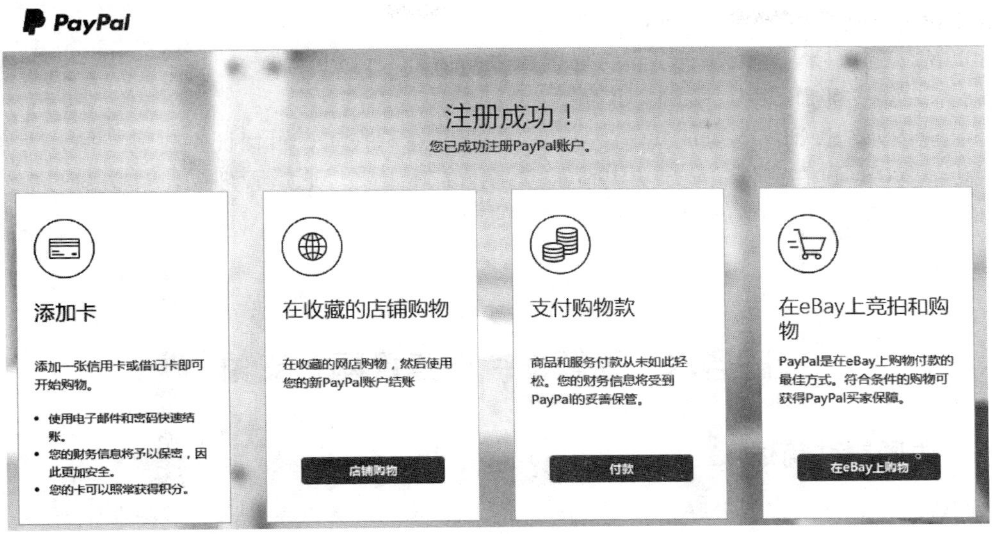

图 10.28　PayPal 账户注册成功

任务五　了解 DHpay 支付方式

DHpay 自 2010 年起服务于敦煌网在线贸易平台 www. dhgate. com，至今已为 400 万消费者提供了在线支付服务，涵盖全球 224 个国家和地区。DHpay 作为国内领先的跨境支付服务提供商，为用户提供快速集成、多货币收款、人民币结算服务，帮用户在跨境贸易中以低成本、高成功率和低风险的支付方式取得先机。

DHpay 支持的卡种如图 10.29 所示。

图 10.29　DHpay 支持的卡种

DHpay 产品优势：

（1）手续费低。无任何开通费用，手续费为 2.5% ~3.3%，支持主流的开源商务网站，如 Zen Cart、ECShop、Magento、PrestaShop、OpenCart、CS-Cart，商户可以快速完成接入。

（2）支持多种货币交易。客户只要输入卡号和验证码即可完成付款；收银台支持英语、日语、意大利语、西班牙语、德语、法语等；支持人民币、美元、欧元、英镑、日元、卢布、加元、澳大利亚元等多币种收款。

（3）人民币结算、周期短。DHpay 提供人民币结算服务，避免客户每年 5 万美金的外汇限制；汇率在每个工作日调整，可最大限度地减少汇率变动对用户造成的损失。交易资金实时入账，提现没有任何费用，结算周期最短 T+7 日。

（4）完善的风控管理。基于多年跨境收款经验所建立的风控系统，旨在为用户安全收款保驾护航，有效减少欺诈买家、高风险订单。

（5）业内专利保证高支付成功率。DHpay 创新的专利技术，可保证支付成功率，为商户带来更大价值。DHpay 在支付领域成功申请了“基于国际卡支付通道管理支付成功率的系统及方法”和“一种跨境支付方式限制方法和系统”的专利技术。

任务六　了解银行卡跨境网上支付

一、中国银联简述

中国银联是中国的银行卡联合组织，通过银联跨行交易清算系统，实现商业银行系统间的互联互通和资源共享，保证银行卡跨行、跨地区和跨境的使用。银联网络遍布中国城乡，截至 2015 年 1 月 20 日，业务已延伸至亚洲、欧洲、北美洲、南美洲、大洋洲、非洲等境外 150 个国家和地区。

银联在线支付的标志如图 10. 30 所示。

图 10. 30　银联在线支付

2011 年 6 月，中国银联基于延伸全球的银联网络和先进的银联在线支付平台，推出了银联互联网跨境支付业务。银联在线支付平台是中国银联为满足各方网上支付需求而打造的银行卡网上交易转接清算平台，也是中国首个具有金融级预授权担保交易功能、全面支持所有类型银联卡的集成化、综合性网上支付平台。其涵盖认证支付、快捷支付、小额支付、储值卡支付、网银支付等多种支付方式，可为用户境内外网上购物、水电气缴费、商旅预订、转账还款、基金申购、慈善捐款以及企业代收付等提供安全、快捷、多选择、全球化的支付服务。其具有方便快捷、安全可靠、全球通用、金融级担保交易、综合性商户服务、无门槛网上支付六大特点。

银联互联网跨境支付业务全面整合了中国银联、境内发卡银行和境外主流银行卡收单服务机构三方资源，具有商户资源全球覆盖、交易支付安全便捷、业务流程统一规范等显著特点，深受广大银联卡持卡人信赖。其通过与 PayPal、日本三井住友等境外主流收单机构的合作，受理 62 开头银联卡的境外网上商户覆盖范围将越来越广，数量将越来越多。银联卡如图 10. 31 所示。

图 10.31　银联卡

二、银联在线支付流程

1. 认证支付流程

银联收集用户银行卡信息，将短信验证码发送至持卡人输入的手机号，待银联短信验证码验证成功后，通过现有跨行交换网络发送个人银行卡信息与手机号码至发卡银行进行验证和授权处理。

2. 快捷支付流程

快捷支付流程仅支持银联注册用户使用，通过预先收集持卡人的注册账户信息和银行卡关联关系，规避网上泄露持卡人银行卡敏感信息的风险。在支付时，持卡人输入账户信息和手机号码，待银联验证短信验证码和账户信息成功后，通过现有跨行交换网络发送银行卡信息和手机号码至发卡银行进行验证和授权处理。

3. 储值卡支付流程

储值卡支付是指持卡人使用储值卡进行互联网支付的一种支付方式。银联在线支付的非注册用户也可以使用储值卡支付，支付时无须手机验证。

4. 网银支付流程

网银支付是用户通过银联跳转，最终在银行网银页面完成支付的一种支付方式。网银支付的支付流程如下。

（1）用户在商户网站选择“银联在线支付”；

（2）选择“网银支付”，并输入用于支付的银行卡号，单击“下一步”按钮；

（3）在网银页面上，按银行网银的要求输入相关的支付信息；

（4）支付成功。

任务七　了解 Visa

一、Visa 简述

1959 年，美洲银行开始在美国加利福尼亚州发行美洲银行卡，1977 年，正式以“VISA”作为组织标志，称为维萨国际组织。Visa 卡是维萨国际组织于 1982 年年末开始发行的信用卡。Visa 卡可在世界各地 2 900 多万个商户交易点受理，并能够在 180 万台自动提款机享受提现服务，非常方便。全球流通的 Visa 卡超过 18.5 亿张，足以证明 Visa 是最受欢迎的支付品牌。Visa 提供种类繁多的信用和借记产品，可满足各种付款和生活所需。

国际上有五大信用卡品牌，分别是维萨国际组织（Visa International）、万事达卡国际组织（MasterCard International）两大组织及美国运通国际股份有限公司（America Express）、大来信用卡有限公司（Diners Club）、JCB 日本国际信用卡公司（JCB）三家专业信用卡公司。

Visa International 是目前世界上最大的信用卡和旅行支票组织。Visa International 拥有 Visa、ELECTRON、INTERLINK、PLUS 及 Visa CASH 等品牌商标。

Visa 卡商标如图 10.32 所示。

图 10.32　Visa 卡商标

MasterCard International 是全球第二大信用卡国际组织。MasterCard International 拥有 MasterCard、Maestro、Mondex、Cirrus 等品牌商标。

MasterCard 卡商标如图 10.33 所示。

图 10.33　MasterCard 卡商标

Visa 和 MasterCard 在全球范围内构建了一个刷卡消费的联盟，国内银行与它们合作以后，国内银行发行的信用卡就能在它们的联盟范围内使用。可以在申请信用卡的时候选择申请 Visa 信用卡或 MasterCard 信用卡。

Visa 信用卡如图 10.34 所示。

图 10.34　Visa 信用卡

二、Visa 卡办理

我国发行 Visa 卡的金融机构如表 10.2 所示。

表 10.2 我国发行 Visa 卡的金融机构名单

• 中国银行	• 中国光大银行	• 中国农业银行	• 中国工商银行
• 中国建设银行	• 交通银行	• 中信实业银行	• 招商银行
• 广东发展银行	• 深圳发展银行	• 上海浦东发展银行	• 华夏银行
• 兴业银行	• 中国民生银行	• 北京银行	• 上海银行
• 东亚银行	• 汇丰银行	• 花旗银行	

三、Visa 网上支付

1. Visa 卡基本知识

使用 Visa 卡进行网上支付需提供三类最基本的信息。

（1）卡号（card number），卡片正面的 16 位数字。

（2）有效期（expired date）（月/年，mm/yy），注意是月份在前，年份在后。12/11，表示卡片的有效期是 2011 年 12 月。

（3）三位校验码（CVV2，secure code），打印在卡片背面的签名条处数字的最后三位，如图 10.35 所示。

图 10.35 Visa 卡正面、背面的信息

2. Visa 网上支付的方式

（1）一般网上支付。在网上直接输入 16 位卡号、姓名、有效期和 CVV2 就可以完成网上支付。目前大部分网上商户都通过这种方式完成交易。

（2）Visa 验证支付。在一些网上商店的支付页面，会看到“Visa 验证”标识，是 Visa 提供给持卡人在网上进行支付的一种安全方式。当采用这种方式支付时，需要输入在发卡行预留的交易密码。不是所有的发卡行都提供 Visa 验证支付。当开通使用 Visa 验证后，就可无忧享受“Visa 全球交易保障”。

（3）签署授权函或通过电话授权商家支付。通过签署授权函或电话提供 16 位卡号、姓名、有效期和 CVV2 给商家，授权商家可以直接从卡中扣款。通常这类交易发生在酒店预订和机票预订以及通过旅行社预订旅游的过程中。

任务八 了解其他支付方式

子任务五 了解西联汇款

西联汇款是国际汇款公司的简称，它是世界上领先的特快汇款公司，已有100多年的历史，它拥有全球最大最先进的电子汇兑金融网络，代理网点遍布全球近200个国家和地区。西联汇款是美国财富五百强之一的第一数据公司（FDC）的子公司。中国农业银行、中国光大银行、中国邮政储蓄银行、中国建设银行、浙江稠州商业银行、吉林银行、哈尔滨银行、福建海峡银行、烟台银行、龙江银行、温州银行、徽商银行、浦发银行等多家中国的银行是西联汇款的合作伙伴。使用这种方式支付大概要花费15分钟的时间。

费用：西联汇款手续费由买家承担；需要买卖双方到当地银行实地操作；在卖家未领取钱款时，买家可以将支付的资金撤销。

优点：安全，先收钱后发货，对商家最有利。

缺点：汇款手续费按笔收取，对于小额收款手续费高；因缺乏信用机制，易导致损失；属于传统型的交易模式，不能很好地适应新型的国际市场。

子任务六 了解Moneybookers

Moneybookers是一家极具竞争力的网络电子银行，它诞生于2002年4月，是英国伦敦Gatcombe Park风险投资公司的子公司之一。2003年2月5日，Moneybookers成为世界上第一家被政府官方所认可的电子银行。它还是英国电子货币协会EMA的14个成员之一。更重要的是，Moneybookers电子银行里的外汇可以转到中国国内银行账户里。

Moneybookers支付的优势：只要有E-mail地址就可以注册，无须信用卡。Moneybookers的最大优势是不用申请美元支票，多个国际中介公司为其提供兑换人民币的业务，也可以直接把美元、欧元转账到国内的外币存折或卡上，如中国银行的“本、外币一本通”或招商银行的一卡通借记卡等。Moneybookers可以直接从账户中申请支票邮寄到客户手中。同时，它还省去了PayPal必须用信用卡来激活的麻烦。Moneybookers可直接凭借电子邮件地址以及带照片的身份标识（如身份证、护照、驾照传真），完成认证。另外，没有付款手续费和低廉的收款手续费也是其优势之一。要注意的是：如果激活了Moneybookers，便可以直接申请支票；如果不激活，同样可以收款或者打款给别人。

子任务七 了解MoneyGram

速汇金业务（MoneyGram）是一种个人间的环球快速汇款业务，可用十多分钟完成由汇款人到收款人的汇款过程，具有快捷便利的特点。速汇金是与西联相似的一家汇款机构。速汇金在国内的合作伙伴有中国银行、工商银行、交通银行、中信银行。我国是外汇管制国家，国外公司给国内公司汇款需要有汇款的理由，不能随便汇款，速汇金就是只对个人的。通过速汇金系统办理汇出款业务，目前仅限于美元。

1. MoneyGram 的优势

（1）汇款速度快。在速汇金代理网点（包括汇出网点和解付网点）能够正常受理业务的情况下，速汇金汇款在汇出后十几分钟即可到达收款人账户。

（2）收费合理。速汇金采用的是超额累进收费标准，在一定的汇款金额内，汇款的费用相对较低，并且无其他附加费用和不可知费用，即无中间行费，无电报费。

（3）手续简单。汇款人无须选择复杂的汇款路径，收款人无须先开立银行账户，即可实现资金划转。

（4）速汇金国际有限公司（MIL）负责美洲以外的全球事务，其总部在英国伦敦，在全球主要城市下设超过 20 个区域办公室。

2. MoneyGram 的局限性

与全球第一大汇款机构西联汇款相比，速汇金在以下两方面存在局限性。

（1）速汇金仅在工作日提供服务，而且办理速度缓慢，一年中可以办理速汇金业务的天数不超过 300 天，而西联汇款 365 天营业。

（2）速汇金合作伙伴银行对速汇金业务部不提供 VIP 服务，而西联汇款提供全国 VIP 专窗服务。

子任务八　了解 Boleto

由于欧美跨境电商竞争激烈，很多人开始将目光转向巴西、俄罗斯等市场，巴西是金砖国家之一，也是拉丁美洲发展得比较好的国家，除了信用卡，当地人习惯使用 Boleto 支付。Boleto 全称是 Boleto Bancário，是受巴西中央银行监管的巴西官方的一种支付方式，每年大约有 20 亿笔交易，其中 30% 的交易来自在线交易。因为巴西人倾向于使用现金交易，还有就是申请可用于跨境交易的信用卡很困难，加之 Boleto 通常是公司以及政府部门唯一支持的支付方式，可以说 Boleto 是跨境电商打通巴西支付的不二之选。国内的速卖通、兰亭集势支持 Boleto 支付。

Boleto 支付主要有以下特点。

（1）非实时交易，这点和 PayPal 或者信用卡的实时交易不同，买家一般可在 3～5 天完成支付，具体取决于 Invoice 上的 Vencimento 日期。

（2）不能拒付（No chargeback），而 PayPal 或者信用卡，买家在 180 天内都可以拒付。

（3）交易有限额，每个巴西人每月累计支付不超过 3 000 美元。

（4）交易费用低。PayPal 对中国商家的费率是 4.3% +0.3 美元，另外还有每笔 30 美元的提现费用，而 Boleto 一般低于 4%。

（5）无保证金或者循环保证金，而 PayPal 或者信用卡一般都会有一定的交易保证金，以及 10% 的循环保证金，这对商家的资金周转造成了很大的压力。

子任务九　了解 QIWI Wallet

QIWI 是在俄罗斯领先的支付服务提供商，它运营着俄罗斯最大规模的自助购物终端设备，提供在线支付和手机支付服务。QIWI Wallet 是 2007 年底 QIWI 公司与 Visa 共同推出的一种电子钱包系统。当前，QIWI 在欧洲、亚洲、非洲和美洲的 22 个国家开展了业务。

子任务十　了解 WebMoney

WebMoney（简称 WM）是由成立于 1998 年的 WebMoney Transfer Techology 公司开发的一种在线电子商务支付系统，其支付系统可以在包括中国在内的全球 70 个国家使用。

WebMoney 有以下特点：

安全性——转账需要手机短信验证，有异地登录 IP 保护等多重保护功能。

迅速性——即时到账。

稳定性——俄罗斯主流的电子支付方式，在俄罗斯各大银行均可自主充值、取款。

国际性——人人都能在网上匿名免费开户，可以零资金运行。

方便性——只需要知道对方的钱包号即可转账汇款。

隐私性——匿名申请，隐私保护。

通用性——全球许多外汇、投资类站点，购物网站都接受 WebMoney 收付款。

项目十一

跨境物流

★ 知识目标

★ 了解国际物流的基础知识

★ 掌握运费模板的设置，掌握跨境电子商务“海外仓”模式，进行跨境电子商务常见的国际物流比较

★ 掌握国际站物流板块操作全流程

★ 技能目标

★ 能够在阿里巴巴国际站平台上设置运费模板

★ 能够在阿里巴巴国际站物流板块进行全流程操作

任务一　了解国际物流的基础知识

跨境物流也就是国际物流，是指把货物从一个国家通过海运、空运、陆运送到另外一个国家或地区。跨境物流小件一般选择快递或空运，不需要报关、清关，能够提供门到门服务。大件的货物一般是走海运或铁路运输，需要单证，清关时间相对较长，但价格便宜。跨境电子商务已在全球范围兴起，而跨境物流尚且不能匹配跨境电子商务的发展。目前，跨境电子商务的物流模式多为国际邮政小包和国际快递等传统物流模式，也涌现出海外仓、边境仓、国际物流专线、保税区和自贸区物流、集货物流、第四方物流等新兴物流模式，但仍无法满足日益增长的跨境电子商务发展需求。跨境物流的滞后成为制约跨境电子商务发展的主要因素之一，不仅表现在其与跨境电子商务的不匹配上，还表现在跨境物流发展本身的横向与纵向失衡上及其环境适应障碍等方面。因此，应促进跨境物流与跨境电子商务的匹配与协调，实现跨境物流的纵向协调和横向协调及其与环境的协调发展，并积极发展混合式跨境物流模式以及物流外包和物流本地化。

一、国际物流的基本含义

广义的国际物流研究的范围包括国际贸易物流、非贸易物流、国际物流投资、国际物流合

作、国际物流交流等。其中，国际贸易物流主要是指组织货物在国际的合理流动；非贸易物流是指国际展览与展品物流、国际邮政物流等；国际物流合作是指不同国别的企业完成重大的国际经济技术项目的国际物流；国际物流投资是指不同国家物流企业共同投资建设国际物流企业；国际物流交流则主要是指物流科学、技术、教育、培训和管理方面的国际交流。

狭义的国际物流主要是指当生产消费分别在两个或两个以上的国家（或地区）独立进行时，为了克服生产和消费之间的空间间隔和时间距离，对货物（商品）进行物流性移动的国际商品或交流活动，从而达成国际商品交易的最终目的，即实现卖方交付单证、货物和买方收取货物。

国际物流的实质是根据国际分工的原则，依照国际惯例，利用国际化的物流网络、物流设施和物流技术，实现货物在国际上的流动与交换，以促进区域经济的发展与世界资源的优化配置。国际物流的总目标是为国际贸易和跨国经营服务，即选择最佳的方式与路径，以最低的费用和最小的风险，保质、保量、适时地将货物从一国的供方运到另一国的需方。

二、国际物流的特点

国际物流与国内物流相比在物流环境、物流系统、信息系统及标准化要求这四个方面存在着不同。国际物流的一个非常重要的特点是物流环境的差异，这里的物流环境主要指物流的软环境。不同的国家有不同的与物流相适应的法律，这使国际物流的复杂性增强；不同国家有不同的科技发展水平，使国际物流处于不同的科技条件的支撑下，甚至会因为有些地区根本无法应用某些技术，导致国际物流全系统运作水平下降；不同国家的不同标准使国际物流系统难以建立一个统一的标准；不同国家的国情不同，必然使国际物流受到很大的局限。

物流环境的差异，迫使一个国际物流系统需要在多个不同的法律、人文、习俗、语言、科技环境下运行，无疑会大大增加国际物流运作的难度和系统的复杂性。

国际物流业务运作流程如图 11. 1 所示。

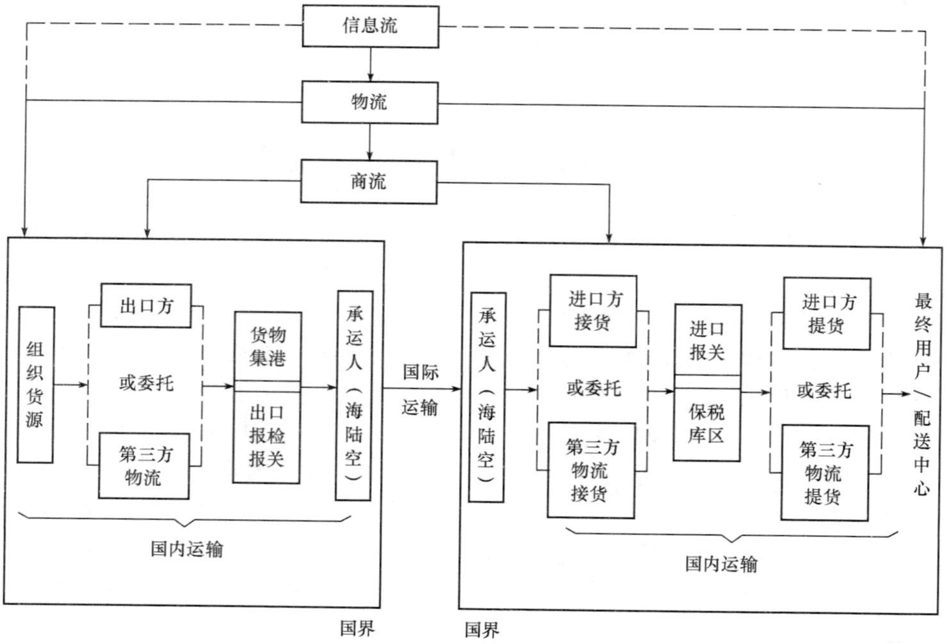

图 11. 1　国际物流业务运作流程图

三、中国物流的发展现状

1. 制造企业与物流企业达成战略合作

制造企业与物流企业发挥各自优势，达成战略合作，共同提升双方主业优势，逐渐达成共识。例如，中国远洋物流有限公司先后与海尔集团、长虹集团、中核集团、TCL公司等结成战略合作关系。

2. 大型领袖企业实现供应链管理

国内各行业的大型企业纷纷实施供应链（SCM）管理技术，提高企业竞争力。鲁能帆茂物流公司在煤炭领域实行从煤炭挖掘、运输到煤渣的回收、利用和废弃物深埋，从煤矿的采购物流到分销物流的一体化信息管理。供应链管理技术的应用是中国企业转变生产经营模式的重要体现。

3. 物流产业转型升级态势明显

物流行业规模与经济增长速度有直接关系。十几年来物流行业的快速发展主要得益于国内经济的增长，但是与发达国家的物流发展水平相比，我国物流业尚处于从发展期向成熟期过渡的阶段。物流企业资产重组和资源整合步伐进一步加快，形成了一批所有制多元化、服务网络化和管理现代化的物流企业；物流市场结构不断优化，由“互联网+”带动的物流新业态增长较快；社会物流总费用占GDP的比例逐渐下降，物流产业转型升级态势明显，物流运行质量和效率有所提升。但是，我国社会物流总费用占GDP的比重仍远高于发达国家，2016年这一比例为14.9%，而美国、日本、德国均不到10%，因此我国物流产业发展转型升级还有很长的路要走。2010—2017年，全国社会物流总额从125.4万亿元攀升至252.8万亿元，达到了10.53%的年均复合增长率，社会物流需求总体上呈增长态势。

四、跨境电子商务物流模式演进方向

1. 促进跨境物流与跨境电子商务的匹配与协调

跨境物流与跨境电子商务相互促进、相互制约，从整体上看，必须推动跨境物流与跨境电子商务相互匹配。跨境物流与跨境电子商务在资源上有重合与交融，应基于二者的协调发展实现相关资源共享，尤其是在信息沟通、技术共享、供应链整合等方面。例如，移动网络与移动技术对跨境物流与跨境电子商务都有着深远的影响，跨境物流需要适应跨境移动电子商务的趋势，提供移动化物流服务以及物流查询和可追溯的移动化等。在信息与数据共享方面，跨境电子商务更需要与跨境物流通力合作，尤其在货源、销售预测、仓储、客户投诉、物流线路优化等方面。通过推动跨境物流与跨境电子商务的协调与匹配，能够缩短物流时间，降低物流成本，减少退换货物流的发生，提高跨境物流满意度，同时也利于提高跨境电子商务的满意度与消费者口碑，反向促进跨境物流的良性发展。

2. 实现跨境物流的纵向协调和横向协调

跨境物流的横向层面包括输出国物流、输出国海关与商检、国际运输、输入国海关与商检、输入国物流、输入国配送等，有时还会出现退换货等逆向物流；跨境物流的纵向层面包括接单、收货、仓储、分类、编码、理货、分拣、转运、包装、贴标、装卸等，还会涉及支付、报关、纳税、售后服务、退换货物流等。在跨境物流网络中，会涉及多个国家与多个企业或个体。物流网络中任一个环节的不畅都会导致跨境物流出现问题。所以，需要从跨境物流网络的整体性考虑，强化跨境物流横向与纵向层面的配合与协调，促进电子商务物流网络的通畅。尤其是多国间、物流节点的多企业间、跨境配合的多个物流企业间，要强化沟通，增强协作，通过商品的分类、包装、运输方式、运输路线与配合等，多角度与多节点推动跨境电子商务物流整体网络的良性发展。

3. 加快跨境物流与环境的协调发展

跨境物流无法回避环境的影响，尤其是输入国的物流环境。在开展跨境物流活动之前，需要熟悉与之相关的政策、法律、规律、制度、习惯等，还要了解输入国的政治动态、经济发展水平、居民的消费习惯、海关与商检规定、国家税收政策等诸多环境要素。发展跨境电子商务，需要与输入国进行合作，寻求适宜的合作伙伴，并积极与该国政府、职能部门进行沟通，推出适合其需求的物流服务内容。在有条件的情况下，可用当地语言建设网站以及客服资源，并实现物流人才的本地化。要采取诸如此类的具体措施，积极有效地推动跨境物流与环境的协调发展。

4. 发展混合式跨境物流模式

跨境电子商务与跨境物流的复杂性决定了跨境物流模式不应局限于固定的物流模式，也不应拘泥于单一种类。跨境电子商务面对全球市场，要求跨境物流突破国家的限制，某一物流模式在一国的适用不一定意味着也适用于其他国家。就跨境电子商务发展的实践来看，跨境物流更倾向于混合式物流模式。混合式物流模式具体指在众多跨境物流模式中，采用两种或两种以上的跨境物流模式，如物流专线＋海外仓、物流专线＋海外仓＋边境仓、国际快递＋海外仓等。混合式跨境物流模式适用于复杂多变的跨境市场，能够提高跨境物流效率，降低跨境物流风险。随着跨境电子商务的发展，需要针对不同的国家和不同的商品种类，乃至在不同的阶段，适时推出合适的混合式跨境物流模式，满足跨境物流需求，凸显跨境物流模式的聚合效应。

任务二　掌握海外仓储的相关知识

子任务一　了解海外仓储基础知识

一、海外仓储的定义

海外仓储指在除本国地区的其他国家建立的海外仓库，其一般用于电子商务。货物从本国出口，通过海运、货运、空运的形式储存到该国的仓库，买家通过网上下单购买所需物品，卖家只需在网上操作，对海外的仓库下达指令完成订单履行。货物从买家所在国发出，大大缩短了从本国发货物流所需要的时间。

简单来说，针对广大中国电子商务卖家的需求，海外仓储为卖家提供仓储、分拣、包装、派送等项目的一站式服务。卖家将货物存储到国外仓库，当买家有需求时，卖家可以第一时间做出快速响应，及时通知国外仓库进行货物的分拣、包装，并且从该国仓库运送到其他地区或者国家，提升物流响应速度。同时，结合国外仓库当地的物流特点，可以确保货物安全、准确、及时、低成本地到达终端买家手中。

二、海外仓储使用说明

中国卖家通过海运、空运或者快递等方式将商品集中运往海外仓储中心进行存储，并通过物流承运商的库存管理系统下达操作指令。

步骤一：卖家将商品运至海外仓储中心，或者委托承运商将货物发至承运商海外的仓库。这段国际货运可采取海运、空运或者快递方式。

步骤二：卖家在线远程管理海外仓储。卖家使用物流商的物流信息系统，远程操作海外仓储的货物，并且实时更新。

步骤三：根据卖家指令进行货物操作。根据物流商海外仓储中心自动化操作设备，严格按照卖家指令对货物进行存储、分拣、包装、配送等操作。

步骤四：系统信息实时更新。发货完成后系统会及时更新，以显示库存状况，让卖家实时掌握。

三、海外仓储成本分析

海外仓储费用可按下式计算：

海外仓储费用 = 头程费用 + 仓储及处理费 + 本地配送费用

头程费用：货物从中国到海外仓库产生的运费。

仓储及处理费：客户货物存储在海外仓库和处理当地配送时产生的费用。

本地配送费用：是指在海外对客户商品进行配送时产生的本地快递费用。

任务三　掌握运费模板的设置

子任务二　掌握标准运费、免运费、自定义运费

标准运费：平台按照各物流服务提供商给出的官方报价计算运费。决定运费的因素通常为：货物送达地、货物包装重量、货物体积重量。如果卖家为不同的运输方式减免了费用，平台会把在官方运费的基础上加入折扣因素后计算出的运费值呈现给下单的买家。

物流选择如图 11.2 所示。

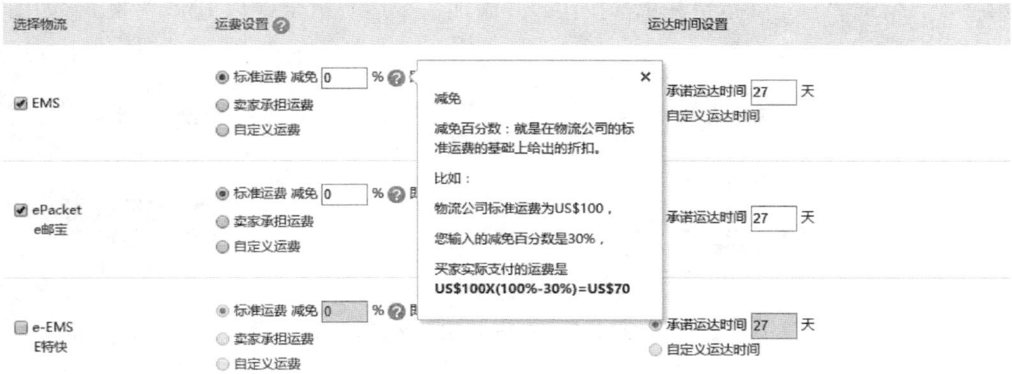

图 11.2　物流选择

物流折扣（减免）：在联系货运代理公司时，货运代理公司会给予一定的折扣（折扣的多少视其与货运代理公司的协议而定），可以将此折扣信息填写在产品的运输折扣内容里，以吸引买家下单。

免运费：免运费即卖家承担运费（包邮）；也可以将运费添加到产品价格中以吸引买家下单，如图 11.3 所示。

图 11.3　卖家承担运费选择

产品买家展示页会面出现“Free Shipping”的字眼，增加产品的曝光率。根据调研，有 80% 的海外买家会使用以上字眼搜索产品信息。

自定义运费：可以选择只对部分国家或地区设置标准运费、免运费或者是自定义运费（阶梯运费）。一般建议新卖家选择对欧美发达国家发货，以减少货物发往偏远国家或地区造成的运费负担。自定义运费也可以根据买家群分布来定，从而吸引自己的主要群体买家，如图 11.4 所示。

图 11.4　自定义运费

子任务三　设置自定义运费

自定义运费设置步骤：

第一步，勾选“自定义运费”单选按钮，并添加一个运费组合（以 EMS 为例），如图 11.5 所示。

图 11.5　EMS 自定义运费

第二步，选择该运费组合包含的国家或地区，如图 11.6 所示。

可将某些热门国家或地区选为一个组合（如欲吸引美国买家，可选择美国，并将美国地区的运费设置为容易吸引买家下单的水平，如免运费）。

图 11.6　运费组合包含的国家或地区

也可以按照各快递公司的分区选择国家或地区，如图 11.7 所示。

图 11.7　按照各快递公司的分区选择国家或地区

选择完毕，如图 11.8 所示。

第三步，对该组合内的国家设置运费类型。

(1) 免运费。对上述组合内的国家或地区设置“免运费”，属于该组合内的买家对支持该模板的产品下单时，将显示为免运费，可以提高产品在这些国家或地区的竞争力，如图 11.9 所示。

(2) 自定义运费。UPS、DHL、FEDEX、TNT 以及 EMS 这几家快递公司，计费方式通常为：首重 500 克××元，续重每 500 克××元，如产品较轻，多件产品才够得上第一个首重 500 克的，还可以进行自定义运费设置。例如，1～10 件产品运费约 20 美元，每增加 5 件产品，运费续增 5 美元（每 5 件为一个计量单位，不足 5 件的按 5 件计算），那么买家若采购 18 件则为 20+5+5=30 美元。自定义运费可以进行如下设置，如图 11.10 所示。

(3) 标准运费。对上述组合内的国家或地区设置“标准运费”的减免额，属于该组合内的买家对支持该模板的产品下单时，将显示为运费减免，如图 11.11 所示。

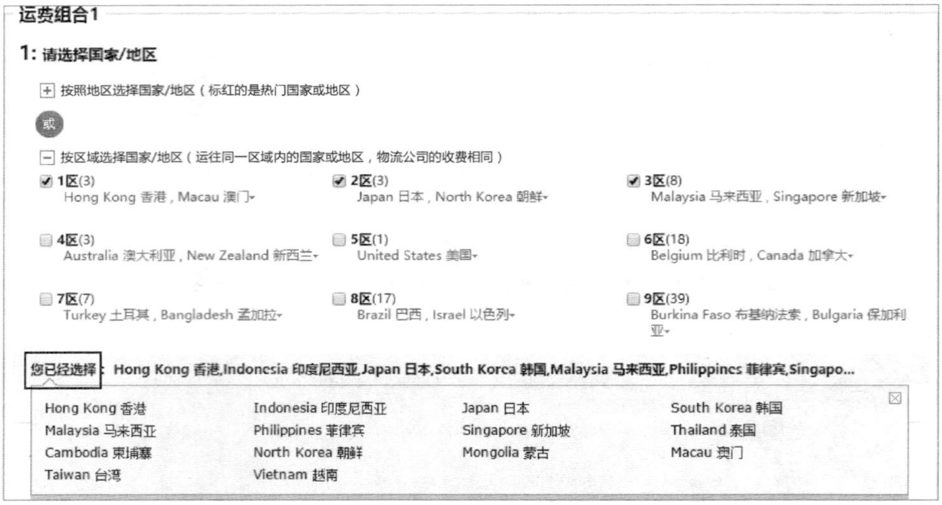

图 11.8　按照各快递公司的分区选择国家或地区的结果

图 11.9　设置运费类型

图 11.10　设置自定义运费

图 11.11　设置标准运费减免率

第四步，添加一个运费组合。

单击“保存”按钮，该运费组合即设置完成，如图 11. 12 所示。

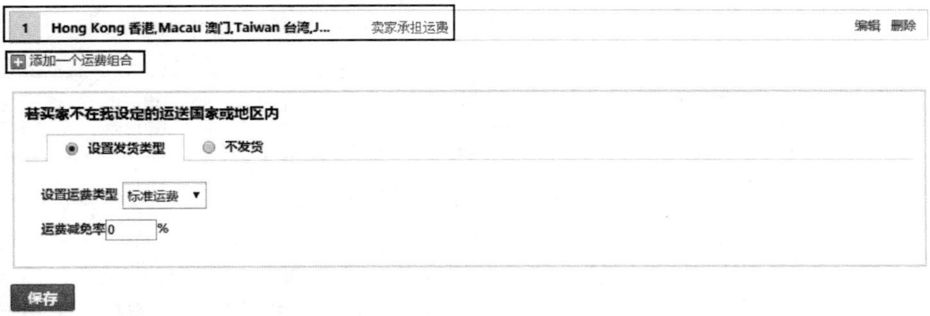

图 11. 12　添加一个运费组合

此时，可以选择继续“添加一个运费组合”，或对上述运费组合之外的国家或地区进行相应设置。

（1）设置运费减免率，如图 11. 13 所示。

图 11. 13　设置运费减免率

（2）设置对组合之外的国家及地区不发货，如图 11. 14 所示。

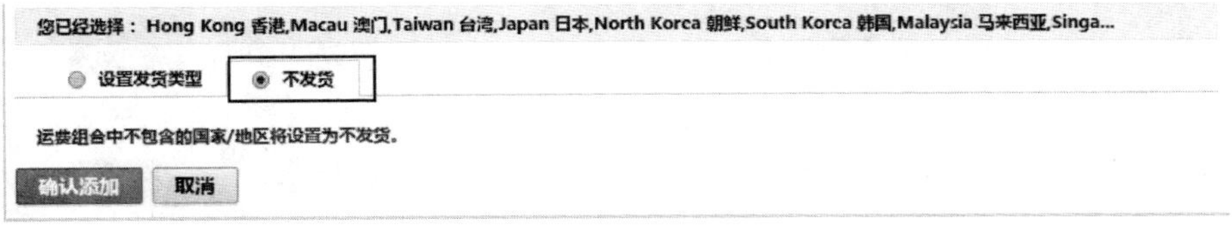

图 11. 14　设置对组合之外的国家及地区不发货

任务四　掌握国际站物流板块操作全流程

目前，通过阿里巴巴国际站平台直接下单的物流包含快递服务（门到门、仓到门）、海运服务、空运服务、陆运服务等。

子任务四　掌握国际快递仓到门服务操作流程

国际快递仓到门服务操作流程如图 11.15 所示。

图 11.15　国际快递仓到门服务操作流程

第一步，登录“My Alibaba”—“达通金融物流”—“查询报价并安排发货”。

选择“服务范围”为“快递”，输入发件地邮编、目的地、货件信息。若有多个不同规格的包裹，请单击“添加包裹”按钮，如图 11.16 所示。

图 11.16　添加包裹

第二步，在查询结果展示中选择合适的渠道，单击“下单”按钮，如图 11.17 所示。

图 11.17　下单

注意：

①国际快递仓到门服务有 FedEx、DHL、UPS、TNT、EMS、DPEX 、JCEX；

②FedEx 提供 FedEx IE（国际经济快递服务）和 FedEx IP（国际优先快递服务）两种服务；

③UPS 提供 UPS Expedited（全球快捷服务）和 UPS Saver（全球速快服务）两种服务；

④DHL Express-HK 承运商为香港 DHL。

第三步，创建物流订单，填写发货信息，提交物流订单。先要填写商品信息：发货到仓库信息、商品信息、其他。

（1）确认仓库信息，下单后将货物发送到对应仓库，如图 11.18 所示。

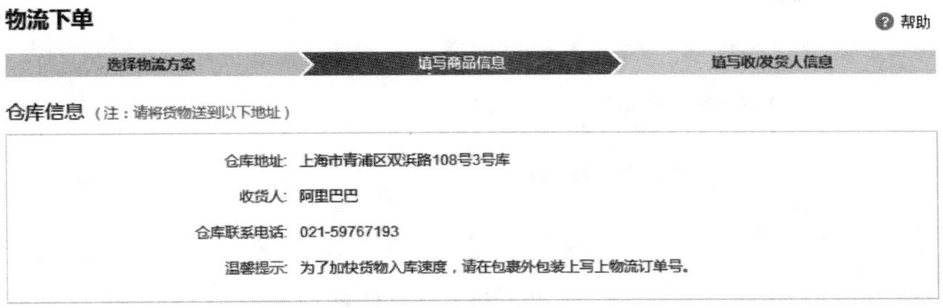

图 11.18　确认仓库信息

（2）填写发货到仓库信息，包括物流公司、包裹件数、物流运单号三项以及包裹的长宽高和重量，如图 11.19 所示。

图 11.19　填写发货到仓库信息

注意：如果订单需要分多个包裹发货，产生了多个物流运单号，请单击“+增加物流运单号”按钮，务必把同一个订单的所有物流运单号填入该信息中。

（3）填写商品信息，包括中英文商品描述、海关编码、商品件数以及商品状态描述等，如图 11.20 所示。

注意：

①电池以及含电池的产品用阿里巴巴物贸平台国际快递方式无法安排出运；

②请注意品名描述要求，品名填写必须准确、详细、具体；

③如果订单包含多个需要申报的品名，请单击“+添加商品”按钮填入相应的信息；

④产品或产品外包装带有“®”“™”或明显 LOGO 的，需提供品牌授权书方可安排出运，无法提供产品品牌授权书则无法安排出运；

⑤发货前确认产品是否适合国际快递航空运输。

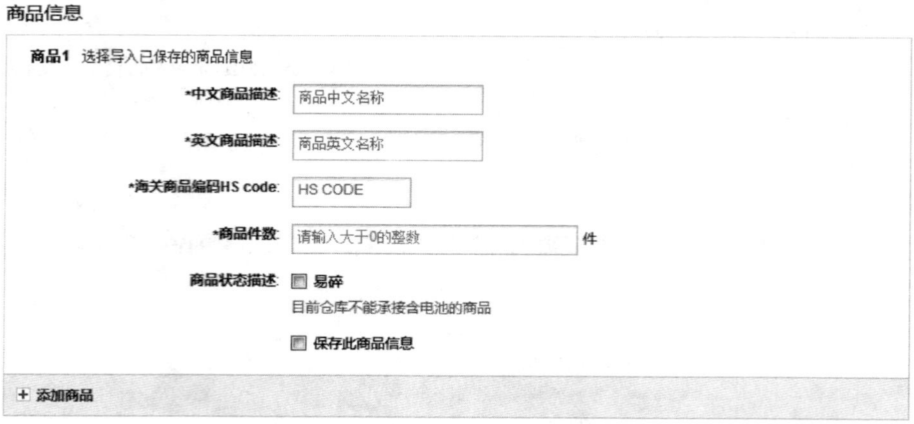

图 11.20　填写商品信息

（4）填写申报信息后继续下单，如图 11.21 所示。

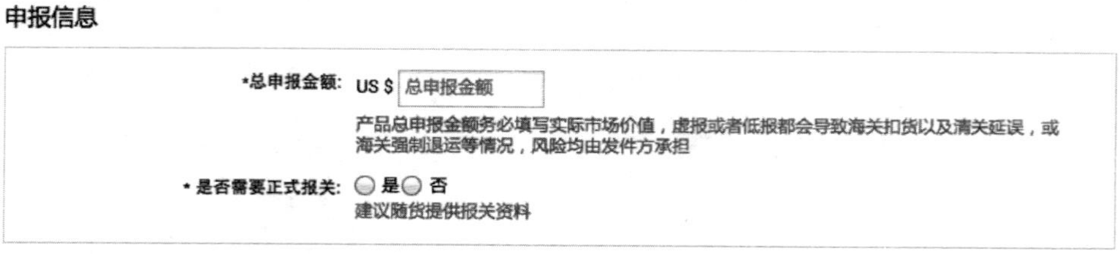

图 11.21　填写申报信息

请注意：

①海关规定对产品申报价值超过 USD600 的快递运输货物，需要按要求正式报关；

②发件人有义务与责任确保通过线上发货提供的产品品名和货值与实际货物相符，并承担违反此原则带来的一切损失。

（5）填写发货人信息，如图 11.22 所示。

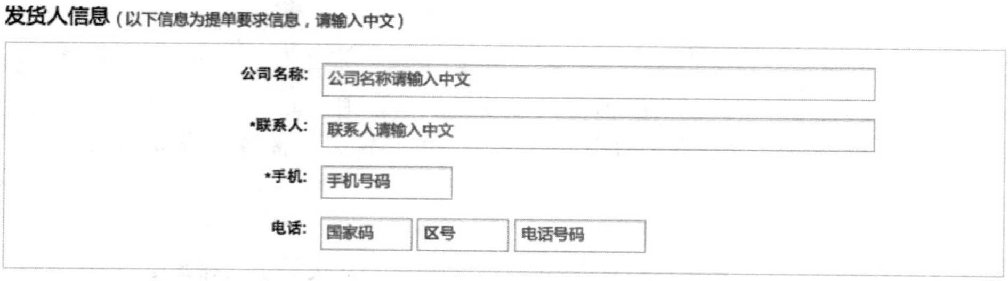

图 11.22　填写发货人信息

（6）填写收货人信息，如图 11.23 所示。

图 11.23　填写收货人信息

（7）确认预算的费用详情，勾选同意用户协议提交订单。若有注意事项，则在“备注信息”中备注说明，如图 11.24 所示。

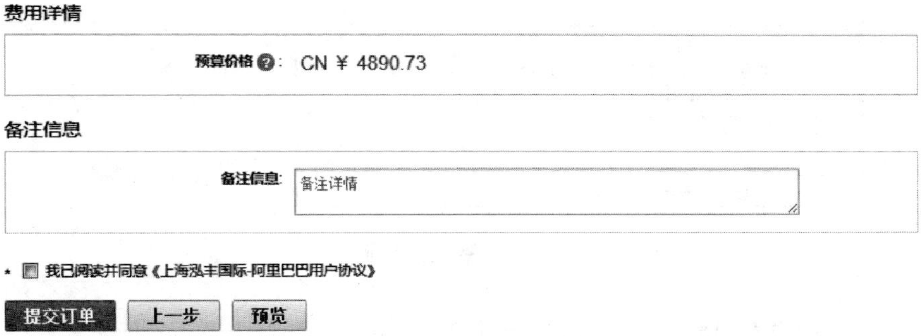

图 11.24　确认预算的费用详情

（8）订单提交成功，如图 11.25 所示。

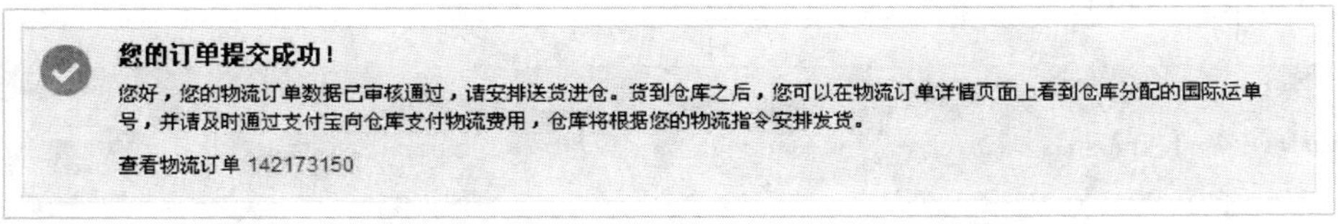

图 11.25　订单提交成功

第四步，将货物发到阿里巴巴指定合作仓库，具体到各发货仓库信息，在订单详情页面“物流信息”中会有展示，如图 11.26 所示。

注意：

①须自行承担发货到仓库的国内物流费用，仓库不接受任何形式的到付件；

②仓库在收货时发现外包装严重破损等不符合收货要求的货物，会直接拒收或退货；

③仓库有权利对接收的货物进行查验；

④仓库收货时会对货物进行称重和包装尺寸的测量；

⑤本期提供的服务对货物重量和包装尺寸的限制为："1×长+2×宽+2×高"不超过330 cm；单边最大尺寸为270 cm；

⑥FedEx、DHL、UPS、TNT、TOLL计体积重；EMS按照实重计费，但单边超过60 cm的，需计体积重。

图11.26　各发货仓信息

第五步，支付相应费用之后，仓库安排发货。

（1）系统根据仓库反馈的信息计算出国际物流费用，请直接单击订单的"付款"按钮进行支付，进入支付页面，通过支付宝支付国际运费，如图11.27所示。

备注：目前已经开通花呗支付渠道（仅限个人支付宝使用，企业支付宝无法使用花呗支付）。客户在下单时可自主选择花呗进行结算。

图11.27　付款

（2）系统收到支付成功的确认后，将告知仓库发货。仓库会根据物流指令安排发货，并反馈发货信息。系统收到仓库的发货信息后，将以系统邮件形式通知。

同时，也可以在后台"管理物流订单"中查看订单状态，如图11.28所示。

还可以在各国际快递官网跟踪订单情况：

UPS：http：//wwwapps. ups. com/WebTracking/track

DHL：http：//www. cn. dhl. com/zh. html

FedEx：http：//www. fedex. com/cn/
EMS：http：//www. ems. com. cn/
JCEX：www. jcex. com

图 11.28　查看订单状态

子任务五　掌握国际站海运拼箱物流操作流程

一、订单操作

单击网址 https：//onetouch. alibaba. com/logistics. htm？ spm = a271c. 7834748. a3734. 22. RocwfD，选择“物流服务”—“海运”—“海运拼箱”，输入始发港、目的港，单击“运价查询”按钮，如图 11.29 所示。

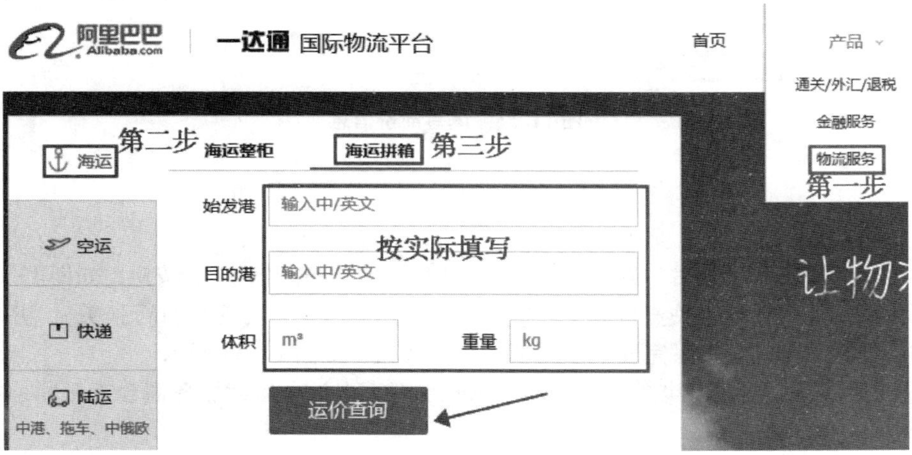

图 11.29　运价查询

若查询无结果，系统会提示单击“人工询价”按钮进行查询，如图 11.30 所示。

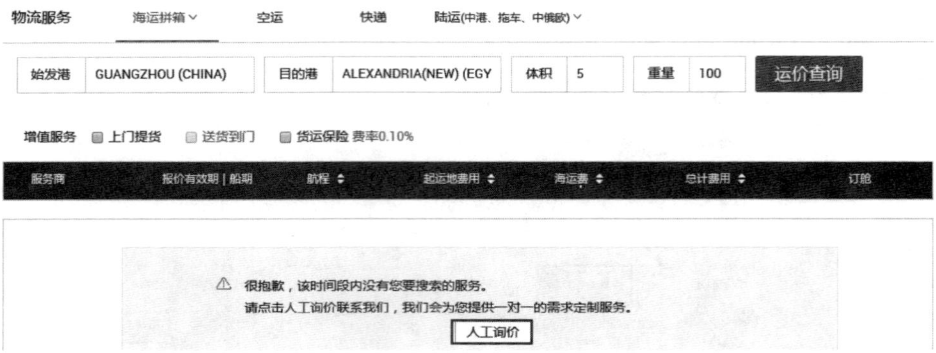

图 11.30　人工询价

填写询价信息，如图 11.31 所示。

图 11.31　填写询价信息

二、下单操作

选择合适的价格和船期后，先单击“订舱”按钮，再单击“下单”按钮，如图 11.32 所示。

填写方案选择，选择报关资料提供方式以及报关方式（是否为客户自行报关），并填写本地联系人的具体联系方式，填写完成单击“下一步”按钮，如图 11.33 所示。

“本单联系人”这栏，请填写跟进人员的邮箱和联系电话，后续服务商会直接联系本地联系人，以便后续的订单跟进。

选择出货时间，如图 11.34 所示。

图 11.32　下单操作

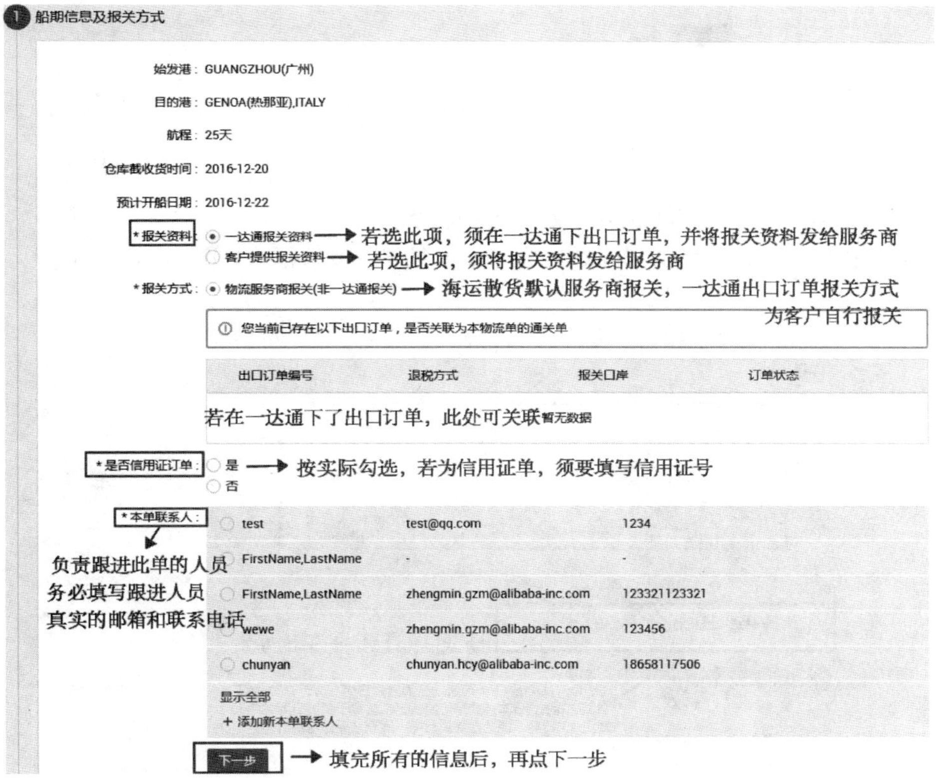

图 11.33　填写方案选择

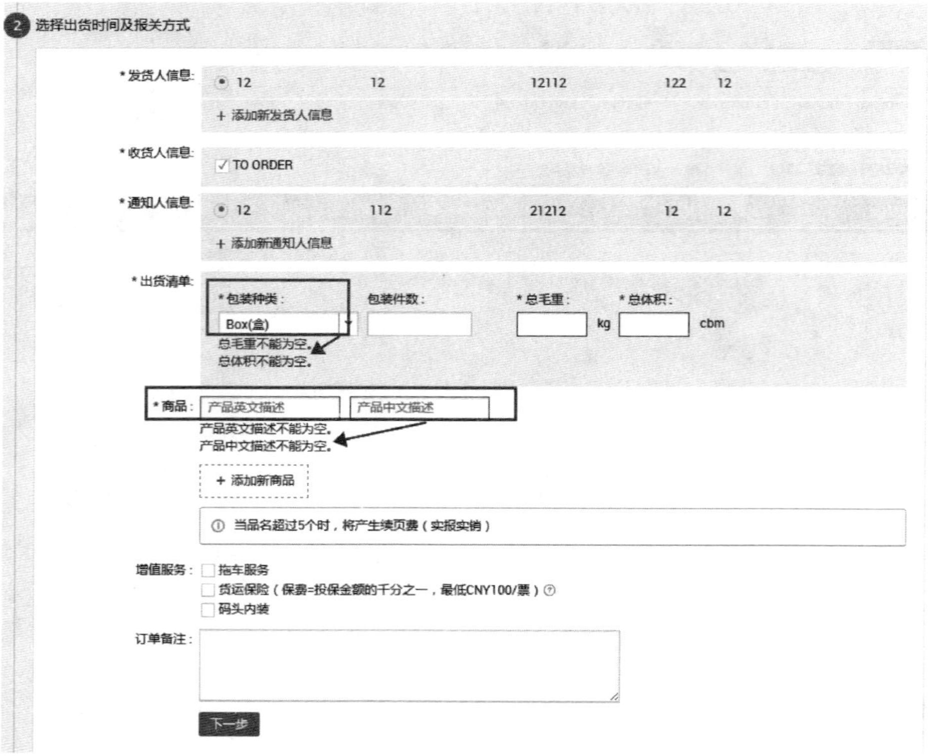

图 11.34　选择出货时间

注意事项：

a. 包装种类不能为空，商品的中英文描述不能为空。

b. 若需安排拖车，请在增值服务栏勾选“拖车服务”复选框，如图 11.35 所示。

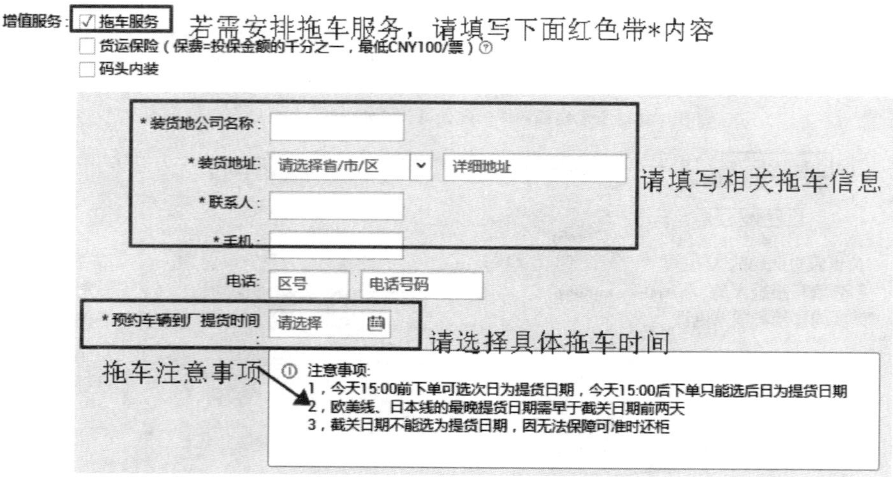

图 11.35　勾选“拖车服务”

若需购买保险，请在增值服务栏勾选“货运保险”复选框，如图 11.36 所示。

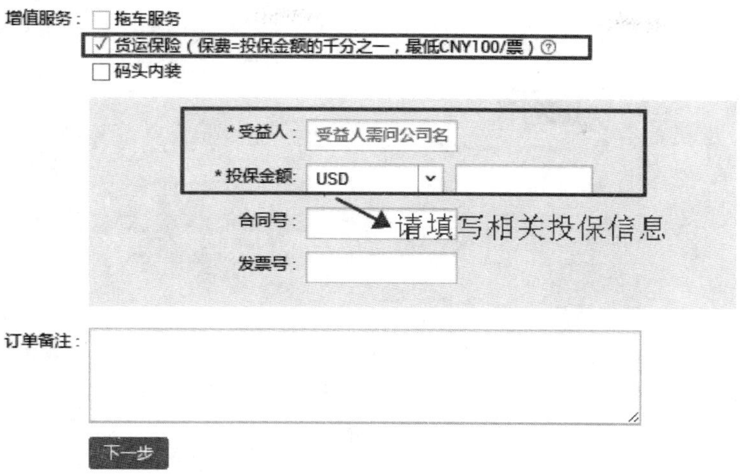

图 11.36　勾选“货运保险”

保险费按照投保金额的千分之一收费，最低 CNY100/票（由客户与服务商直接购买）。费用预算，须勾选支付币种，并单击“下一步”按钮提交订单，如图 11.37 所示。

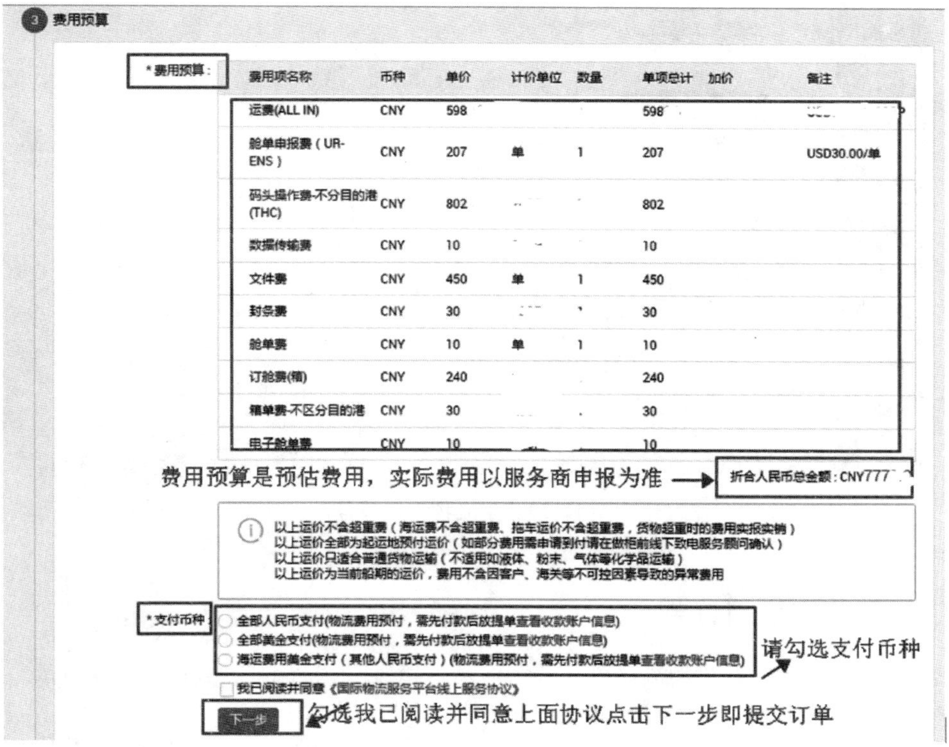

图 11.37　费用预算

提交订单，如图 11.38 所示。

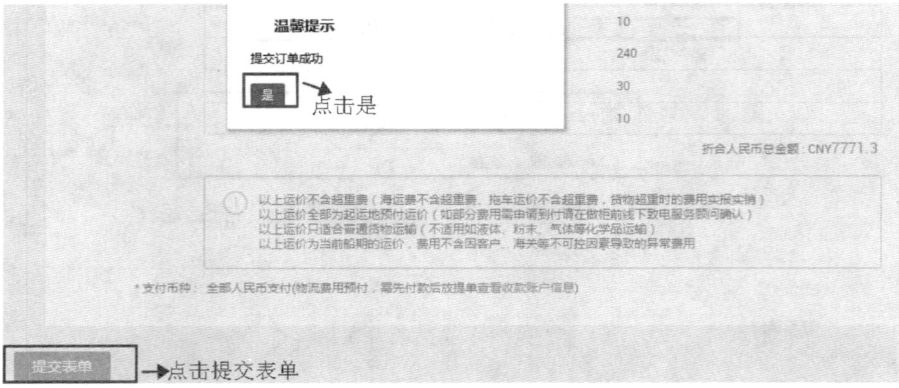

图 11.38　提交订单

提交成功后，系统自动生成一个物流订单号，如图 11.39 所示。

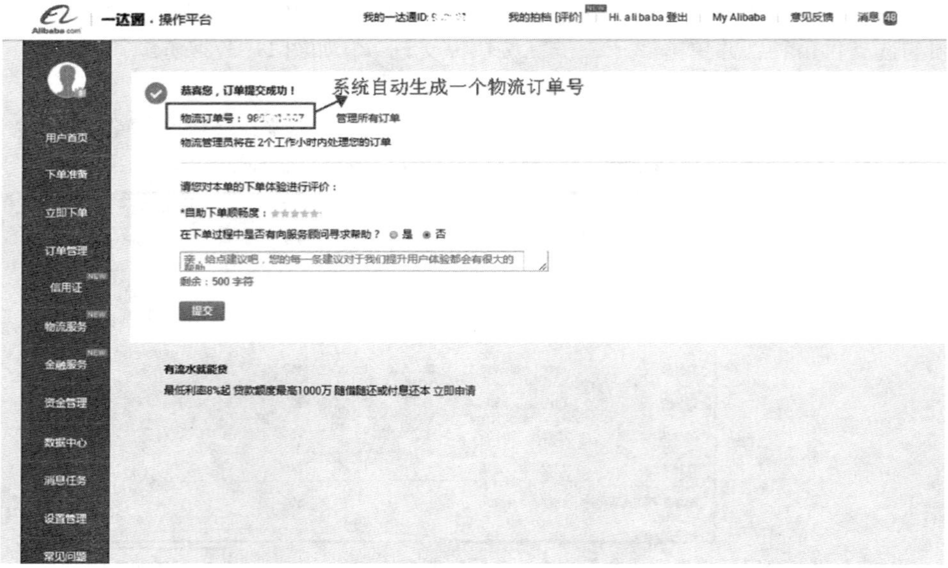

图 11.39　生成物流订单号

三、查看海运拼箱订单

路径：“订单管理”—“物流订单”—“海运拼箱”—“查询”，如图 11.40 所示。

审核订单：在下单后 2 个工作日审核订单。

如订单需要取消，则选择路径：①“详情/取消”—“筛选取消原因”—“确认”；②“办理中”—“筛选对应订单”—“操作”—“取消”，如图 11.41 和图 11.42 所示。

图 11.40　查询海运拼箱

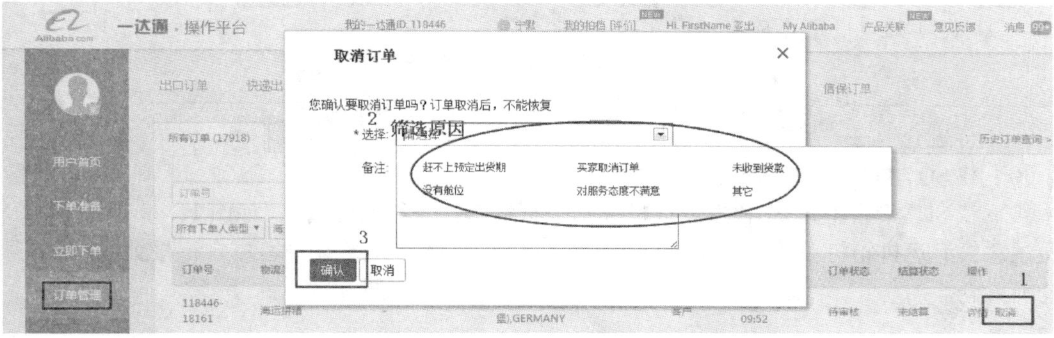

图 11.41　筛选取消原因

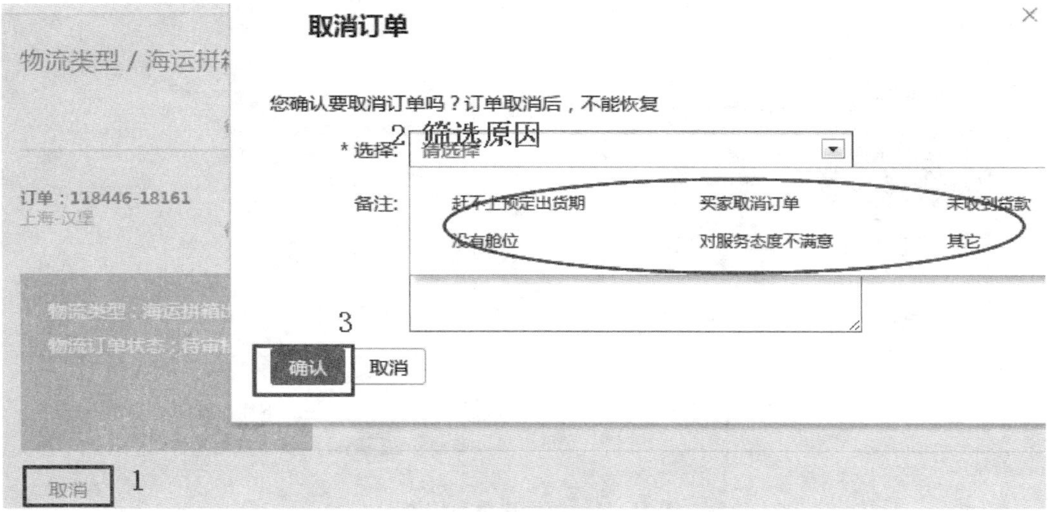

图 11.42　取消订单

服务商审核通过订单后，订单处于待进仓状态，此时，客户下载 SO 资料。

操作路径：“物流订单”—“办理中”—“海运拼箱”—“下载 SO”。

①根据 SO 信息，留意截仓时间，准备货物进仓和报关资料，如图 11.43 所示。

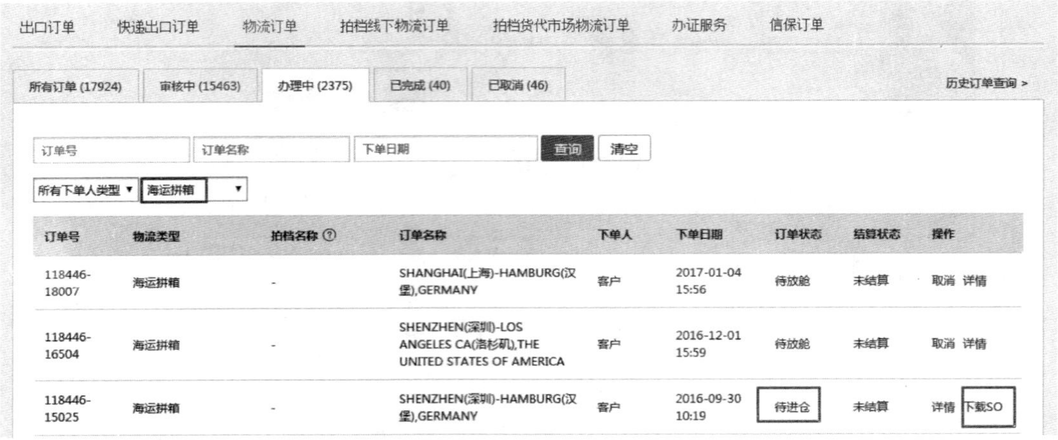

图 11.43　下载 SO 资料

②“待进仓”—“详情”—“跟单信息”。

③下载 SO 与货物一起进仓。

④下载 SI，平台上传 SI 和报关资料（报关资料邮件发给服务商），如图 11.44 所示。

注意：海运拼箱订单统一由服务商报关，出口订单报关方式为“客户自行报关”，货物须在截仓前入仓。

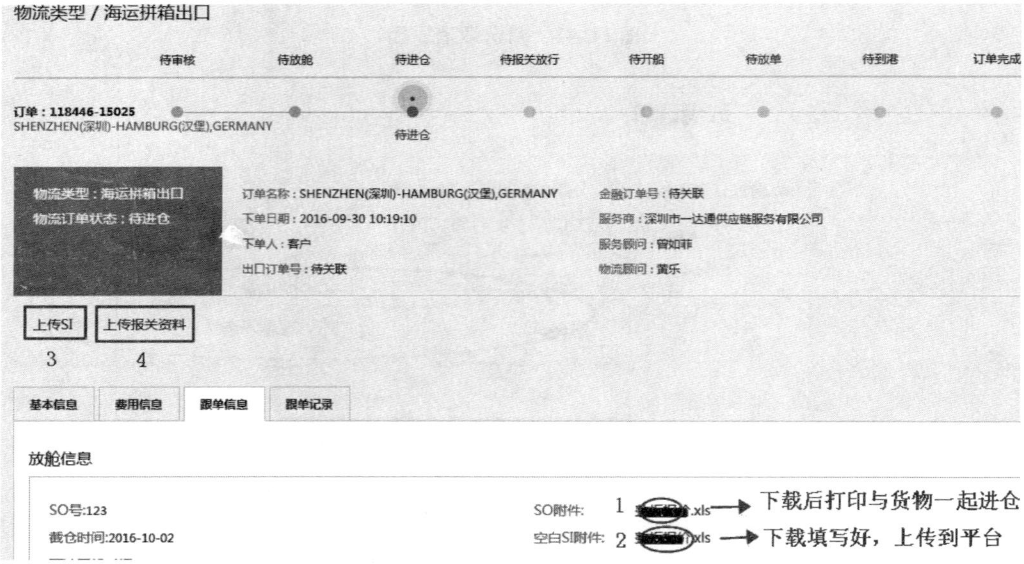

图 11.44　海运拼箱出口资料

四、费用查看

点击对应的“订单详情”—“费用信息”（建议汇款到一达通供应链分配的子账号，可实现自动到账，节省到账时间）。

查询路径：“设置管理”—“结算管理”—“子账号管理”—“一达通供应链账号”。

若个人账户汇款，需提供盖公章的垫款函，如图 11.45 和图 11.46 所示。

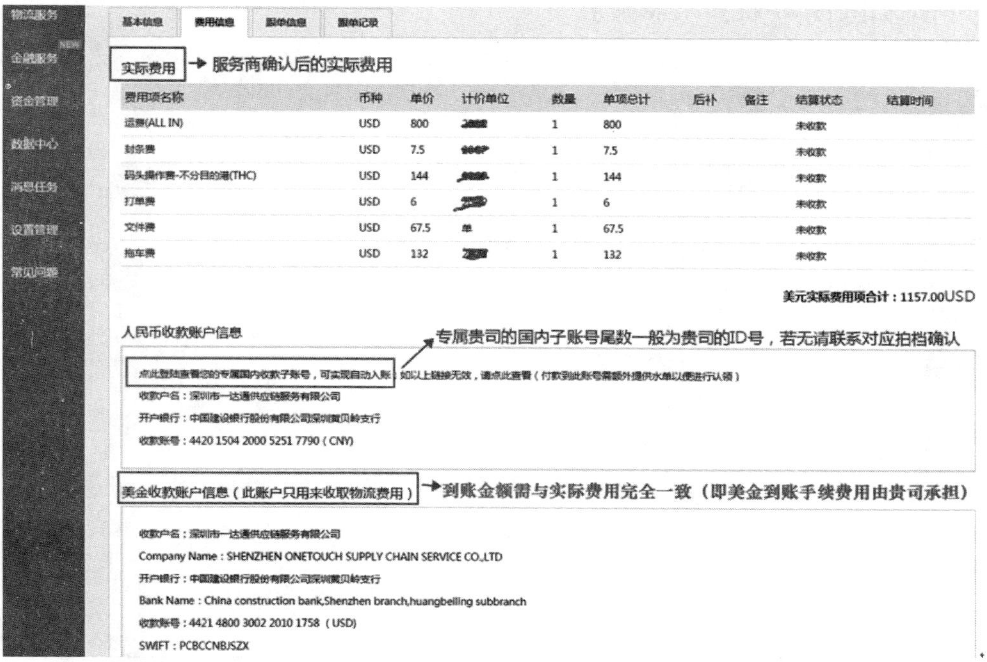

图 11.45　费用查看（一）

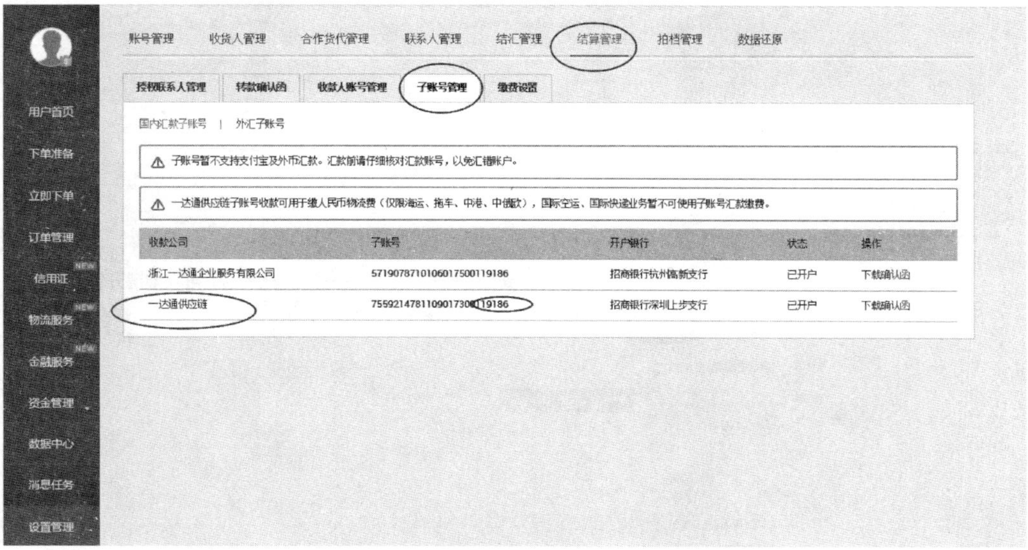

图 11.46　费用查看（二）

五、费用结算

操作路径：“资金管理”—“我要缴费”，筛选缴费类型和币种，勾选对应订单，完成缴费。缴费完成后，网站会发送放单指令，服务商此时才会放单给客户（必须先缴费后放单）。

注意：缴费前或者缴费后都可以自助申请开票，建议缴费后再申请开票，以免由于费用变动退票重开。

费用结算如图 11.47 和图 11.48 所示。

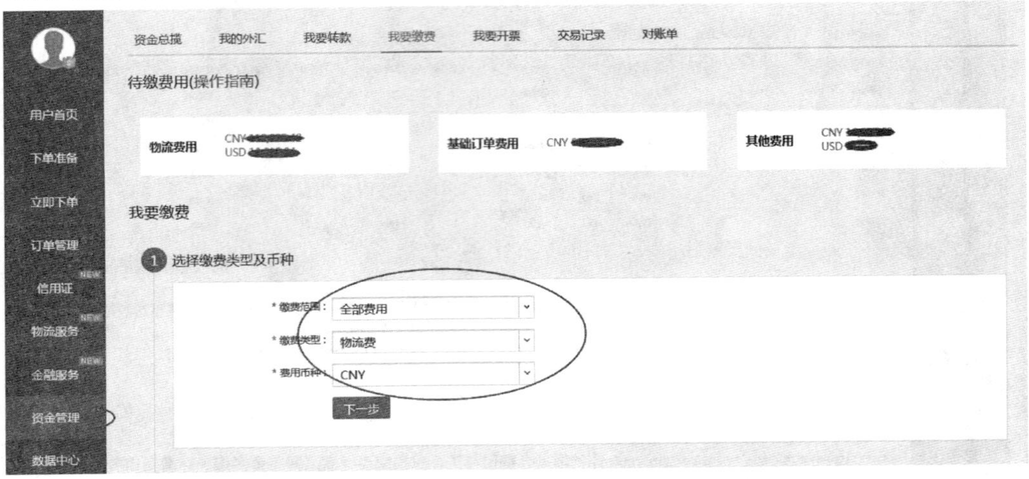

图 11.47　费用结算（一）

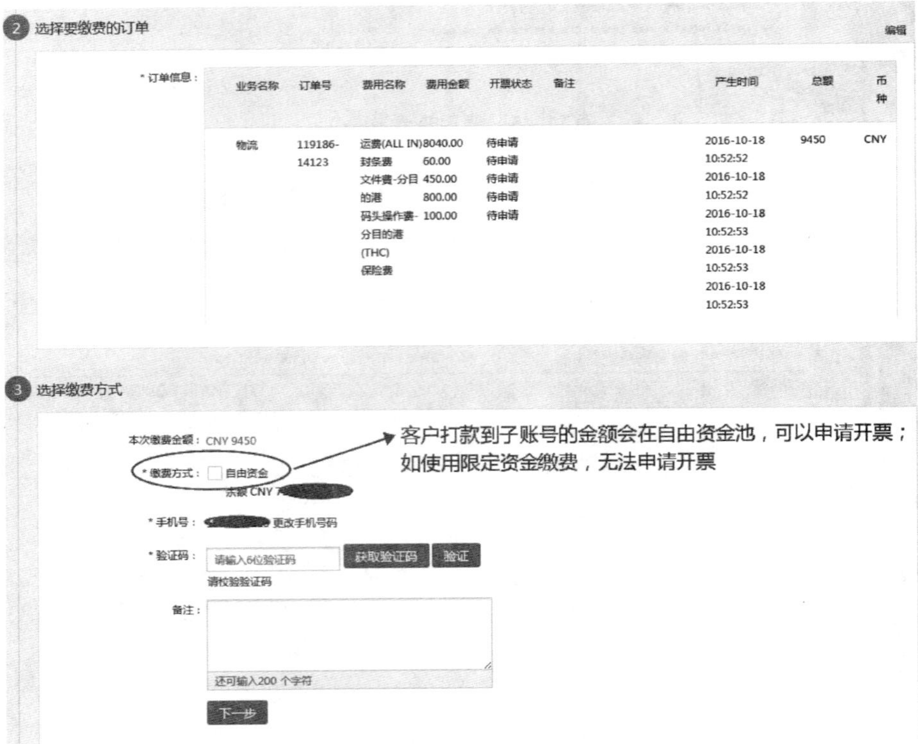

图 11.48　费用结算（二）

六、申请开票

操作路径：一达通后台，“资金管理”—“我要开票”，勾选物流费用及相应币种，填写开票信息及收件信息，如图 11.49 和图 11.50 所示。

注意：当申请开票的订单数量少于 3 时，快件为到付。

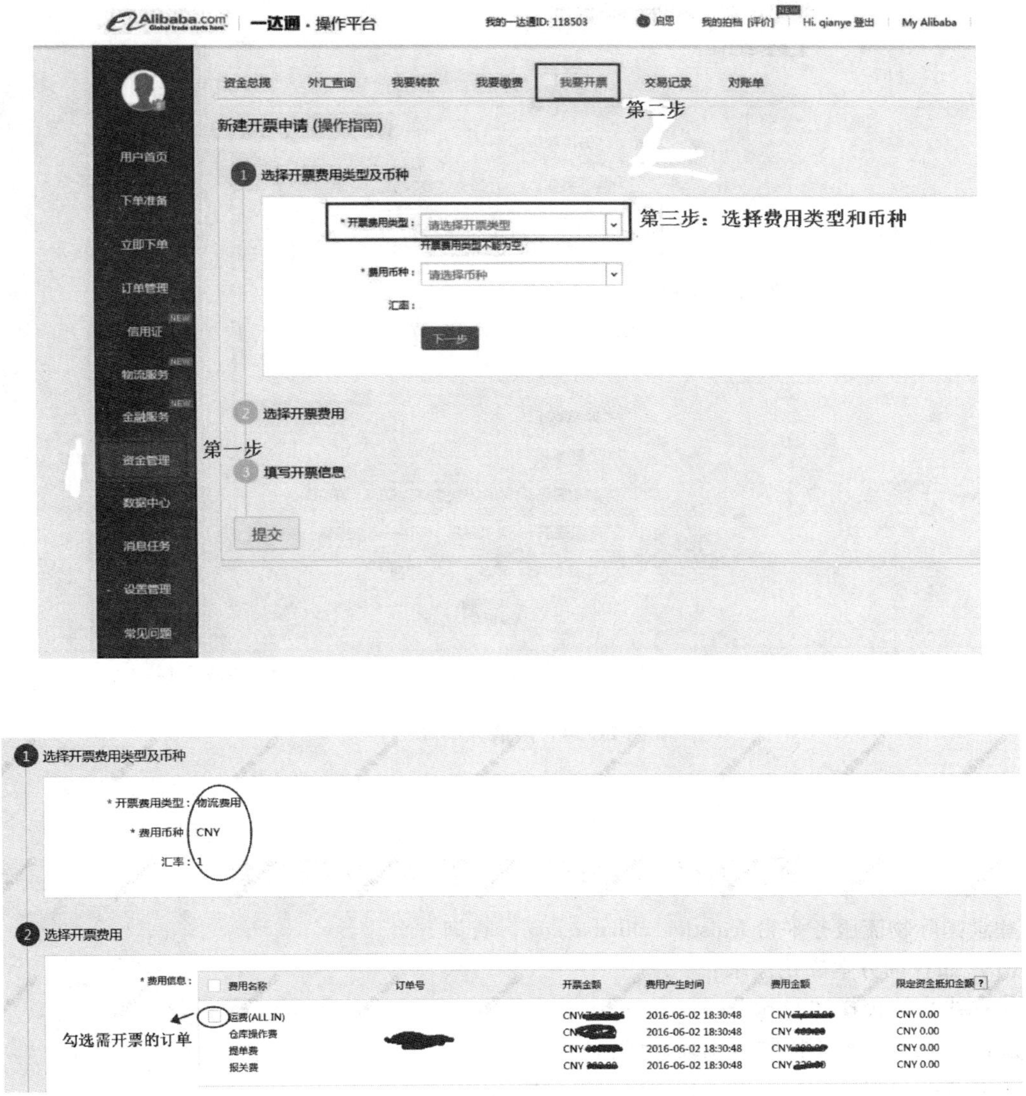

图 11.49　申请开票（一）

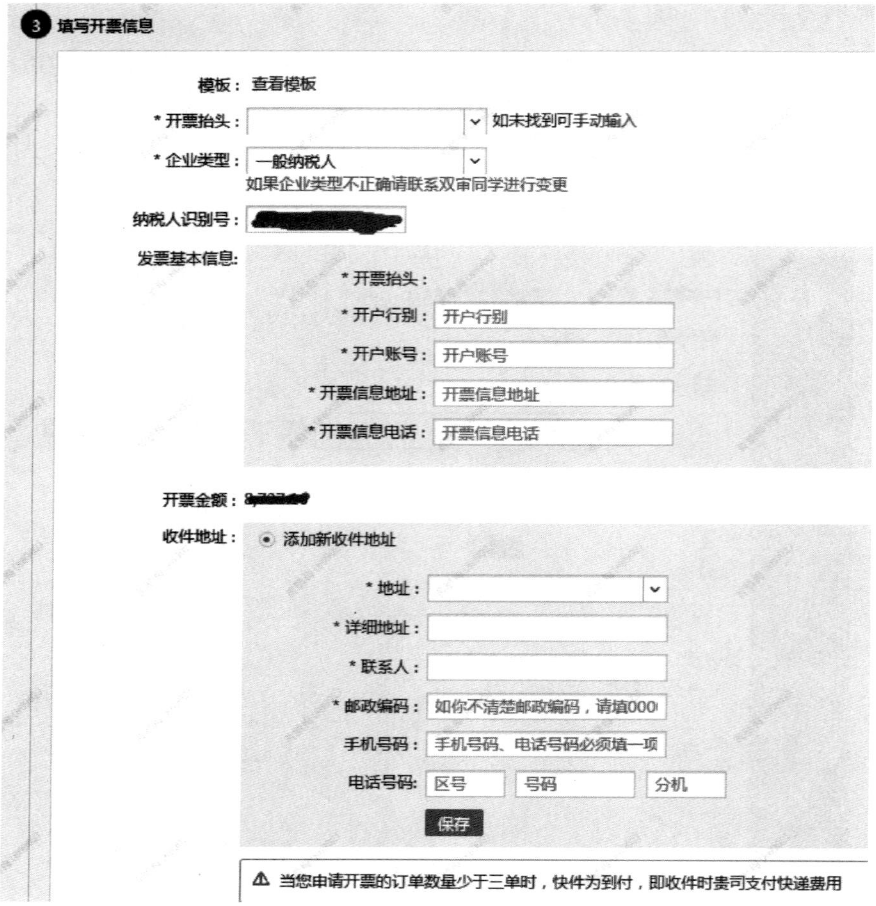

图 11.50　申请开票（二）

子任务六　了解国际站海运整箱操作流程

登录国际物流服务平台 logistics. alibaba. com，查询方案。

（1）如查询方案满足需求：

①在线直接选择“订舱”—“下单”；

②订舱联系人邮箱接收舱位确认信息；

③通过客户邮件提交提单信息及核对提单信息；

④船离港后发送费用账单至订舱联系人邮箱；

⑤客户付款后，传水单到阿里操作；

⑥确认费用到账后，寄送提单。

（2）如查询不了需要的船期：

①查询航线页面，单击“人工询价”按钮；

②平台工作日 3 小时内更新运价；

③ 3 小时后可在线进行“运价查询”；

④选择合适的方案，直接在线“订舱”。

子任务七　了解国际站空运服务操作流程

一、查询入口

查询入口：My Alibaba、My onetouch、ATM 旺旺、AE 平台、信保平台。

物流官网：http：//logistics. alibaba. com。

二、下单操作

第一步，运价查询。

选择空运：填写始发港、目的港、体积、重量，根据需求，可选择上门服务、送货到门服务，单击“运价查询”按钮，如图 11. 51 所示。

图 11. 51　运价查询

注意：

（1）请填写目的地城市清关机场（请注意和买家沟通目的地机场代码，如目的地城市没有机场，请和买家确认距离目的地城市最近的清关机场）。

（2）由于平台只有部分服务商可以同时提供上门取件、送货到门服务，查询运价时可先不勾选，如勾选，平台展示的可选择的服务商、价格及航班信息会减少，如有特殊需要，可在价格展示后再勾选增值服务。

（3）目的地机场：少数情况下，同一个城市机场会有不同的机场代码，如俄罗斯莫斯科有 SVO1/SVO2/MOW 等，请与买家沟通选择哪个机场代码，避免到目的地无法清关。

第二步，服务商选择。

选择合适的服务商，单击“下单”按钮，如图 11. 52 所示。

注意：

（1）其中的代理报关费，只有委托平台服务商安排报关才会收取此费用，如用户自行报关或者委托其他报关行报关，此费用平台服务商在实际结算总费用时不对用户收取。

（2）门到门费用不包含目的地关税费用。

（3）预计运输时效：该时效为起飞后到达目的地的运输时效，旺季可能会存在排仓情况，如对时效要求或与买家有最迟交货期的订单，请提前与平台服务商沟通确认仓位情况以及是否能在期限内到达目的地机场。

（4）报价有效期：由于空运价格变动比较快，如在报价有效期内不能及时安排送货入库，请及时与平台服务商沟通，询问晚入库是否会涨价，以便提前与买家做好沟通。

图 11.52　服务商选择

第三步，发货商品信息填写，如图 11.53 所示。

注意：

（1）重量：填写的独立包装单件的重量，总重量与查询价格重量请保持一致，否则下单页面中的预估费用与价格查询费用会显示不一致。

（2）尺寸：每个航空公司对尺寸有不同的要求，如果货物超长超高，请在下单前与服务商核实是否能够承接。

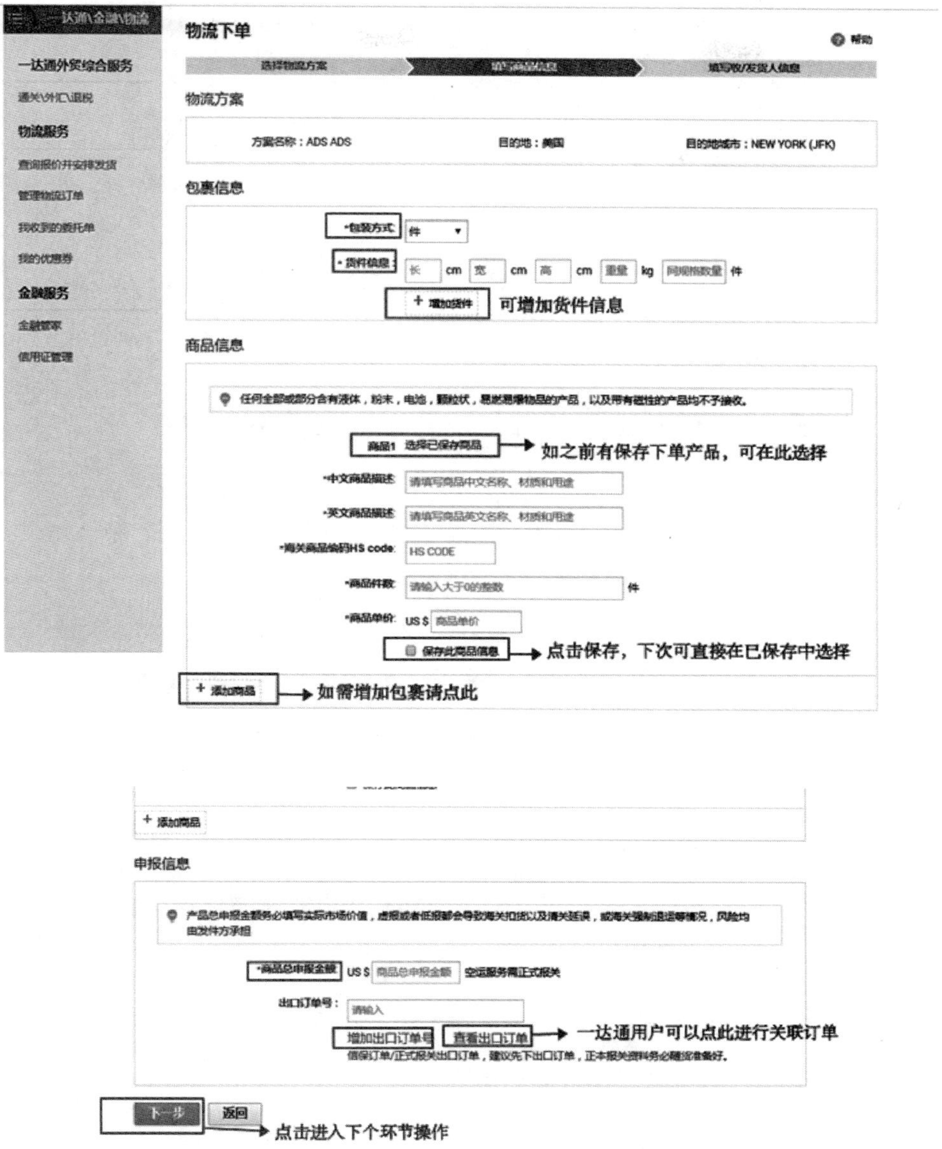

图 11.53　发货商品信息填写

第四步，收货人和发货人信息填写，如图 11.54 至图 11.56 所示。

注意：

（1）费用：如与查询的价格不一样，请核实下单填写的总重量与查询价格时填写的总重量是否一致。

（2）开票：如选择的服务商是德迅，请联系德迅开运费发票；如为其他服务商，请在跟单过程中将可复制版的开票资料提供给到跟单人员。

（3）航班、进仓计划：需要提前两天进仓，如选择“进仓时间”时为灰色，说明已经过了平台交仓期限，请重新选择航班。

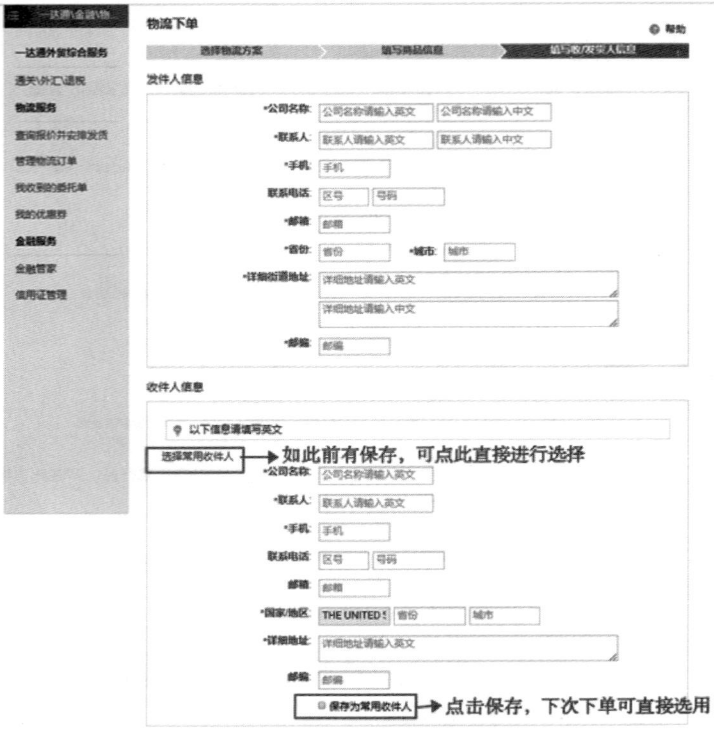

图 11.54　收货人和发货人信息填写（一）

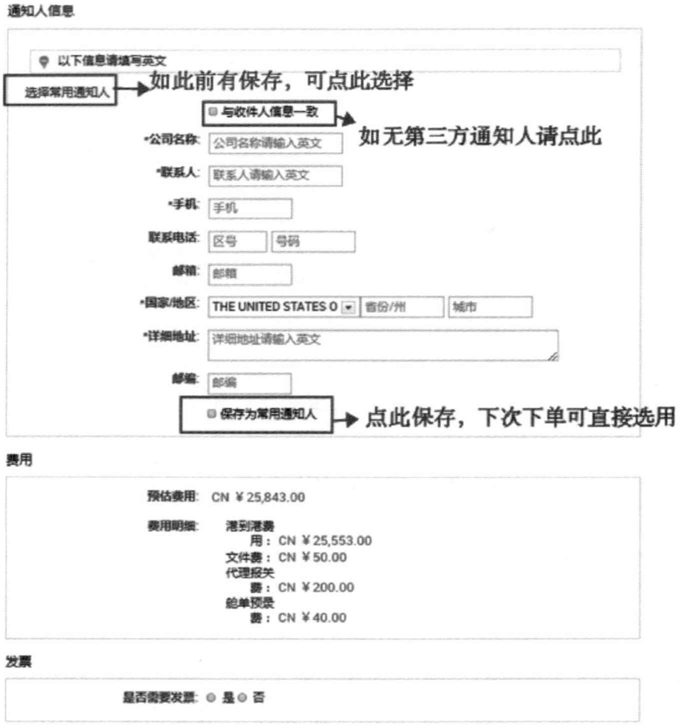

图 11.55　收货人和发货人信息填写（二）

图 11.56 收货人和发货人信息填写（三）

第五步，提交订单，如图 11.57 所示。

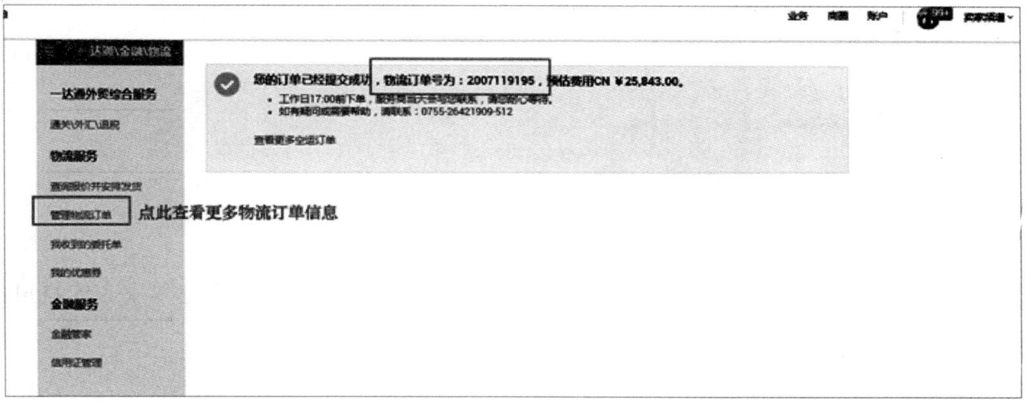

图 11.57 提交订单

服务商为非德迅（Kuehne + Nagel KN Extend），提交订单后，客户需要预先冻结 120% 的费用，冻结成功后，订单信息发送给服务商，服务商提供进仓单，客户根据进仓单上的地址送货入仓，等订单到达目的地后，服务商返回实际费用，平台根据实际费用，多退少补，如图 11.58 和图 11.59 所示。

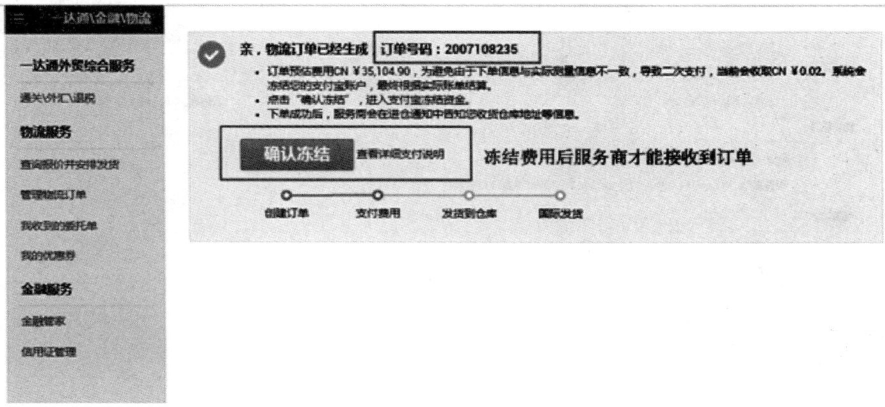

图 11.58 冻结费用（一）

图 11.59　冻结费用（二）

(1) 订单提交后，服务商审核订单是否承接，如果承接，则返回进仓通知书，客户可以下载进仓通知，如图 11.60 所示。

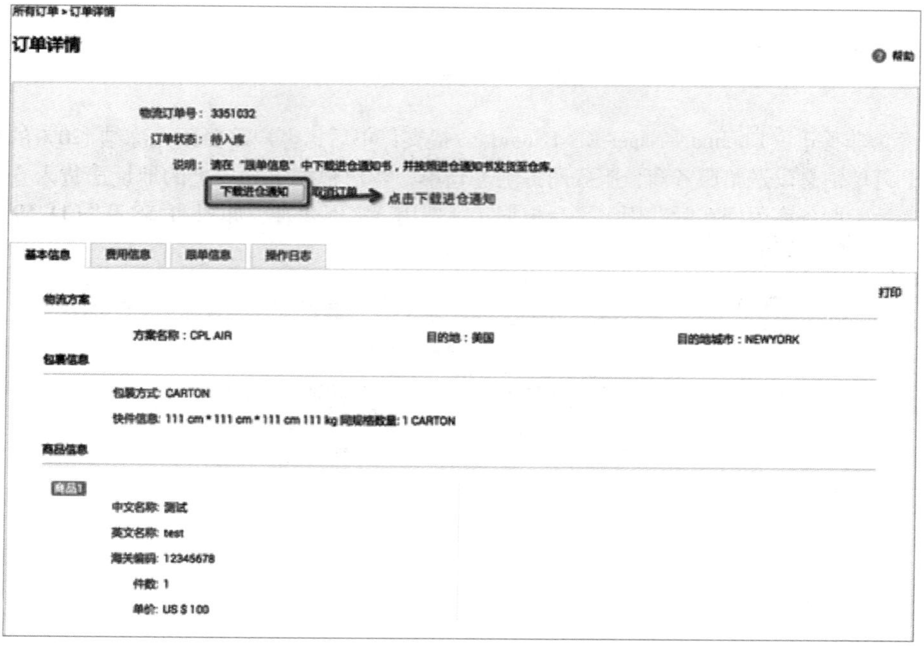

图 11.60　下载进仓通知

（2）非德迅的订单，客户根据进仓通知送货到服务商仓库，服务商入库后申报费用，用户收到申报的费用，并根据展示支付并上传支付凭证，如图 11.61 所示。

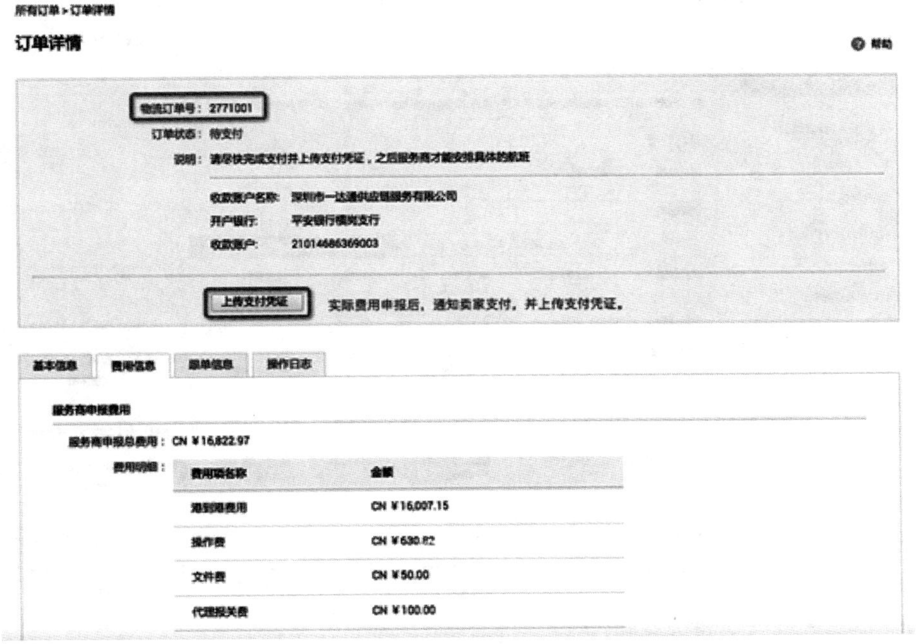

图 11.61　上传支付凭证

（3）已经支付的订单，客户可以关联出口订单，如图 11.62 所示。

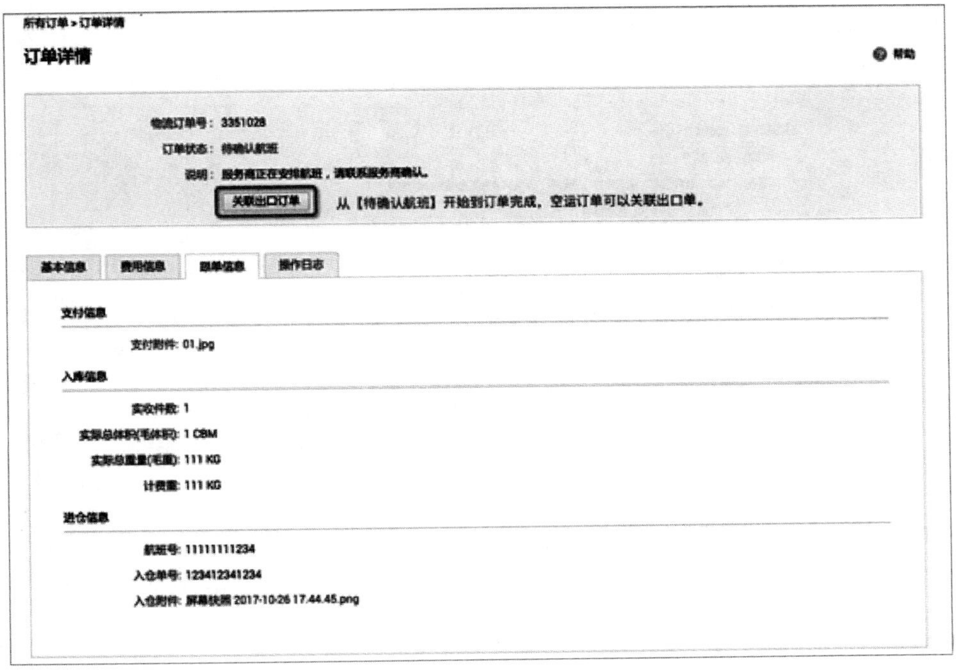

图 11.62　关联出口订单

第六步，查看订单。

查看订单：选择“管理物流订单”，输入订单号，单击“查询”按钮，如图 11.63 所示。

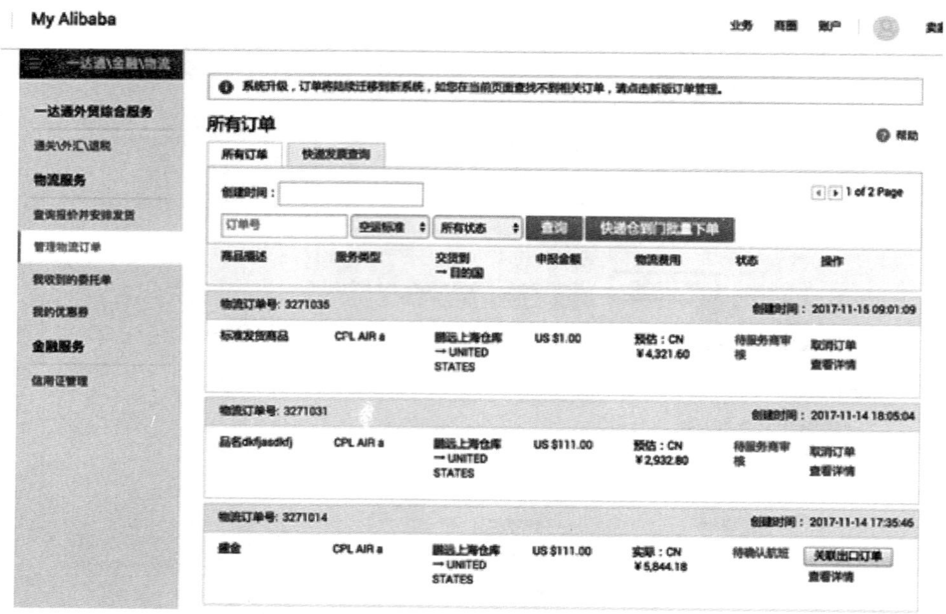

图 11.63　查看订单

（1）费用信息：下单之后可以看到根据下单参数预估的费用信息，如图 11.64 所示。

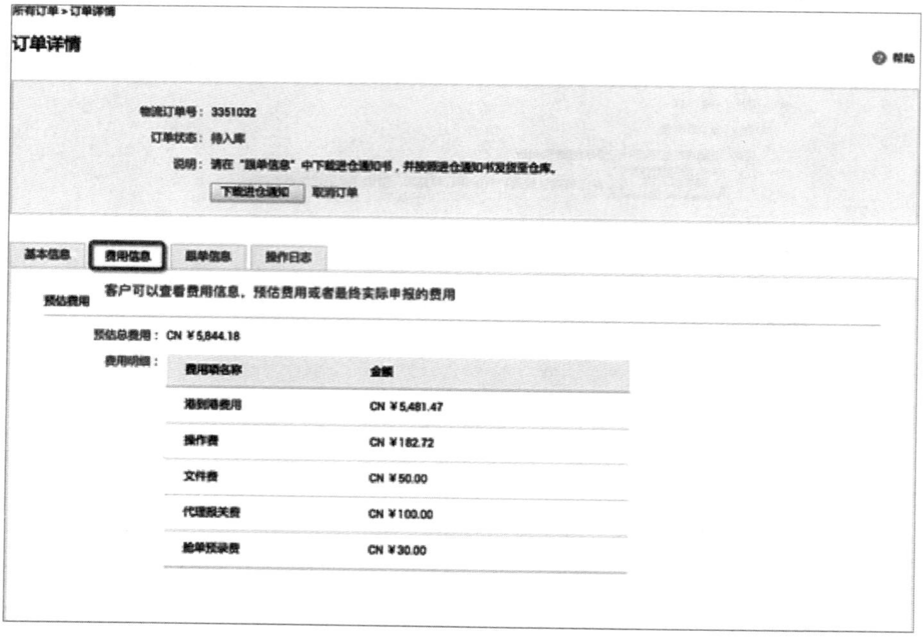

图 11.64　查看费用信息

入库后，服务商申报最终费用信息，如图 11.65 所示。

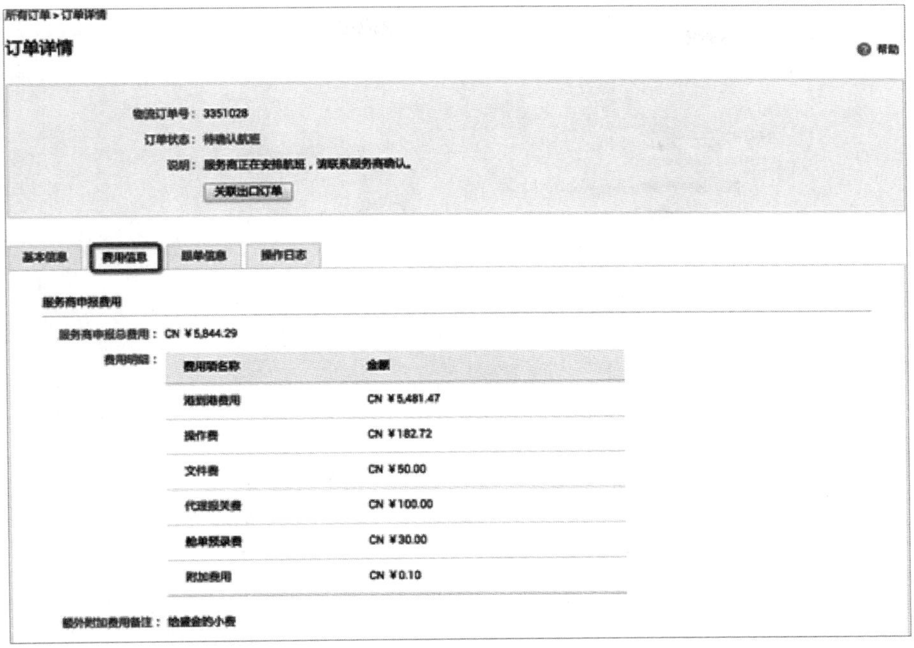

图 11.65　申报最终费用信息

（2）跟单信息：所有跟单过程中的信息，包括支付信息、入库信息、进仓信息，如图 11.66 所示。

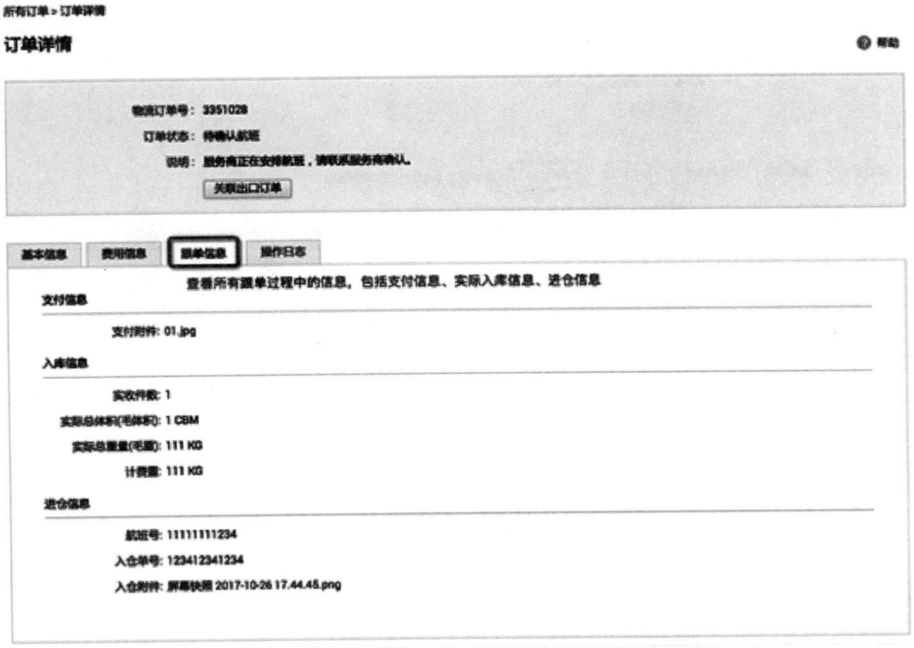

图 11.66　跟单信息

（3）操作日志如图 11.67 所示。

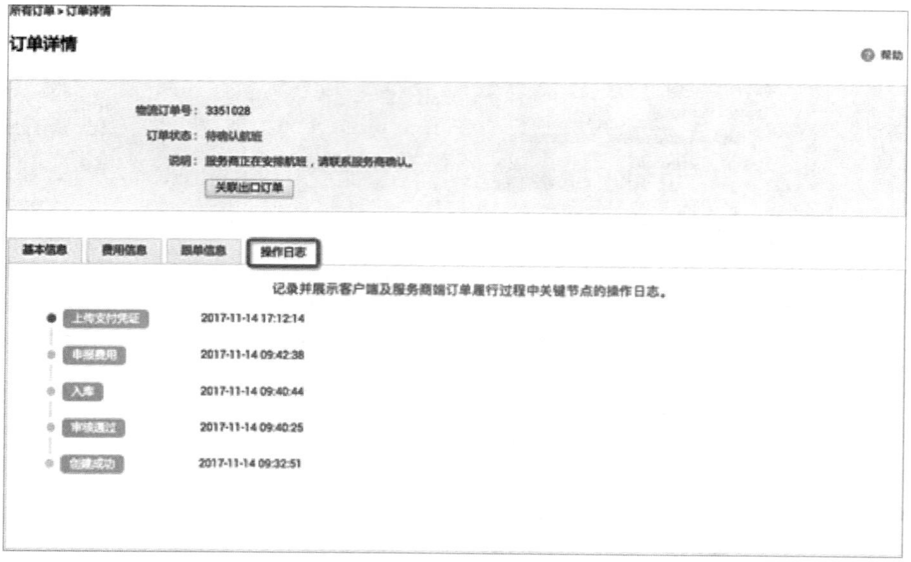

图 11.67　操作日志

（4）关联信息：客户做过关联出口单的会展示关联信息，无则隐藏，如图 11.68 所示。

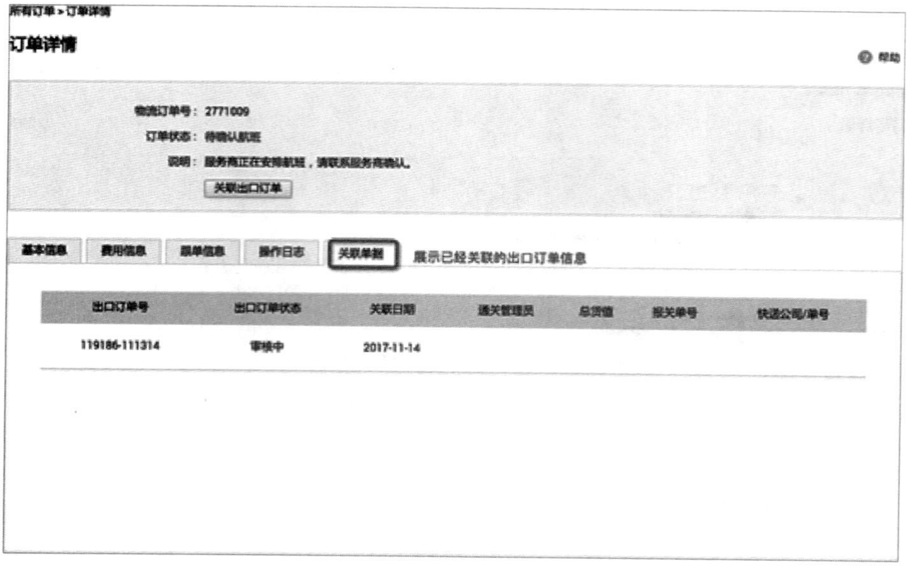

图 11.68　关联信息

第七步，订单跟进。

所有空运订单在提交后，后续的订单跟进全部以邮件为准，请及时查收下单时填写的邮箱。

子任务八　了解国际站陆运操作流程

操作流程：登录拍档门户，选择“物流服务”—“方案查询”—“中港陆运”—“查询报价”—“下单”。

根据图 11.69 至图 11.74 指示即可完成操作流程。

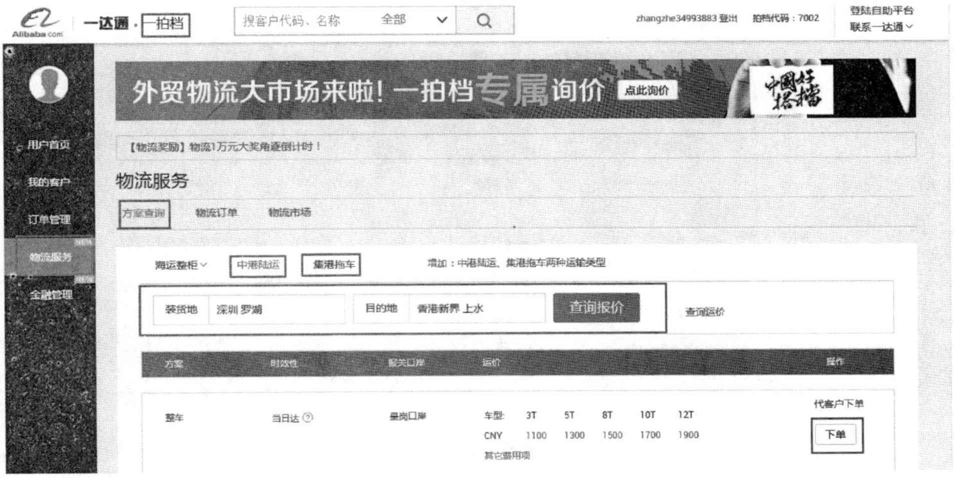

图 11.69　国际站陆运操作流程（一）

在“方案选择”板块，通过下拉菜单搜索客户公司名称并确认，在下拉菜单中选择客户阿里主账号，如图 11.70 所示。

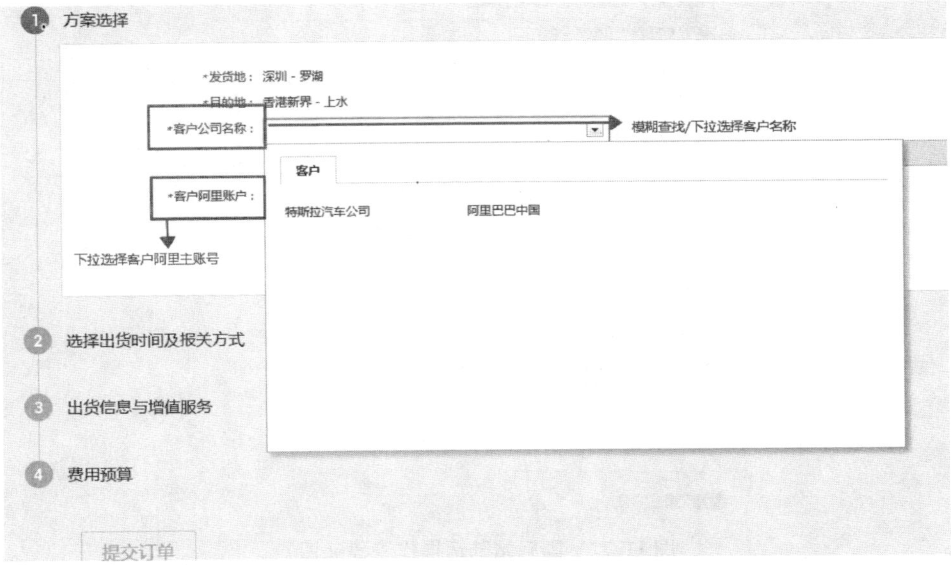

图 11.70　国际站陆运操作流程（二）

在“选择出货时间及报关方式”中，需要依次详细填写具体的提货时间、报关口岸、报关方式、报关币种/货值、本单联系人信息和装货地信息，如图 11.71 所示。

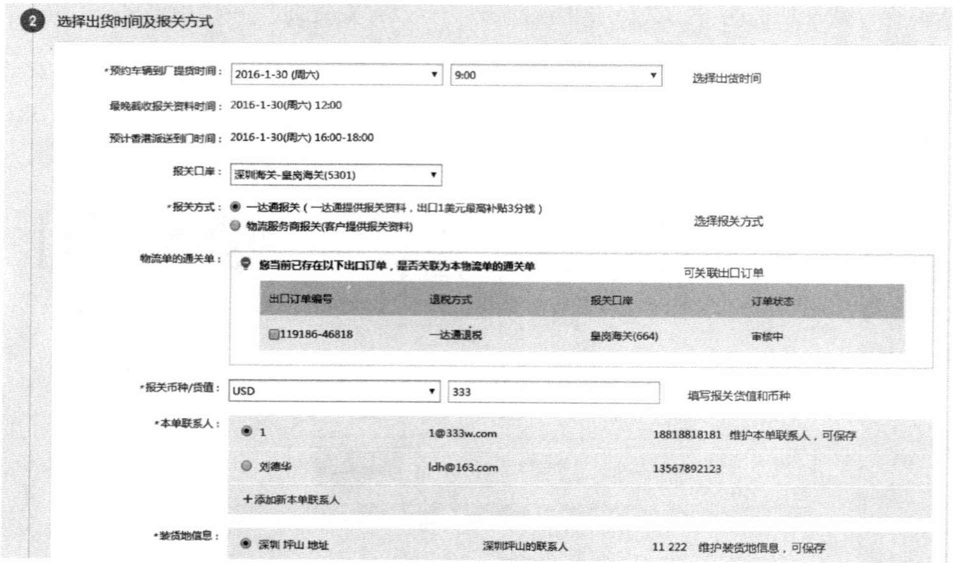

图 11.71　国际站陆运操作流程（三）

在“出货信息与增值服务”中，如果有多个收货人，则需要添加多个收货人的信息，根据货物实际情况谨慎选择运货车型，如图 11.72 所示。

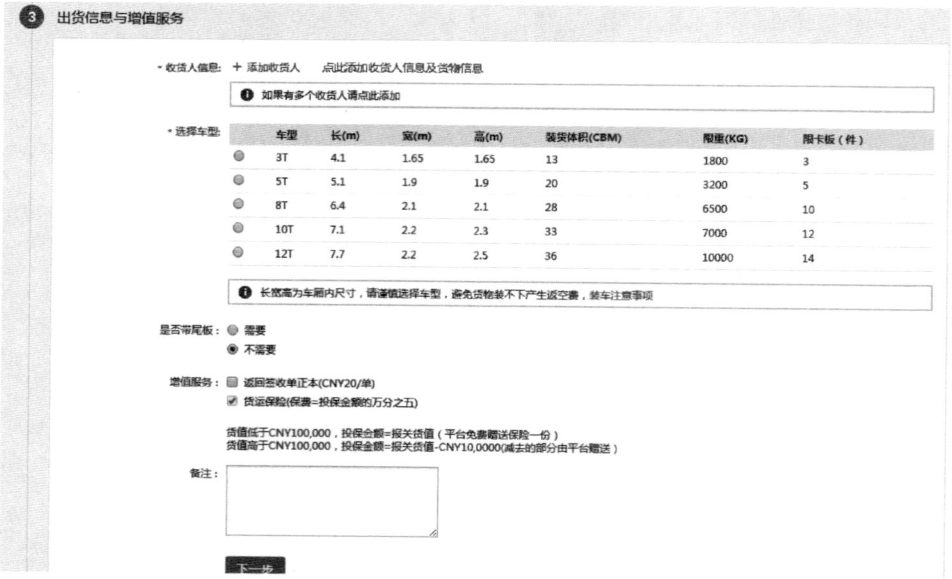

图 11.72　国际站陆运操作流程（四）

如果需要增加收货人，需要新增收货人信息。另外，出货清单上要将货物信息填写完整，如图 11.73 所示。

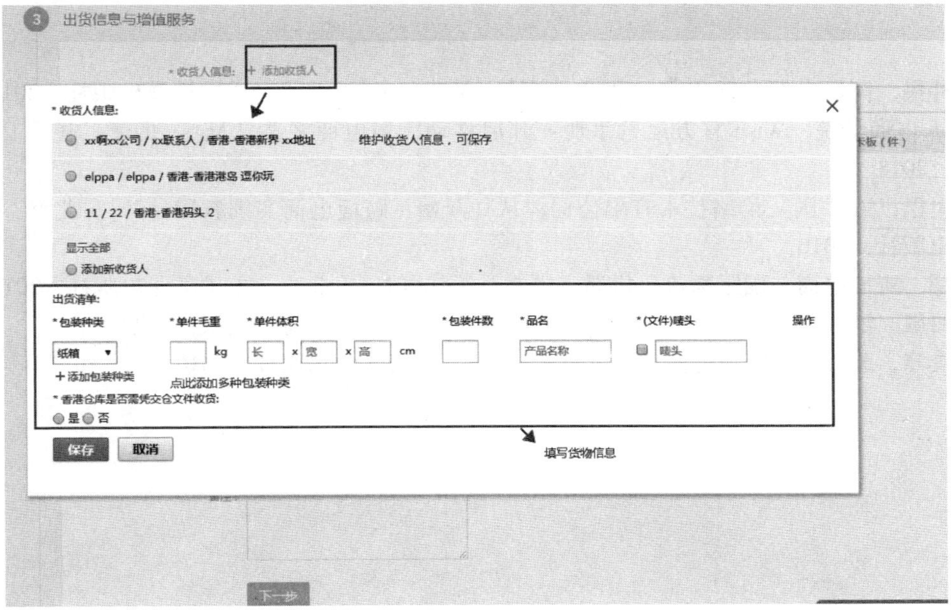

图 11.73　国际站陆运操作流程（五）

在“费用预算”中，核对清单费用情况，勾选“我已阅读并同意”复选框，单击“下一步”按钮，提交订单，如图 11.74 所示。

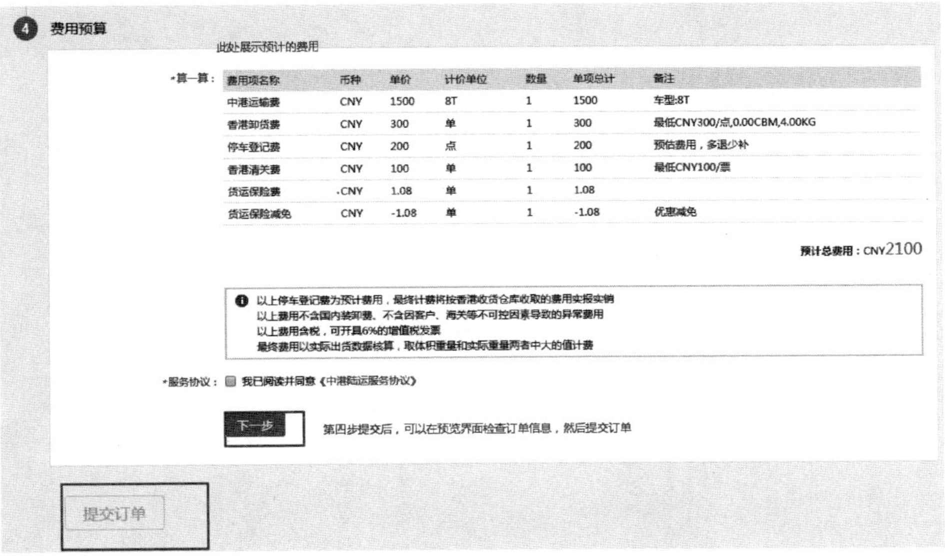

图 11.74　国际站陆运操作流程（六）

参考文献

[1] 陈祎民. 跨境电商运营实战：思路·方法·策略 [M]. 北京：中国铁道出版社，2016.

[2] Wish 电商学院. Wish 官方运营手册：开启移动跨境电商之路 [M]. 北京：电子工业出版社，2018.

[3] 阿里巴巴（中国）网络技术有限公司. 从 0 开始：跨境电商实训教程 [M]. 北京：电子工业出版社，2016.

[4] 孙韬. 跨境电商与国际物流：机遇、模式及运作 [M]. 北京：电子工业出版社，2017.

[5] 柯丽敏，洪方仁. 跨境电商理论与实务 [M]. 北京：中国海关出版社，2016.

[6] 林俊峰，彭月嫦. 跨境电商实务 [M]. 广州：暨南大学出版社，2016.